古家信平著

火と水の民俗文化誌

日本歴史民俗叢書

吉川弘文館

目 次

第一章　民俗文化誌の形成

第一節　民俗誌における「全体」

一　「秩序ある生活」をもとめて

宮本常一の『民間暦』に、次の一文がある。

鹿児島県大島郡宝島では、神社の祭を三人のオヤシュという男神主と、ネイシとよぶ二人の女神主で行なうが、その時神饌田を作る家、肴を奉る家、神主を補佐する家、その他いろいろの祭礼関係の役目がきまっていて、自らの家の行事はきわめて厳重に守っているが、他の家のことは殆ど知らないのである。（宮本　一九七〇〔一九四二〕　一一六）

つまり、行事を担う人々にとってその役割が異なれば、担当しない部分はわからないということであり、そこには行事の全体を鳥瞰できる者はいないかのようである。行事を執行する人々はそのすべては知りえないのであるならば、役割のちがいに応じて、行事はそれぞれにちがった像を見せていたのではないかとこの一文からは想像される。そして、こうしたことは宝島の場合に限らず、多かれ少なかれどこの祭礼にも見られる。もっとも、実際の調査や得られた資料を記述する際には、特定の視角によって整理していくのであって、その資料処理あるいは整理の過程である方向にまとめあげられていき、フィールドの現実にはある加工が施される。後にこの成果をまとめた『宝島民俗誌』（宮本　一九七四）では、「あとがき」からその一端をうかがうことができる。

島の人たちは親切であった。そして自分の体験していることについては実にくわしく話してくれた。ところが、体験しないことはまるで知らない。とくに神祭関係のことになると、自分の関与していることにだけくわしい。しかし、それらがたくみに組みあわされると、秩序ある生活がそこに生まれる。（中略）私たち（宮本氏と桜田勝徳氏）(1)は祭や村の行事を勤める一人一人を訪ねて、丹念に話をきいてノートをとっていった。そうしないと島民の生活がうかび上って来ない。全体の展望できる人がいないからである。（宮本　一九七四　三六七〜八）

この部分からみると、宮本は意識的にそうしたのではなく現実がそうであったからであるが、調査においては島民一人一人のいはばばらばらな孤立した体験を区別していた。それを資料の処理あるいは操作の段階で組み合わせて、「秩序ある生活」を再構成することを目指したのであり、個々の島民では知りえなかった「全体」を描き出そうとしたのである。

実際に民俗調査に携わった者は、程度の差はあっても求める資料を得るためには複数の人々から聞かなければならないことを経験的に知っており、ほとんど意識せずにそうして、求める資料に到達しようとするきらいがある。そのようにして複数の人々から聞いて、再現された「秩序ある生活」あるいは「全体」はいったい何であるのか。それをどのようにして明らかにし、何を目指してそうしたのか。こうした点が本書の底流にある疑問であり、執筆の動機ともなっている。まず、宮本に関してそれが求められた背景を、当時の軌跡をたどりながら検討してみたい。

二　変差のとらえかた

宮本常一は一九四〇年六月の宝島調査から帰ってから、その成果をふまえて『民間伝承』に「資料の確実性ということ」を発表している。この号の発行は一一月一日付であるから、調査終了後まもなく執筆されたもので、その文章からは宝島での調査の興奮が伝わってくるようである。ここで宮本は、外来者のほとんどない村でも、年中行事など家ごとに違っているのは、村全体として行っていた行事が個々に行われるようになり、それぞれに管理していた部分が各戸に残ったのであって、その場合一方が正しく他方を誤りとすべきでなく、共に全体の一部を示すものととらえることにより、村全体の過去の姿が明らかになる可能性があることを示している（宮本　一九四〇b　六〜七）[2]。

「全体」とはその部分がばらばらに存在する現在の民俗が統合され、村が単位となって維持されていた過去の姿であり、現在は各戸がかつて担っていた「全体」の一部分をそれぞれ保持しているから変差が生じている、という理解である。島外との交渉が非常に限られ、自給自足を強いられる宝島での調査をふりかえって、後に「この島を見たことが、古い村落構造がどういうものであったかを考えていく上に実に多くの示唆を与えてくれた」（宮本　一九六五　二七八）といっていることからも、「全体」に過去の姿を意識していることが理解できよう。

複数の慣習の併存をどうとらえるかについては、同じ年の『民間伝承』に掲載した「資料のとり方」で、分家を例にとって述べたところからも知り得る（宮本　一九四〇a）。このなかで、柳田国男が大阪民俗談話会の会報で、一つの村でも分家の仕方が複数存在すると指摘したこと（柳田　一九四〇）をうけて、複数の方式の併存を「大きく行われている慣習の外に例外というものが案外多くかくされ、且存続している」（宮本　一九四〇a　一）

として、「大きく行われている慣習」とそれに対置される「例外」として把握する。[3]氏のそれまでの調査経験から前者は「民俗資料としては形式の整ったもの」(同)で、それまでの調査はこればかり求めて、これをもって「全体」を描こうとしていた。

これらは民俗事象の変差についての二通りの解釈ではなく、個々の変差はモザイクの破片のようなものであるから、それらを適宜つなぎあわせると過去の「全体」が復元できるとし、多数が行う慣習で形式が整っているとみなされるものをもって「全体」が描かれその他の「例外」を無視することを批判しているのである。

一方、ここで宮本が引用した柳田に目を移すと、高谷重夫の福井県の事例をとりあげて、村に新屋、アジチなどの名称が併存することに注意しているが(柳田　一九四〇　三〜四)、その解釈については、分家の仕方のうちの二通りをとりあげている点で相当早い時期から一貫している。一九一〇年の農政についてその実践を意図した講演(『時代ト農政』所収)では、分家の財産分与の違い、すなわち大切な親類には土地を多く与え、末々の分家は奉公人と同じく短期の耕作権のみ与えられたことが、後の地主、小作人の差になってくると述べ、同じ村の中での財産分与の差による分家の区別を後世の地主小作関係に結び付けている(柳田　一九六九〔一九一〇〕　一四八)。その後、宮本が「資料のとり方」を発表したころの、「大家族と小家族」(『家閑談』所収)には、分家が完全に独立した場合(異処分家)と若干の飲食を共にし従属関係をもつものに分けられる(柳田　一九七〇〔一九四〇〕　二七五〜七)。異処分家は一戸の大屋の創設だったが、江戸後期から財産分与が大きく本家をしのぐものもあらわれ、古来の大家族制を保てなくなり、オヤコなどの語が親類の意味に用いられるようになったとし、「古い歴史の忘却」とする説明の流れのなかで処理されている。こうした説明は後に『先祖の話』にも引きつがれ、規模の小さい古い分家は本家の一部として合同生活をしたのであって、いわば寝る建物だけを異にした一家族であるのに対して、近年の大きな分家は自分の先祖棚をもって先祖祭をすると述べている(柳田　一九六九〔一九四六〕　一四〜

五）。柳田は『大阪民俗談話会会報』で複数の分家の仕方が併存することをコメントしているが、自身では分家の仕方のうちの二通りをとりあげて、『時代ト農政』でははっきりしないが、後には歴史的に一方が古いとして労働組織と祖先祭祀との関連で論じており、このとらえかたで一貫している。

ここに柳田の示唆を受けながら、宮本がすでに別の方向を目指しているのを見ることができる。柳田もやはり「全体」を明らかにしようとしていたのであるが、その「単位」が一方は村であり、他方は国であるという違いと、柳田が活用した民俗語彙が宮本にとってはそれほどの比重をもっていないことも認めることができよう。変差のとらえ方に着目して、一方の師と仰いだ柳田とのずれが明らかになったが、次に宮本の見解がより明瞭になる戦後間もないころの動きとの関連で見ていきたい。

三　民俗史学と民俗誌学

戦後、まとまった形で見解を述べた宮本の『民俗学への道』に収められた「日本民俗学の目的と方法」の冒頭には「実地採集にたっているものの立場から」述べる（一九五五　一五二）、と自らの位置付けをして諸業績に疑問を呈し、独自の見解を示しているところがある。(4) まず、当時の民俗学が変遷を明らかにしたことは評価しながら、それが単一の事象についてであり実生活では多くの事象との関連が分からないことについて、次のように述べている。

民俗学が現在の生活を対象として、そこに立って過去をふりかえる方法をとり、現在の生活にある疑問の一つ一つを解決して行こうとしたところから出発したために、個々の事象の系統的な発展のあとをたどることには一応成功してきたけれども、それがある一つの時期において、どのように組み合わされて生活の中に

存在したかという掘りさげまでは手がとどかなかった。（同　一五九）

宮本は民俗事象の歴史的解明に『蝸牛考』の方法を紹介しつつ、『郷土生活研究採集手帖』（一九三四年）などによって調査の標準が示され比較にたえる資料がふえ、「文化の周圏的残存現象をおさえて行くのに大きな役割を果たした」（宮本　一九五五　一六七）と述べるが、比較にたえるのは周圏論を適用するのに対してであることを明確にしている。論調は批判的な方にかたよっているが、当時、民俗学の理論的問題に関心を持つ研究者ならば当然意識していた事柄である。(5) ただ、それを明示し、後述の見解を披瀝するところにつながっていくことに注意したい。

その当時、和歌森太郎は民俗学の目的を論じながら、民俗学の「究極のねらいは、個々の民俗が現段階にもつ意義ではなくて、その変遷過程を明らかにするにある。（中略）民俗学とはいうけれど、民俗を研究対象としながら、畢竟民俗史を明らかにする目的をもつものとして、これは民俗史学と謂ってもよいようなものである」（和歌森　一九七四〔一九四七〕　一三）と述べている。そして後半に対応して、歴史学が問題とする年表上の「時」でなく「どういう村に入ると、又村がどのようになると、或る民俗はどういう型からどういう型へと推移しがちなものか、ということが明らかにされることが要望される」（同　三八）とし、村落を民俗の主体として、そこでの民俗が相互に関連づけられて前期、中期、後期に分けられる村落の社会史的段階とともに考察される、大胆な仮説を提示している。(6)

宮本は先の引用に続けて、周圏論が適用できないもののあることを簡単に示し（一九五五　一六〇）、調査においてある民俗事象の生活全体の位置付けや、相互の関連性が明らかでなかったので、一つの事象の変遷は分かっても、いつ、いかなる事情によるのか、は解明できなかったと述べ、こうした脈絡のなかで、一九三五年前後の各地の民俗誌の作成をめざした調査を評価している（同　一六七〜八）。そうした問題を解決する方途として和歌森が大胆な仮説をもって対処しようとしたのに対し、宮本の場合には民俗誌が位置付けられていると考えられる。(7)民俗誌では項目調査では明らかになりにくい、一つの民俗事象の生活全体のなかの位置、民俗相互の関係を明確にすべきであるという。このように民俗誌では、民俗学には不要と思われることも拾い上げて記述し、資料としての価値を高めることをめざすべきであって、「よい民俗誌が民俗学を真に体系的なものにしあげて行く」(同　一六八)とする。

したがって、和歌森が村落の社会史的段階とともに考察しようとし、後に述べるように民俗誌はそこに達する前段階とするのと対比すれば、資料の採集段階における注意を喚起し、資料としての有効性を高めようとする意図ははっきりしているのだが、もしそこから和歌森のいうような民俗史を構成しようとするとその方向は十分には示されなかったといえる。が、宮本はそこをねらっていなかった。

四　資料収集の手段としての調査

このような両者の差異を生んだ事情を考える際に、宮本が一九七九年に柳田とは資料の獲得の仕方が異なると述べていることが手掛かりになる。宮本は戦前までの柳田の旅の意味を、学問的な視野を広げ、そこでの発見と感動が生涯の学問的な事業へ発展していったとまとめるが、「柳田の旅は一ケ所にとどまって土地の古老たちから細かな聞き取りを行うというようなことは少なかった」(宮本　一九七九　一一〇)と述べている。滞在期間の差も相対的にはあったであろうが、宮本もまた戦前から旅を重ねて、そこでの出会いを重視していたことは柳田と同じであり、調査の長短の差に帰すことは適当ではない。ここではおそらく宮本自身と比較して「細かな聞き取り」を行わなかった、と記される違いが重要であろう。

その前年の一九七八年に宮本は自伝的な内容の『民俗学の旅』を刊行し、一九五五年の『民俗学への道』刊行のころから民俗学という学問に一つの疑問を持ちはじめていたという。「細かな聞き取り」に関しても、同じころに振り返ってみたときに柳田と別の道を歩き始めたいくつかの契機のうちの一つと考えられる。

第二項で述べたように、一九四〇年に端緒が認められる柳田の視点からの変換は、『民俗学への道』を刊行するころにさらに明瞭なものになる。宮本は調査に関して、『郷土生活研究採集手帖』ができてその基準となり、好事家の採集とは区別されるようになったことを、柳田の民俗学における資料収集の手段の整備として評価している（宮本　一九五五　一五～一六）が、それは柳田の民俗学の学史の上においてであることに注意しなければならない。

「細かな聞き取り」で明らかにしようとしたものは、岩手県石神村の斎藤善助方におけるアチック・ミューゼアムの共同調査などを例にあげた後に続けられた、「人びとの時代意識や問題意識の変遷を見て行こうとするものではなくて、日常生活を規定し、日々の生活をできるだけくるいのないものにしようとするもの」（宮本　一九五五　一六五）であろう。前項で検討した周圏論にかかわる部分が当時の学会の動向を反映し、その紹介にかたよっていたのに対し、ここは「実地採集にたっているものの立場から」見解を述べた部分であるといえる。そこで引用したその当時の「一つ一つの事象の系統的な発展のあとをたどる」（同　一五九）民俗学のありかたに対して、それを否定し明確に反対の立場を表明している。

同じように民俗学を批判した山口麻太郎は、和歌森が調査によって得た資料をもちいて、ある村人の民俗でなく日本人の民俗として把握することに重点を置いたのに対して、それを一般民俗学として認めながら、地域の民俗学すなわち民俗誌学の重要性を述べた。民俗は特定の土地（自然村落）の人々の集団を単位としてとらえるべきであって、民俗誌学の成果の一つとして宮本常一の『家郷の訓』（一九四三年刊行）を評価し、当時刊行が始まったばかりの「全国民俗誌叢書」に期待していた（山口　一九七五〔一九四九〕）。[8] 一方、和歌森は民俗誌学を主張する論者を念頭において、個々の民間伝承がいかなる村の地域的社会的性格に支えられているかを問うのは、資料を個別に批判する段階において行うことであって、そのためにはいろいろな科学を補助手段として使うべきであるとし、その後に全国的な相互比較をして日本文化に接近すると述べている（和歌森　一九五一）。山口のような一般民俗学と民俗誌学を並立する考え方はしておらず、宮本の見解とも異なり、日本民俗の歴史的性格の究明に力点が置かれている。

民俗誌を重視する人々は、日本民俗の歴史的把握を試みようとする人々の資料操作に、違和感をもっていたように思われる。それは、先に見た柳田の「全体」のとらえかたとのずれとなってあらわれ、中央に資料が集積され、そこで生み出された成果を目にしたときにもつきまとって、宮本のその後の著作に反映していく。

さらに、調査に関連して宮本は、「民俗の採集は調査する相手によって、また調査する人の性格や主観によって相当の開きを見る」（宮本　一九五五　一六六）という重要な指摘をしている。前半は「物識り」「管理者」という区別がされた伝承者の問題をさし、しばしば言及されているものである。後半は有賀喜左衛門と実際には出ていない早川孝太郎の、石神村の報告で予想される相違を、念頭においている。調査者と被調査者しだいで資料が変わってくるために不安定であるから比較の対象になりうるかと自問しているが、相互の主観のぶつかりあいから資料が生み出されることを明確に述べているのは、この時期にあって卓越した見解といえる。

五　対象把握の手段としての民俗語彙

民俗学（とくに柳田国男の流れをくむ民俗学）にとって、その方法と内容に関わるものとして民俗語彙が重視され、竹田旦は「いうならば民俗語彙の採用は柳田民俗学の根底をなすものであり、これ無くして柳田の学問はとうてい成り立たない」（竹田　一九七六　二六二）とまで述べている。学史をふりかえると一九三〇年代の「民俗語彙集」の編纂が、その後の民俗学の展開に大きな影響を与えた。民俗語彙は周圏論と結び付き、その資料として活用されるが、福田アジオは「この一連の語彙集の完成は民俗学が学問的に純化したことを意味するが、同時に多くの可能性ある内容と方法を切り捨ててしまったことを意味」し、「社会事象・文化事象を個々の要素に分解し、しかもそれを表現する言葉を重視することによって類型化し比較研究するという非常に狭い方法が民俗学であると一般に認識され」るに至った、とその否定的側面を、後に民俗学が起源論的研究へ大きく傾斜していったことを踏まえて述べている（福田　一九八四〔一九六七〕六五）。ここで福田は「民俗語彙集」編纂以前の民俗学における語彙の研究上の意味にはふれていないが、以後に限れば頷ける指摘である。

民俗史学を唱えた和歌森太郎も、収集された民俗資料の整理のための重要な手掛かりとして、民俗語彙の操作を説いている。一九五三年の『日本民俗学』の中では、特に同じ民俗内容、事実を全然別系統の方言で指し示すのと、あるいは逆に一つの方言が全然別の意味に用いられている場合に注意するとして、労力交換をいうユイを例にあげてその手順を示している。結論として「労力の合同以前にその共同があり、なほ以前にさういふ労力の共有のみならず、土地を共有してゐた時代があつたことを察することができる。かうしてモヤヒ型からユヒ型へ、更に、はつきりテマガへ型へといふ推移をうかがひ得る」（和歌森　一九五三　六二）と述べた。ゴムの図式から取られたといわれる重ね写真式の重出実証法の説明もあり、その部分は『民俗学辞典』の「比較研究法」の項目とほとんど同じである。(9) これは要するに、現状における事実と語彙の包含関係のずれ具合に着目して、一方向の変化の過程に並べ、空間的な位置付けからいずれか一方を古いと判定する。言葉を換えれば、分布に見られるヴァリエーションをどう説明するか、ということであり、それに執心していた時期があったことがここからうかがえる。甲元眞之のように、ゴムは通時代的な単線的な変化を述べようとしたのではなかったはずであるから、そもそも重出実証法の説明にかえたのは誤った使い方であった、とする見解もある（甲元　一九九〇）が、その是非は別にしても民俗語彙が重要だと主張されながら、その増補版（一九七〇年）でもほぼ同様の記述を残し、方法論に関しては停滞したままで経過した感を与えることは明らかである。(10)また、和歌森の示した方法で分析するには、手元に全国レベルの資料が集まっていなければならず、多くの研究を志すものにとって容易には適用できないところも、民俗学の研究体制とともに問題であった。

一方、宮本常一の『民俗学への道』（一九五五年）では、和歌森のユイを例にとった説明に相当する部分はない。「民俗語彙」の用語が使われているのは、民俗学の歴史を概観する中で、戦争の激化する時期に出た六人社からの「民俗学選書」、三国書房からの「女性叢書」が学問を大衆化したのに対し、三〇年代の「民俗語彙集」の編纂にふれて、「しかし一方では、学問大成のための事業として、柳田先生の民俗語彙編集もこの間にすすんだ」（宮本　一九五五　二四〇）と述べたところだけである。宮本は学史の上で民俗語彙に触れるだけで、言葉を重視した比較研究を行うという方向性を全く示さないのは、民俗誌に立脚しようとする立場と対応するものである。

ほぼ同じ時期に調査の際の留意点として、『郷土研究講座』で「民俗採訪のしかた」を述べた大藤時彦は、「民俗学では土地で使う生活用語を民俗語彙と呼んで採集しこれを研究上いろいろな点で便宜だてている」（大藤　一九五七　一四四）とし、話を聞き出すときに同族と言わずにマキとかイツケというと聞きやすいといった実際的な例をあげている。資料収集時点での民俗語彙に関する留意点はこの程度にとどまり、柳田国男の民俗学において根底をなしたものである割には、調査時の比重が軽く扱われている。大藤は直江廣治とともに一九四八年に財団法人組織に改まった民俗学研究所の常任研究員であり、記述をもっぱら調査の技術的側面のみに限定したのは、福田アジオのいう「研究と調査の分業」（福田　一九八四〔一九七四〕八四〜七）の路線上にあったことを示すものであろう。宮本も大藤も民俗語彙の、とくにその研究上の活用に比重をかけない記述をしている点では同じであるが、その背景には大きな違いが見られ、これ以後の宮本との開きはさらに大きくなる。(11)
次節では、宮本の『宝島民俗誌』からその意図の具体像を検討したい。

第二節　『宝島民俗誌』の検討

一　特定された話者

『宝島民俗誌』（宮本　一九七四）の「あとがき」によると、一九四〇年の宝島の調査が終わると、同行した桜田とともに奄美、喜界島に渡り、名瀬を経由して神戸に戻っている。宝島調査の報告は村落構造、生産組織、大祭を桜田が担当し、宮本はそれ以外を分担することになり、氏はすぐに書き上げてしまっておいたという。その当時の原稿を活字にしたのが『著作集』に収められているもので、『民間伝承』の「資料の確実性ということ」の執筆と同時期と考えてよいと思われる。「あとがき」は一九七四年に佐渡で書かれているが、それと「資料の確実性ということ」の内容とを比べると、宝島の民俗の留意点については同様の記述をしており、三四年の後にも調査当時の印象が変わらなかったことがうかがえる。それらで述べた「全体」が具体的な記述として民俗誌に表されていると考えられる。

宮本は報告中に実名で、話を聞いたり、話の中で登場した島の人の名を記している。この形式は宮本に固有のものではないが、個人から得た資料を「全体」にまとめていく過程を知ろうとするときには有効な着眼点になる。

人名は姓名を記したもののほか「○○家」や「○○の娘」なども含めると一六九ヵ所で記され、このうち五八ヵ所では文末に（○○氏談）あるいは（○○氏）として特定個人の話した内容であることを他と区別して明記してある。このような形で書いてあると、ある範囲の内容を誰が話したものであるかを特定でき、これを「話者」とすることができる。が、そうでない場合には名前は「○○氏は……という」のように話者として出てくるときもあるが、話者が話した話題のなかで言及されたものが多い。登場する人物の総計は四二名で、そのうち言及されたものを除いて話者として特定できるのは一八名であって、宮本は少なくともこれらの人々からは直接話を聞いている。

各章ごとにタイトルと話者の延べ人数をみると次表を得る。

表　『宝島民俗誌』の構成

章	タイトル	ページ数	話者	言及された個人
一	島外との交渉	（一九）	三	一三
二	農事暦と神事	（八五）	四四	七五
三	昔話と口説	（一五）	八	八
四	方言について	（一一）	○	二
五	婚姻	（一七）	○	九
六	命名法の変遷	（六）	○	○
七	産育	（八）	○	二
八	年齢階級と儀礼	（五）	二	○
九	葬制・年忌	（一二）	一	二
		合計	五八	一一一

「あとがき」で「とくに神祭関係のことになると、自分の関与していることにだけくわしい」（同　三六七）から、一人一人をたずねてノートをとっていったと述べていることと、「二、農事暦と神事」で多くの話者を明記していることが対応する。その数からみる限りでは、この分野については個々の伝承の差に配慮していると考えられる。それに対して、婚姻、産育、葬制・年忌ではあわせて一名の話者名をあげるだけであることも、神祭関係とは逆のその少なさに注意すべきであろう。

ページ数からすれば「昔話と口説」の話者も神祭関係と同じ割合にはなるが、そこではほとんど一話ごとに話者名を付し、他の分野と扱いが異なっている。このように口承文芸だけで話者を別の扱いをすることも話者と伝承の記述を考えるうえで注意すべきことである。

以下に話者名の用法を三つに分け、記述を具体的に見ていきながら、個人のデータがどのように処理され「全体」が構成されていったのかを検討したい。

二　共通項と個別例の併記

『宝島民俗誌』の記述は見出し語を最小の単位にして、それぞれが本文と一部には附記を追加して構成されている。本文の内容は共通項と個別例の併記によって成り立っている。まず本文について、第二章「農事暦と神事」から「一月五、六日」の見出しの下に記述されたところから一部を引用して検討してみたい。

一月五、六日

五日を小シチゲー、六日を大シチゲーという。ただし前年の一二月が大の月のことで、小の月である場合は六日が小シチゲー、七日が大シチゲーになる。大シチゲーの日は一年中最も厳重な物忌の日で、牛ツナギにも行かない。牛ツナギに行かないのは一年を通じてこの日一日だけである。したがってツナツキモノ（牛、山羊）は怪我をしないように前の日にしっかりとつないでおく。シチゲーはシチガイと言っている人もあった。どういう意味か不明である。

シチゲーの意義と神――年占の一種であって、正月一日から一二日までの天候で、一年一二ヵ月の天候を占うという。一日が天気なれば一月は天気がよく、二日が雨であれば二月は雨が多く、三日に風が吹けば風が多く吹くというように。そして六日は六月にあたり、六月は稲の穂の出る時であり、日のあれないように、そのあたりの日である六日に六月の日を静かにあらせ給われという祈禱のためつつしみをするという。すな

わち年の初めの稲のオガンであるという。(前田助之進氏)
また、シチゲーは秋(取入れ)の祭りと言われ、米をとらしてくださいと拝み、かつよそから船がこないように波風を荒らしてくれと祈る日だともいう。(敷根半次郎氏)
また、秋のものがよくできるように、虫のつかぬように、台風の吹かぬようにとの願であった。(松下朝彦氏)
また、ハヤリガミ(病気)のしないように悪病を祓うという。(中村シンギク)
また、シチゲーには山の神が山から下りてくるのだという。(前田助之進氏)
また、シチゲーは平家の神様だと言われている。悪石島で、婆が山へ行って逢ったシチゲーは馬に乗った神様で、婆をとがめ、「お前だから許すが、これからこの日山へきたら許さぬ」といったという。
また、昔、ある人が生き物が好きで、一日も牛を見ないでいることができない。そこでシチゲーの日も牛つなぎに行くという。人々が今日は行くなと言うのに、剣術が上手だから恐れることはないとて出て行った。するると、その日一日かえってこない。夕方になってやっと戻ってきたので、見ると人と戦をしたように、着物は破れ傷ついている。小坊主が出てきたので一生懸命に戦ったのだという。
翌朝山へ行って見ると、ヨシ(草)の生えているところを散々にたたいたあとがあった。(松下朝彦氏)(同三八〜四〇)

ここは一月のシチゲーを述べたところで、形式上はまず話者名なしでシチゲーの日取り、名称、行事の内容と行為を述べ、次に「シチゲーの意義と神」「シチゲーの物忌」「小シチゲーの夜」「神役の拝み」「大シチゲーの日」の項を設けて説明を加え、附記はしていない(「シチゲーの物忌」以下の引用は省略)。はじめに話者名を書かずに述べたところは、宮本が行事の日取り、名称と内容の概略としてふさわしいと判断された部分を各話者の述べたものから組み合わせて記述したものとみることもできるが、他の項目の記述からみても分かるとおり、ここはシチゲーに関して各話者から共通に聞けた内容を簡潔に述べたものである。重複を避けるためもあって、項目の最初に記述したと考えられ、これを「共通項」とする。宮本は聞き取るべきことを調査の前に準備しており（後で述べるとおり『郷土生活研究採集手帳』の項目を参考にしていた）、それをまず聞いたはずである。ここにあげた五氏とそれ以外の人からそれだけは同じように聞き取り、物忌が共通して聞かれ、名称についてだけはシチガイという話者がいたのでそれは別に述べたのである。

共通項に引き続き見出し語の下位分類に当たる「シチゲーの意義と神」では、まず、前田助之進氏の話したことを述べ、その後に「また」でつないで個別例六通り（うち一つは話者名なし）の内容を並列して記してある。「また」でつないだ併記部分は、宮本の調査では話者ごとに重複しなかった部分と思われる。おそらく時間的な制約から個々の変差を調査中に話者相互に確認することはなかったのであろう。

宮本は『吉野西奥民俗採訪録』で自身の調査法を「大体郷土生活採集手帳の項目を中心にし、之を『郷土生活の研究法』に準じて分類した」（宮本　一九七三〔一九四二〕　六一）と記している。一九四〇年の宝島調査もこれと同じ調査法で行われたと考えられ、調査と報告書の記述に当たって、これらを参照したと推測できる。[12]『郷土生活研究採集手帖』の冒頭の「採集上の注意」には、「他説があればそれをも記し、自分の解釈を加へないで下さい」[13]とあり、宮本はここにある「他説」に相当するものを併記したとみることができる。したがって、共通項に個別例を併記する形式はここに由来する。

ここで二ヵ所に出てくる前田助之進氏の話した内容を見ると、併記の最初に一種の年占と述べたところと、シチゲーに山の神が山から下りてくるという記述が切り離されている。しかし、前田氏のいう六日の日の慎みとその時に来訪する神（山の神）の観念と、共通項に述べてあるのでおそらく前田氏も語っていたであろう物忌とは、話者にとっては関連していたはずで、ここの引用部分のすぐ後にある「シチゲーの物忌」に述べた前田氏の「シチゲーの時に急な用があって、村から出て行かなければならぬ時は、かならずオヤシュがトベラを持って先に行った」（同　四〇）とあわせると、氏のいだいていたシチゲーの観念が明らかになってくる。さらに、敷根半次郎氏の船が来ないように祈る、という話は、これもまた引用部分のすぐ後にある「シチゲーの物忌」項目に記載してある「シチゲーに十島丸がくるとよくないと言われている」につながっていく。これも記述が切り離されているが、話者名を特定しておくことによって後で復元する可能性を残すことになった。ここに「他説」を併記しながら、話者個人の個としてのまとまりに配慮した宮本の独自性を見ることができる。(14)

形式上は、氏は特定の話者の内部での伝承の関連性を見いだそうとするよりも、氏の設定する事項内部でのまとまりを重視し、語り口のなかでは一貫していたかもしれない話の流れを、事項の枠組みで切り取って整序した。個々の話者の話にみられる一貫性を記すのではなく、宮本氏の設けた事項によってまとめ、そこで相異する部分を併記したのである。ここに「全体」があらかじめ用意された枠組みに準じて構成されてゆき、個人の情報に存在した一貫性、関連性は、その構成にあたっては二義的な重要性しか与えられなかったかにみえる。しかし、個人を読み取る可能性を残した点で、柳田とは別の道を歩もうとしていた姿を見ることができる。

三　附　記

本文で述べたことに関してしばしば追加しているのが「附記」である。(15)ここでは合計五八ヵ所ある附記の用法を以下に1～4の四つに分類して、民俗誌の生成の過程をうかがってみたい。一ヵ所の附記に内容的には以下の分類のうち複数にまたがるものがあるので、各分類ごとの総計は五八を越える。

1　他の話者の事例の併記

ここも「農事暦と神事」から引用してみたい。

船頭祝い——二日の晩、前田平左衛門氏の家で行なう。前田氏一族の祭りである。平左衛門氏が覚えてから、村人が皆集まったという記憶はない由。したがって一島から米をはかるというようなことは全然ない。「琉球征伐」の時、前田氏は船頭として手柄をたてた。これを記念するためのものである。

附記　村人はこの祝いを前田氏が年貢船の一番船頭を昔からやったので、そのための祝いだと言うように言っている。（中略）

船頭祝いについての言伝え——前田平左衛門氏の先祖は島津氏が「琉球征伐」をした時の船頭で、神信心家であったという。その人の名は島津氏の文書の中にも出てくるということである。琉球へ向かって進んでいる時、船の板に運天という白い字があらわれて消えたので、船を運天港に乗り込んだら首尾よく上陸できたという話が残っている。（前田平左衛門氏）

附記　別に前田彦七氏の話では、「船が那覇の港につくと、とけ髪をした女が乗り込んで、裏に運天という港がある、そこへ行け、わたしは弁天だと言って消えた」という。（宮本　一九七四　一〇三〜一〇四）

ここは一二月二日の晩に行われる船頭祝の由来について、それを実施している前田氏側では「琉球征伐」の勲功を記念して行うといい、附記では村人側は年貢船の一番船頭だったため行うというように、行事の当事者と周囲の人々の互いに異なる伝承を述べている。宮本が話者ごとの差について「別々なのかそれとも記憶違いなのか、たしかめ得ないで帰った」（同　九四）と附記するところからみると、まず話者の記憶違いではないかと疑い、そうでないことを確認できるものは、いずれかひとつを選択して述べるのではなく、伝承の差であると認めて併記する方針をとっている。伝承が異なることの背景に立場の相違があることは、神祭りに関して十分に記述されているが、同様の配慮がここにもなされている。「資料のとり方」（宮本　一九四〇a）の「例外」の処理の一つの仕方とみることもできよう(16)。

上述の例以外に、附記の直前に述べた内容に関連する他の話者の事例を記したものは一六ヵ所ある。それらでは複数の話者の異なる伝承を述べる場合に、シチゲーの記述のように共通部分と思われることを述べ、その後に附記によって共通でない部分を追記する形をとっている。第二項で検討した本文の共通項と個別例の併記が、本文と附記の間で行われている。この場合、本文つまり共通項の話者は記載されておらず分からないが、附記の個別例の方の話者は特定されているのである。シチゲーの記述では一八名の話者の多くが共通に抱いているゆえに、話者の名をいちいち上げる必要がないと考えられたが、各事項で一八名のすべての話者について調査したのでないことは文章から読み取れるようになっている。一人一人をたずねてノートをとっていったという調査が、記述に反映したところである。

これら複数の話者の併記ができるのは、調査段階で個々の話者の話したことが明確に区別されていることでもある。『宝島民俗誌』の「あとがき」には、「私（宮本氏）は桜田さんのあとをついていって一緒に話をききノートをとり、文献があれば写すことにした」（同　三六七）とあるので、聞き手は二人であった。シチゲーの項で六人の話したことを併記したところは一人一人にきいた結果と考えられ、その他も話者はほとんどの場合は一人であっただろうが、複数のこともあったかもしれない。話者が複数である場合には、話し合って筋道だった話を作り上げることがある。つまり話者の方で互いに補いあって「全体」を構成してしまうのである。調査の現場の状況は全く記されていないが、ともかく調査段階で複数の話者と応対した場合にも個々に併記できるだけの区別がされていたことが重要である。[17] これが「細かな聞き取り」（宮本　一九七九　一一〇）の一つのありかたであろう。

2　宮本による説明の追加

宮本は自身による説明の追加も附記で行い、これは三四ヵ所にみられる。次に一例を引用したい。

七月一三日

この日から盆である。山仕事はしない。

墓掃除——朝行く。一戸から一人ずつ、たいてい一家の主人が行く。墓地は二ヵ所ある。全部そろってから、それぞれ自分の家の墓のある方に行って一斉に行なう。墓地二ヵ所というのは埋葬者を地域的に分けたものでなく、上の寺（墓地）そばにいても下の寺の墓地の家もあり、下の寺の近くの人でも上の寺へ埋めに行く人もある。これは古いころ、禅宗、真言宗の二宗があって、その信仰の関係からであるという。

墓掃除の時はナゴムネ（カノクの砂丘）からテゴに白砂を入れて持ってきて墓の周囲にしく。

附記　墓地に砂をしくのは七島正月の前にも行なう。旧一一月二九日に行なうのである。この時は家の前にも砂をはえる。ただし盆には家の前にははえない。

また、昔は両親のある子供は墓地へ入ってはならないと考えられ、無論墓掃除などしなかったのであるが、近頃、学校で子供に墓掃除をさせるようになって、子供も墓地に入ることを当然と思うようになって来た。（同　六九〜七〇）

ここは盆の第一日目を時間をおって記述しているところである。附記では本文の最後の墓地に砂をしくことを七島正月に関連づけている。本文とは別の話者の話したことでないことは、この類いの追記が他の項では宮本自身によってなされており、他の部分と異なり話者の名が書かれていないことから明らかで、宮本による追加説明と考えられる。第二項でみたような話者の個としてのまとまりを見いだせるようにしたのは、宮本の間接的な意志の表明であるが、ここは次に述べる3とともに、氏の見解が直接に表されたところである。

3　宮本の解釈

六月一日の平家祭りに参加する家を述べて、「平田氏の一族だといわれているがかならずしもそうではないようである。もと二門ずつ持っていた家々といわれるものと平田氏の新しい分家が含まれている」（同　六四）や、八月一五日の「綱曳きは、鹿児島からの流入でその行なわれ始めたのも比較的新しい時代ではないかと思う。今はすっかり廃れている」（同　七九）という、本文の報告内容に対する宮本の解釈を直接述べるのがある（二〇ヵ所）。ここから宮本は本文には氏の解釈を加えず、ノートに忠実に話を再現しようとし、解釈は附記に話者の名を付けないことによってはっきり区別して述べたことが分かる。(18) 2に宮本の見解があらわれるのとあわせて、直接的な解釈が示されている。ここに「自分の解釈を加へないで下さい」とした『郷土生活研究採集手帖』との距離をみることができる。

4　観察記録

一年中の病気よけの祈願として藁苞にご飯を入れて木戸口にまつることを述べた後に、「苞はまだ作っている家もあるようでこれを見かけた」（同　四七）や、一二月のキドマツアゲを述べて「村を歩いていると、キドグチにキドマツはそのままになっていた、イゲオの一方のはずしてあるのをいくつも見かけた」（同　一一〇）のような、調査滞在中の観察によったものがある。しかし、こうした観察による附記はこれだけである。「ちょうど正月にいて実際を見ればよいのだが、聞書であるためにはっきりしない。別々なのかそれとも記憶違いなのか、たしかめ得ないで帰った」（同　九四）と、観察できなかったことを付け加えるところもある。ちょうど宮本、桜田両氏が滞在していた五月の年中行事の記述を見ると、他のところと同じく「聞書」によって得た資料であり、観察によったものとは考えられない。ここから調査の重点がもっぱら言葉のやり取りによって資料を集めることにあり、桜田と同席して行った話者との対話に費やされ、これを素材として民俗誌が記述されたといえる。

四　体験

本章の冒頭に引用した宮本の強烈な印象からすれば、話者名をあげて体験を述べるところは「全体」との係わりで重要なところである。特定の個人が役割に応じて、あるいはある状況の下で体験したことを、それと分かるように述べてある。

（一月五日の小シチゲーの夜、神役の拝みの後）ネイシ（神役）はそれから家にかえって、自分の家の神の前に坐っていて、外に出たいような気持ちになると家を出て行く。（オヤシュの家々を回ってから）村の東のはずれであるトンモの鼻へ行って、そこで立ったまま海の方を拝む。その時の祝詞の言葉は、（中略）

なお、ネイシは自分が行きたくなって行くのであるから、二人とも別々に行くのである（同　四一～二）

祝詞の内容はネイシにだけ伝えられるもので、「中村親菊女の話では（中略）火の神のクチ（祝詞）にも多数の琉球語が混入しており、伝承している者も意味は不明だとのことである」（同　一〇）。親菊はネイシで、祝詞はこの人から聞き取り、行事に出かけるときの心理の描写におよんでいる。オヤシュは男の神主で二人おり、ネイシは女性の神役で三人いる。祭りの日取りが一定していない、日撰によるものはこれらの神役が中心になり、年四回ある火の神祭りは全くネイシが管理する（同　二七）。その記述は第二項で指摘したように、氏の用意した枠組みによって構成されているが、そこから特定の個人の役割、行為、心情が、再構成できることはここでも同様である。

神祭り以外の例として、天候が悪く難船しそうな時に、助かれば火で炊いたものを一定の時間食べないことを条件にしたヒノモノダテという一番重い願いをするが、中村武八郎氏が二三歳のときに三日間漂流してこれを体験した話を述べている（同　一八～九）。あるいは松下清菊さんの一六歳のシチゲーの夜に、年上の人に人から見えないところで島田をくずしてホカケムスビにしてもらった体験を述べている（同　一六一）。ある状況の下での個々の体験を述べて、その前後のいはば類型的に行われたであろう事項の記述に個人の行為、心情を読み取る幅を与えたものといえる。

五　「全体」と「個」

宮本の調査では『郷土生活研究採集手帖』などを参照して、事前に枠組みを準備していた。それと同時に氏における「細かな聞き取り」は個々の話者を弁別し、その伝承を話者の社会的な役割などとの関連でとらえ、生活を規定するものを明らかにしようした。前者では調査は資料収集の手段であり、得られた資料を与えられた枠組みによって整序し、民俗語彙を対象把握の手段として国を単位としたさらに大きな「全体」へと収斂する。後者は「個」の把握をめざそうとし、話者の内部での伝承の関連性、一貫性を重視し、伝承の相違には話者の立場による背景の違いと対応させようとする。この民俗誌には、二つの指向が混然一体となって存在している。

一九三四年の『郷土生活研究採集手帖』と翌年の『郷土生活の研究法』の影響は大きく、宮本もこれにある注意書きと項目（および留意点）によって調査しまとめた民俗誌をもっており、宝島にもその準備をして臨んでいる。柳田の示した民俗学の流れに沿うものといえる。しかし、後年「実地採集にたっているものの立場から」として述べるいくつかの疑問が、宝島の調査と報告をまとめる時点にはあって、やがてその指向を結実させ組織の民俗学から離脱したのが一九四三年の『家郷の訓』であった。その意味ではこの民俗誌は宮本にとっての過渡期の産物で、柳田の民俗学にのっとった「全体」に寄与する事柄を述べながら、そこに生きる「個」をもあわせて描きたいとする苦心の作品といえよう。

一方、学史の流れの中の「全体」とは別に、宮本自身が「全体」を描こうとしたことも確かなことである。個々の島民では明らかにできない「秩序ある生活」を描こうとしていた。これを文字どおりに受け取れば、モザイクの一片一片のようにはめ込まれて織り成す一つの像を描こうとした。氏は共通項をモザイクの中心に置いて、その周囲に個別例を配し、神祭りでは個別例の色合いの違う破片をつなぎ合わせた。そのようにして、氏の作り出した「全体」はその時に生きている島の誰ひとり体験したことのない世界であり、過去のある時期の姿を意識していた。個人から得た資料はばらばらになって形式上は一貫性を損なっている。それでもなお「個」に対する執着は、話者名を記しておくことによって、つなぎ合わせ「個」として一貫するように再構成でき、話者名とネイシ、ガラス、オヤシュ、トンチといった役割や社会的な位置付けと対応させられる可能性を残そうとしたのである。

次にこれまでの検討をふまえて、民俗文化誌としての本書の調査と記述について述べることにしたい。

第三節　民俗文化誌の調査と記述

一　話者と調査者

話者に関して述べた宮本常一の「資料の確実性といふこと」（一九四〇b）には三つの要点がある。一つは岩倉市郎の『おきのえらぶ昔話』（これには採集日誌が付録についていて、二週間あまりの滞在の最後に近いころ差司窪盛氏にめぐりあって五〇話あまりの話を聞けたことが、その印象とともに述べてある）を例にあげて、昔話に伝承者があるように、一つ一つの行事にも「本当の意味での管理者」があり、昔話以外でも地域の一部のみに伝承されることがあるから、実際の調査にあたっては一つの問題についても多くの人から聞いて、「詳しく知っている人」を追求しなければならないとする。フィールドには「管理者」が存在し、そこに行き当たるか否かが確実な資料の獲得に関連するというのである。二つ目は祭礼を分担している家に行かないと正確なことが分からない場合、それぞれの当事者から聞くことになるが、彼らは全体のことには暗く、逆に区長は役柄上一通りのことは知っているが、部分には暗い。「物識り」といわれる伝承者はほとんどこの区長のような知識所有者であり、探り当てるべき「本当の意味での管理者」はこれにはあたらない。三つ目が第一節にとりあげた変差についてである。そして「全体」を明らかにするには「物識り」では不十分であって、「本当の意味での管理者」を捜し出さねばならないとすることで、これら三つのポイントが関連づけられる。

前節では話をされた相手として特定できることで「話者」とし、「物識り」と「本当の意味での管理者」にはふれないままにし、口承文芸で話者の扱いが異なることだけを指摘した。『宝島民俗誌』の「三、昔話と口説」の章では「管理者」の老人を捜し出して聞こうとしたことや、「一家が昔話の保存者である」（宮本　一九七四　一一二）松下朝彦氏のことなど、他の項ではほとんどなされなかった話者の評価が記されている。しかし、他の項では「物識り」と判定されたと思しき記述はあるが、「管理者」についての記述はみられない。つまり、宝島では昔話を中核とした口承文芸にだけ特に探り当てるべき「管理者」がいると考えられた。宮本が現実の調査経験から多くのフィールドに共通するものとして「物識り」と「管理者」を引き出されてきたともうけとれるが、実際には「本当の意味での管理者」は昔話の調査において特に注目されたのである。「全体」を明らかにする文脈においては逆にこれが存在しないことが前提となる点で整合しないか、相補的な関係にあるととらえられる。

『宝島民俗誌』で特定された話者は前節で述べたように一八名で、これを調査を一緒に行った桜田の報告(19)とも照合してその役割あるいは立場を調べてみると、当時戸主であった者が一一名（このうち区長、オヤシュ、トンチ各一名）、インキョが二名、女性二名のうちネーシが一名で、四名（うち女性一名、男性三名はすべてインキョと推測できる）が不明である。「物識り」である区長を含み、異なる社会的立場に就いているものを覆う話者構成は、「本当の意味での管理者」が存在しなかったことを示している。比較的年齢が高いと考えられる戸主とインキョが多いのは、過去のある時期の村落構造を明らかにしようとした目的に適うものといえる。

ここで想起したいことは、宮本が話者によりまた調査する側の主観によって調査結果にかなりの違いが生ずる、と指摘していることである（宮本　一九五五　一六六）。前半の話者によって調査結果が異なるというのは、話者のおかれた立場や役割とそれに規定される体験によって保持している知識が異なるためと考えられる。神祭りは神役や供物を担当する人など、いろいろな人に聞いてみないと分からないのがその一例である。宮本は民俗誌の記述に当たって、話者個人の情報に存在した一貫性を読み取る可能性を残し、前節の第四項でみてきたように特定の個人が役割に応じて、あるいはある状況下で体験したことをそれと分かるように述べた。「個」としての話者に着目する観点から、調査に当たって話された内容を区別し、記述に当たって話者名を明記して一貫性を示す方法は継承すべきである。しかし、一八名の話者の立場や役割を知るためには桜田の報告を照合しなければならない（それでもなお不明が残る）ことから明らかなように、すべての「話者の背景」を対応させる配慮は不十分であった。[20] 後半の調査する側の主観による調査結果の相違は、具体的には石神村の調査における有賀喜左衛門と早川孝太郎の報告の違いを念頭においた発言であるが、[21] 前半の「話者の背景」に対応する「調査者の背景」の問題と読み替えられる。民俗誌のなかに明瞭には記述されていないが、宮本に関する背景は第一節に述べたように、民俗誌以外の当時の書かれた論文からその意図は明らかにでき、また自伝的な内容の『民俗学の旅』（一九七八年）から思想の遍歴を知ることができる。学説史に位置付けることを除いて、こうした背景については、研究成果の公表の際、慣習的に「私事」として特には述べないのかもしれないが、むしろ調査者側の「個」としての一貫性および調査する側の主観を示すには重要な要素となる。さらに、「話者」と「調査者」が相対する現場の状況は、前節の第三項で見たように宮本は全く触れていないが、資料の生成過程を明示するうえで述べる必要があろう。

二　対象把握の手段としての民俗文化

宮本常一と大藤時彦がその背景は全く異なりながら、民俗語彙の研究上の活用に関して比重をかけない記述をしていることは第一節で指摘した。民俗語彙が「民俗を知るための標目であり、その説明に重点があるので、その地方の民俗資料の精細な記述となって」（民俗学研究所　一九五一　五九四）いるべきものであれば、報告では民俗語彙を見出し語として用い説明を付すべきであろう。宮本は民俗誌の記述ではほとんどそうせず、研究上の活用に消極的な態度を反映して、民俗語彙を対象把握の手段として位置付けていないといえる。(22) 宮本は農事暦と年中行事を整理して、そこに強い対応のあることを示して自給自足的な生活を特徴づけ、神祭りに見られる役割分担とそれらが統合されてできあがった姿を示そうとしていた。さらに、大工、造船、鍛冶といった技術の保持者を確認して、島のすべての人々のもっている技術を一覧表にしたことからも、この自給自足と役割分担から島の統合された生活をみる視点は、神祭りに限定されていなかったことが分かる。むしろ渋沢敬三からの影響を考慮すれば、調査を始める前には技術的側面の分担には注意するつもりであったが、神祭りにおける分担の様相は予期していなかったことであり、現地で調査を進めるうちに明らかになっていき、それが「あとがき」にも繰り返されるような驚きをこめた文章になっていると考えられる。こうしてみると、技術の分担による統合された自給自足的生活という視点が、神祭りに敷延されて民俗誌が記述された、と見ることもできるであろう。民俗誌の残りの部分、すなわち口承文芸と通過儀礼のうち、後者に関しては話者名が三ヵ所に出てくるだけであるのは、特定の人物の技術＝役割の分担によって構成されていなかったのである。

宮本のこの民俗誌における対象把握は、島の唯一の村落にすむ人々が自給自足的に技術を分担しつつ、それが統合されて日々の生活が営まれるという視点からなされた。調査の開始後、儀礼についても神事の分担に関して同じようにとらえられることになり、もっともよく特色を示すものとしてまとめられた。このように民俗語彙を主要な対象把握の手段とせず、調査地の実態からひきだされた、対象把握の枠組みを「民俗文化」としておきたい。本書では火と水の信仰を手掛かりとして、沖縄の一村落において明らかにしたい。

本書の記述は事実関係についても、解釈の当否についても、被調査者側の人々によるチェックを受けていない。話者の話す内容は、調査時現在の、過去のある事柄についての話者の評価であり、過去の事実ではない。事実関係については話者の話とは別の独立した証拠によって立証されなければならない。解釈について、本書で取り上げるのは、この二〇年間の折々に見たり聞いたりしたもので、話者の評価を筆者がある偏向をもって記述した、としておきたい。沖縄では近年字単位で地域史を作るのがさかんで、(23)筆者が本書で調査対象とした村落でもまもなく完成する。さらに、個人でも「自分史」を著したり、門中レベルで系譜や沿革を冊子にまとめられたところもある。それらには村落に住む人々の対象把握の枠組みすなわち「民俗文化」が示されている。こうして公表された作品を相互に対照することによって、同じ対象に対する解釈の仕方や、取り上げ方そのものの違いが明らかになり、評価のずれをみることができるはずである。ずれ具合によっては、筆者の民俗学が実態といかに遊離しているかが、あるいはそこにヤマトンチューの把握のありかたが浮かび上がってくるかもしれない。本書は将来そのような比較対照のための、ひとつの素材となるべきものである。

三　調査対象としての村落

宮本は宝島を「自給を中心にした村を構成している」（宮本　一九七四　三六九）として、そこの唯一の村落を調査の対象とした。地理的にも隔絶し、交易が自由には行われなかったことからも、それは支持されよう。筆者が本書で沖縄本島北部の一村落、辺野古《ひぬく》をひとつのまとまりとして調査の対象としたのは、次のような理由による。

沖縄の村落は、地理学の田里友哲、仲松弥秀の研究により、その起源を明治初期以前に溯る「古村」あるいは「平民百姓村」と、「新村」あるいは「士族百姓村」「開墾村」に大きく分けられ、前者は『琉球国由来記』に御嶽や年中行事が村落名とともに記載されており、後者は年代が下がって士族が帰農して住み着いたり、土地整理以降に土地売買が自由になって発生したものとされる。こうした村落の成立年代と平民、士族という階層に着目した分類のほかに、民俗学の立場からその土地の人々の伝統的な分類用語に着目した類別が試みられている（津波高志他　一九八二）。そこでは行政村落を単位とし、先の地理学の分類の前者だけからなるもの、後者をそこに含むもの、後者だけからなるもの、に分類されている。そこで明らかになったことは、これまでの民俗学、人類学の研究対象が「古村」に、そして「新村」との複合村落であってもその「古村」の部分に、あまりにも偏り過ぎていたということである（同　一四）。辺野古は地理学の分類にしたがえば、「古村」「平民百姓村」となるが、明治期以前と思われる転入者や「士族」階層の人々も混住しており、いちがいにそう言い切ることはできない。『沖縄国頭の村落』では「古村」と寄留者の複合村落で、都市化、集団計画移住等のため分類上判然としない点を残す村落とされている（同　一三）。たしかに、村落の運営に当たっては寄留者も含めた課税や取り決めがなされ、物流に限らず霊的な諸問題についても、村落だけで世界を完結させていない側面が認められる。

一方、一九四二年（昭和一七）に豊原が区として独立するまでは、豊原の西隣の久志と辺野古が隣接しており、「久志・辺野古」というように連続してひとつのまとまりとして呼ばれ、両者は兄弟（久志が兄、辺野古が弟）であるということも聞かれる。こうした集落名称の連称は、かつて琉球王府から任命されていた公的司祭であるノロが久志に住んでいて、辺野古を統括していたことと関連するであろう。久志は辺野古から歩くと三〇分くらいで着く距離にあり、両方の中間に位置する豊原に郵便局や学校が置かれ、両集落名から一字ずつとって「久辺」を冠して、久辺局、久辺校と言っている。久志と辺野古の村柄はかなり違っており、対抗心も強かった。青年団旗を新調したときにはミナトを渡らねばならないが、久志では辺野古と反対方向の松田と宜野座に行き、モーアシビも辺野古とやったことはなく、辺野古で頼母子を組むときには久志と反対方向の大浦の人々と組んだ。久辺小学校で方言を使わないよう指導したときには、久志の生徒は帰宅後も方言を使わなかったが、辺野古の子供達は校門を出たとたんに方言に戻っていたとか、久志では学校の校長になるなど教育者が輩出し、辺野古では起業家が多い、など両者互いに相手を評することには事欠かない。故郷を語るときには仲は悪いがどうしても触れなければならないのが、久志との関係であり、それは久志の側でも同じで辺野古との関係に触れざるを得ない。辺野古で自家出版された『ふるさと辺野古を語る』では二項目を設けてこれを記述し、行事を述べるところでも端々でふれている。久志との対比によって自らのまとまりを意識するのである。

このように辺野古は『沖縄国頭の村落』では「古村」と寄留者の複合村落で、分類上判然としない点を残す村落とされている（同　一二）が、そこに住む人々はみずからをヒヌクンチュー（辺野古の人）とし、人々の意識する最小のまとまりである。(24) これをもって調査の対象としてのシマ（村落）、辺野古をとりあげることにした。

次の章では、調査地辺野古の歴史的背景と地理的構成について述べることにしたい。

注

（1）　この時は宮本と桜田は鹿児島で落ち合って一緒に宝島に向かっている。桜田の調査記録は、『旅と伝説』『民間伝承』などに発表されているほか、『離島生活の研究』（一九六六）に調査のいきさつなどとともに、家、屋敷に関する資料が公表されている。桜田はこの年（一九四〇年）の六月一五日付けで一九三五年から研究員であったアチック・ミューゼアムを退所、一六日農林省水産局嘱託となっている（桜田　一九八二）。一方、宮本は前年アチック・ミューゼアムの研究員となり、渋沢邸に起居し、以来本格的に全国各地の民俗調査に出掛け、執筆活動が盛んになる（米山、田村、宮田　一九七八）。時に桜田三七歳、宮本三三歳、両者ともアチック・ミューゼアムを拠点として研究活動の盛んな時期であった。

（2）　この論文には「物識り」「伝承の管理者」および本文に述べた「変差」の三つの要点があり、前二者については第三章でとりあげたい。

（3）　宮本は一九三四年（昭和九）の九月か一〇月ころ柳田に面会したが、手紙のやりとりはそれ以前からあったという（伊藤　米山　一九七六　九七）。手紙のやりとりが始まったころの様子は、宮本によれば、柳田が『旅と伝説』で昔話を募集したのに応じて、祖父や母から聞いたものを送り、それに対して柳田からは収集を継続するようにと記した手紙と雑誌『郷土研究』、『北安曇郡郷土誌稿』の年中行事篇を送られた（宮本　一九五五　三）。昔話の募集は一九三〇年で、一一月の締め切りには遅れたというから、その翌年ころであろうか。一九三四年の秋には柳田が京都大学の講義に来た際に、京都の宿に訪ねて行った（同　一五）とあり、これが初対面と思われる。この時柳田の助言により、小谷方明、岩倉市郎、桜田勝徳、沢田四郎作らとはじめたのが、大阪民俗談話会（後の近畿民俗学会）である（同）。「資料のとりかた」の執筆当時は柳田を一方の師と仰いでいたようで、翌年の『社会経済史学』に掲載した「民俗研究史」の表現の中からもそれはうかがえる。しかし、分家を題材にした短い記述には、やがて柳田の視点とは別の方向を目指していく端緒がすでに認められる。同時に一九三五年から渋沢敬三の知遇を得ており、その催促によって一九三九年に大阪から東京に出てから、渋沢の援助で一九四二年まで旅を続けた（宮本　一九六五　二七一～四）ことも、柳田との距離を考える際に考慮すべきであろう。一九三五年の「周防大島を中心とした海の生活誌」（『アチック・ミューゼアム彙報』一一）は渋沢のすすめで書かれたものであり、翌年の『河内国滝畑左近熊太翁旧事談』、一九四二年の『吉野西奥民俗採訪録』『出雲八東郡片句浦民俗聞書』、一九四三年の『屋久島民俗誌』はいずれもアチック・ミューゼアム（一九四二年に常民文化研究所と改称）から出版されている。

（4）一九五五年刊行の『民俗学への道』は一九六八年に著作集に収められるときに、「日本民俗学の目的と方法」を全く書き直して巻頭に置き、他にも手が加えられているが、初版によって後の著作集版では書き改められた部分を検討したい。それにより後年、技術史や民具により大きな重点を置く前の、「秩序ある生活」を求めた当時の背景が明らかになるはずだからである。

（5）一九三九年に山口麻太郎が『山村生活の研究』などをとりあげて、「個々の生活事象は村の生活から遊離して取扱はれ、村の性格は考慮する事なしに資料価値が決定せられ、各個の郷土生活事象は生活の基地を離れて研究所の試験官に並べられて居る様な気がする」（山口　一九三九　八）と批判したことを受け、一九四九年から五二年にかけて『民間伝承』誌上でなされた民俗学の理論的問題に関する論争までを受けた記述と考えられ、とりわけ独自の見解を示したものとはいえない。

（6）和歌森は一九四七年の『民俗学概説』で述べた民俗史学についての見解を、その改訂版の『日本民俗学』（一九五三年）では撤回してしまう。桜井徳太郎によれば「誹謗とまでとれる周りのプレッシャーのため」（桜井　一九九二　九）

であり、桜井は風俗史学がなりたち、民俗史学（桜井によるとこれを唱えたのは和歌森ただ一人である）が断念されたのを対比して風俗の性格を論じている。本文ではもっぱら宮本常一の立場をきわだたせるために和歌森を引いており、学説史の検討は別に行わねばならないので、これより詳しくはふれないことにしたい。

（7）宮本が評価するその当時の民俗誌は、山口麻太郎『壱岐島民俗誌』、竹内利美『上伊那川島村郷土誌』、高橋文太郎『武蔵保谷村郷土誌料』、山口貞夫『伊豆大島図誌』、宮本常一『周防大島を中心としたる海の生活誌』などであろう。宮本自身はこれらに続いて一九三七年の『河内国滝畑左近熊太翁旧事談』、一九四二年の『吉野西奥民俗採訪録』『出雲八束郡片句浦民俗聞書』、一九四三年の『屋久島民俗誌』、一九四九年の『越前石徹白民俗誌』をまとめており、刊行は遅れるが、一九四〇年に調査された宝島の民俗誌も同時期に位置づけられる。民俗誌重視の姿勢はこうした実績を背景にしたものである。岩崎真幸らは、一九三七年の『山村生活の研究』以前を民俗誌の草創期とし、一九二九年までに三六冊刊行された「炉辺叢書」を検討して、「民俗誌」の名称が「採集資料の集積」を表し、内容に共通の項目がなく自由な形で記述され、自郷人による採集であるという特長があるとする。一九三五年前後からは資料を採集・記録するための「計画ある調査」が行われ、そのための調査項目が用意されるが、やがて記述のための項目に変質していくことと、資料を整理・分類するための「分類語彙」の大幅な導入により、他郷人にも調査し、比較し、理解できるようになっていったとする（岩崎真幸、鈴木通大、松田精一郎、山本質素　一九七七）。

（8）「全国民俗誌叢書」は七冊刊行されただけで中断した。宮本の『越前石徹白民俗誌』はその一冊である。柳田は『北小浦民俗誌』を執筆し、その巻頭で計画通り一〇〇冊の民俗誌が刊行され、「個々の郷土の特色が次第に目に立たず、共通一致の点のみが多くなれば目的は完成」（柳田　一九七〇〔一九四九〕　三六一）すると述べ、「やがて三十なり五十なりの巻の数がたまつた上で、一つの総合索引を作つて、各地重複を調べて見る」（同）のが将来の目標としている。それに続けて「山村とか漁村とか題した民俗誌なども、現実には或限られた郷土に対象を置いて居ますが、やはり出来るならば国の全体に通ずるものを、見定めようとする意図を抱いて居りました」（同　三六二）と、柳田の究極の目標である「全体」を提示している。倉田一郎の北小浦の採集手帖と柳田の民俗誌を検討した篠原徹によると、柳田は倉田の資料から暗示を受けたに過ぎない（篠原　一九九〇）。はたして各地の民俗誌が出揃ったときに、それらをどう利用して柳田の「全体」を描いたのであろうか。篠原が「我々が知りたいのは柳田の心意ではなく、人々の心意なのである」（同　七六）と述べているのは、もし書かれた場合の一つの評価を示唆している。

（9）『民俗学辞典』は一九五一年に初版が刊行され、「比較研究法」の項目は井之口章次によれば直江廣治の執筆になるものである（井之口　一九八一　一〇）が、福田アジオは和歌森太郎が書いたものと推察している（一九七五　一九六）。辞典では和歌森の用語である「重出実証法」は使われず、「重出立証法」となってはいるが、福田がそう推定するのがうなずけるほどこれらの文章はよく似ている。

（10）『日本民俗学』と増補版の『新版日本民俗学』は教科書として使われることをイメージして書かれた面があり、民俗語彙の操作を示したところは、具体例を用いながらまとめた手際のよさはすばらしく、講義での紹介もしやすいのであるが、著者はこれを教室で使う際には批判的にとりあげるべきだ、と考えていたのではなかろうか。比較法の一つとして肯定的に紹介された民俗地図について見てみると、やや年代が下がるが、一九七五年の大塚民俗学会のシンポジウムでは、「全くインデックスとして利用する」「（婚姻習俗というような）インデックスにもなりにくいというふうなものもある」（和歌森　一九七五　三九～四〇）と批判的なコメントをしている。おそらく批判の材料という点での教育的配慮があったかもしれない。しかし、教科書としての批判的な使われ方を念頭においていたとしても、その周囲に与える影響の大きさからして、方法論の中心部分が一九五三年の記述のままであったことは適切とは思えない。

（11）柳田国男の民俗語彙の活用に関連しては、上野和男が『家閑談』の中の主婦を意味する民俗語彙の分析を取り上げて批判的検討を行っている。そこでは語彙を分析した結果、主婦と家の表の間の語彙が共通するという指摘をしたのは正当であるが、それからかつて男は屋外の仕事に、屋内の仕事は主婦が担当していた、という関連づけに踏み込んでいる点に疑問を表している。語彙の地域ごとの説明が非常に少なく、関連した事実が調査されていなかったため、しばしば民俗的事実でなく、それを表す民俗語彙の比較に陥りがちであったとし、大間知篤三の事実と概念の重要性の指摘をひいて、柳田の方法論的限界として述べている。そして、これを越えるには集中的で相互関連的な民俗誌調査がよく、民俗語彙を通じて人々の考え方を理解しようとする方法は、主体的条件を理解する手段としての一定の有効性を認めている（上野　一九九〇　一〇二～五）。上野は事実と語彙の包含関係のずれ具合に着目する前に、事実と語彙の対応関係の把握を十分に行わなければならず、それが不完全であるのに関連づけを急いだ点を批判している。民俗誌調査や民俗語彙の分析は検討課題として残されているが、民俗語彙を対象把握の手段として生かそうとする姿勢は、かねてより一貫した流れに沿ったものといえよう。また、上野はそのように指摘しているが、戦後の民俗学の指導的役割を果たした民俗学研究所編になる『民俗学辞典』の「民俗語彙」の項目をみると、「民俗語彙では掲げられた語彙は民俗を知るための標目であり、その説明に重点があるので、その地方の民俗資料の精細な記述となっていなければならない」（民俗学研究所　一九五一　五九四）はずであった。執筆したのは大間知篤三であり（井之口　一九八一）、結局これは氏の願望にとどまってしまったようである。近年盛んになってきた民俗誌の検討のまとまったものとしては、『国立歴史民俗博物館研究報告』第三四集　共同研究「民俗誌の記述についての基礎的研究」中間報告（国立歴史民俗博物館　一九九一）、『「民俗誌」論・試行と展望―高桑ゼミ民俗論集I―』（筑波大学歴史・人類学系民俗学研究室　一九九二）がある。

（12）特に『郷土生活の研究法』の後半の民俗資料の分類中、「年中行事」と「神祭」の項（柳田　一九三五　二三七～二五二）はよく参照されている。

（13）一九三四年版の『郷土生活研究採集手帖』では最初の質問項目に入る直前に「採集上の注意」を六点あげている。これはその四番目のものである。

（14）すでに、一九三六年から三九年にかけて五回にわたって調査を行った『吉野西奥民俗採訪録』には、巻頭に「伝承者の印象その他」の項目がおかれていて、個々の話者に注意を払っている（宮本　一九七三〔一九四二〕）。

（15）附記は『著作集』編纂の時点で追加したのではなく、「丹念にかきとめたノートは戦災によって灰にしてしまった」（宮本　一九七四　三六九）とあるので、事例に関しては執筆時点のままと思われる。氏の見解を記したところは『著作集』に発表時点で追加した可能性はあり、五ヵ所にある屋久島、奄美大島の事例や笹森儀助の『十島状況録』からの引用があとで追加されたようでもある。しかし、附記を本文の後に追加していく記述法は、『吉野西奥民俗採訪録』と同様であり、そのころ確立された報告のスタイルであると考えられ、後からの追加はないとみたほうがよいだろう。ノートが焼失してしまったことは、この民俗誌の生成を検討するうえで、まことに残念なことである。

（16）年貢船については第一章の「島外との交渉」のなか（同　一〇～一四）でもふれてあるが、そこでは村人のいうように前田氏が一番船頭であったことは記述からはうかがえない。逆に「琉球征伐」のことだけが記述されているので、前田一族から得た伝承を記述し、他の村人の伝承を割愛したことになる。つまり、こうした異伝をさらに伝える個々の当事者と関連づけたい場合にはそれ以上の手立てがなくなるのである。話者による伝承の差を追記する試みはなされたが、昔話で一話ごとに話者を明記しようとされているのに比べると不完全な点もある。しかし、表にもあるように、「島外との交渉」ではわずか三名の話者が記載されているだけである。伝承の差をとりわけ考慮せずに、過去にさかのぼって島の概略を与えようとした章であるとすれば、資料の取捨が一貫しないことは問題にすべきではない。

(17)　話者のなかではとくに中村早一氏が附記に頻出する（半数の八ヵ所）。中村氏については「島の知識人中村早一老人」（同　一一八）として紹介し、氏に聞いたこととして「（一月）一六日は内地ではガラッパの祭りであった」（同　四三）とおそらく鹿児島県の本土の事例を話していることから、宝島から出た経験を持つ老人であった。この人を附記に登場させ、共通項のほうには島に生まれ島に育ったものの話を載せていることが、宮本の話者観の一端を垣間見せてくれる。

(18)　本文の文体から、調査ノートには話者の話したことを話されたままにノートに書きとめ、執筆にあたっては自分の調査ノートには忠実であった。ノートに記したことが間違いであると判断して、それを訂正して報告することが附記に書かれ（同　一三）、ノートにないことから調査をしなかったこと（五ヵ所）も附記されている。ここから本文の文体だけでなく附記からも、ノートに忠実であろうとしたことがうかがえる。『吉野西奥民俗採訪録』には「話は出来るだけ誘導を避け、相手に自由に話してもらふ様にして、それをその場で筆記する。又分からない所は二回も三回もき、直して、正確を期したが、それでも後で読んで不明の所があつて、さういふ所は出来る丈省いた」（宮本　一九七三〔一九四二〕　六二）とあり、話されたままにノートし、ノートに忠実に記述するという姿勢が強調されている。「なるべく話者の言葉のま丶（方言等）を保存して下さい」という『郷土生活研究採集手帖』の注意に沿った姿勢ともいえる。

(19)　『離島生活の研究』に掲載された桜田の報告は、宅地の地番順に戸主名、屋敷地名、沿革などを記したもので、氏が調査時に台帳として用いた各家屋敷のノートである。一八八五年に最後の地割りが行われて以後の門割の実態にコメントを付してあり、宮本が大祭は桜田の担当だったというように、その部分は詳しい資料報告がなされている。しかし、話者名を特定できないところからは宮本の問題意識との違いがうかがえる。

(20)　しかし、これを宮本個人の不明だけに帰することはできない。当時調査に携行した『郷土生活研究採集手帖』には話者の情報を姓名、年齢、性別、職業についてのみ求め、『民俗学辞典』の「伝承者」の項目では客観性を維持するために多くの伝承者から聞く必要がある、というようにむしろ立場や役割による違いを超越したところの伝承に重点が置かれている。

(21)　宝島の報告においても、調査に同行した桜田との違いを具体的に指摘することができる。なお、宝島にはこれまで赤堀廉蔵、白野夏雲以来、多くの人々が訪問し、近年の大胡修氏のゼミナールの報告に至るまでの蓄積からは、それぞれの立場からのとらえかたの違いをうかがうことができる。

(22) 民俗調査報告書では民俗語彙をカタカナで見出し語として記述を進める場合があるが、民俗語彙の選択基準が統一されていない。例えば、行事をどのレベルで細分化して見出し語を付してまとめるのか、といったことも執筆者の判断にまかされている。供物の名称が見出し語になっていたり、儀式の一つの装置が見出し語になる場合もある。これはひとつには報告の先にくるべき研究の方向が視野にはいっていないことに起因する。このことは民俗資料のデータベース化を試みたときに強く感じられた（松本　古家　一九九〇）。もうひとつには、民俗の本来もっている融通無碍なところと、調査する側の個性があいまって生じる側面がある。

(23) 沖縄の地域史作りの現状については中村誠司がまとめており、一九八〇年から八六年までに約五〇点の字誌等が刊行され、編纂委員会をつくって集団で作成に当たり、市町村史を意識しながらもそこにはない独自のテーマが模索されているという（中村　一九八七）。おそらく現在すでに字誌の刊行点数からすれば、市町村史を上回っているはずである。筆者は調査地辺野古の字誌編纂室に、活字になった論文と報告、調査中に撮影した写真と門中の系譜などを提供した。

(24) これよりも小さい単位として組がある。辺野古には戦前には四組あって儀礼では綱引きのときに対抗し、別の組に婚入した女性は生家の組を応援したために着ていた服に松明の火をつけられた、というような話が聞かれ、そのときにはどこの組の成員であるかが意識に上り問題となる。さらに組は納税の責任単位でもあった。しかし、綱引きを主催する青年会は村落を単位にして組織され、組の意識が生活の他の部分に影響することはないし、納税は最終的には村（現在の区）でまとめられた。シマが一つのまとまりと意識されることを通婚からみると、一九五五年以前に婚姻を届け出て、一九七五年四月一日現在で生存中の夫婦（離別死別を含む）の妻の出身地は、九四例中五九例（六三パーセント）が辺野古であり、シマ内婚が指向されたことがうかがえる（詳細は第四章の注(12)に示した）。同時期に旧久志村内の通婚は六例（六パーセント）となって、さらに遠隔の国頭郡（一一例）や中頭郡（九例）よりも低率となり、忌避されたようである。これは名護市久志支所の戸籍簿の調査によったものであるが、婚姻関係の法的な状態からもシマの内と外の区別を読み取ることができる。一八八六年（明治一九）に久志村耕作当から沖縄県知事に提出された「久志間切村内法」では、第四〇条に「他村ヨリ村女ヲ貰受ケ妻ニセントスル時ハ婿家ヨリ馬酒トシテ壱斗諸公役米トシテ同家ヨリ五俵村方ヨリ五俵都合拾俵徴収ノ上妻ニ差免候事」（奥野彦六郎　一九七七　一五三）とあり、シマ外との婚姻に罰則が盛られていて、これを抑制していたことがうかがえる。同村内法の条文のうち違反者に札を渡す罰則規定のいくつかは今日話者の体験にあり、法をとおしたシマの意識化がなされたと考えられる。また、年齢によって村落の青年会の役割を順次果たさなければならないことや、女性はシマレベルの神役の補佐を年齢順に担当しなければならないこと、杣山から切り出す薪の売却が人々の生計を支えていたことなども、シマを単位として考察することを妥当とする要素となろう。地理的にも西、北、東を丘陵に囲まれて南が海に接するという点で、周囲から切り取られた集落空間を形作っており、御獄を三方に配し、シマフサラーという行事ではシマの出入り口と意識される所に縄を張って悪霊の侵入を防ぎ、内外を区別する。野辺送りでは死者が最後の見納めのために、棺をのせたガンをおく地点が決まっていた。これらは人々に「我がシマ」の意識を形作ったであろう。なお、第二章で述べるように、士族層の流入や中南部の人々が定住しながら経過したという点では流動的であって、さらに今次大戦後は米軍が新市街を造成し、外部から人々が流入して人口が急増している。「個」の視点からのヒヌクンチューの意識については個々に触れることにしたい。

第二章　辺　野　古

第一節　歴史的背景

一　山原の人々

辺野古《ひぬく》は、沖縄本島北部の名護市に属するシマ（村落）である。一九七二年（昭和四七）の本土復帰以来、道路網が整備されたとはいえ、那覇からバスで二時間ほどはかかるところである。琉球群島の一部である沖縄本島は南部の島尻《しまじり》を俗に下方《しもかた》、中部の中頭《なかがみ》を田舎《いなか》と呼ぶのに対し、北部の国頭《くにがみ》を俗に山原《やんばる》といい、国頭方面の人を賤称してヤンバラーとも言う。(1) これは首里、那覇を基準にした言い方であるが、ヤンバラーという言葉は当地でも使われ、例えば一家で那覇に出掛ける際に出発しようという時になって急にトイレに行きたいなどというと、「全くヤンバラーなんだから」といわれ、ひとりうつむいて恥ずかしがったりする。あるいは女性たちが中心になって首里の聖地巡拝に出掛けて、供物を大きな盆にのせて行ったところ、南部では携帯に便利な供物用の箱を使うようになっていて、周囲からジロジロ見られて恥ずかしかったというような時に、自分はヤンバラーだから、と言ったりする。田舎者だからという恥じらいの気持ちと、沖縄の中でもとりわけ素朴で情にあついという意味合いがこの言葉には含まれているようである。

歴史を振り返ってみると、尚巴志王統（一四二二～六九年）が沖縄本島を統一するまで、三山分立の時代といわれ、那覇から中部を領有する浦添按司の「中山」、南部を領有する大里按司の「山南」、今帰仁、名護、金武、伊江、伊平屋などの北部地域を領有する羽地按司の「山北」が対抗していた。これらはいずれも明への朝貢を行っていたが、約半世紀間の入貢数は中山、山南、山北の順に比をとると六対二対一、派遣留学生数で五対一対〇で、山北はもっとも劣り、この数字は三山それぞれの「国勢の比であるばかりでなく、文化の比でもある」（東恩納寛惇　一九六六　五二）。このことから東恩納寛惇は山北地方の文化が他の二山に比べてひどく遅れていたことと、その地の人々の人情剛健を警戒して、後に尚巴志が三山を統一し尚真王が中央集権体制を確立するまで、山北監守を本部半島の今帰仁に置いて防御としていたことを指摘している（同）。こうした文脈の中でも、現在本島の北部が「田舎山原」と俗にいわれることが引かれており、一般的な歴史書においても過去の歴史を繙いて、そのもっともらしさが主張されるのを見ることができるのである。(2)

二　アジの世

琉球王府の第二尚氏王統の第三代尚真王（在位一四七七～一五二六年）の時代には地方の豪族であった按司を首里に集住させ、中央集権体制が強化されて、間切ごとに按司掟と称する代官を派遣した（東恩納　一九六六　六四）。おそらく辺野古もこうした体制の一環に位置付けられたのであろう。

按司が割拠していたころ、あるいはそれ以後の王府の支配体制が整ったあとにいたる時期について、シマの人々は土地の旧跡と関連させていろいろなとらえかたをしている。今日、辺野古の集落から辺野古川を渡り、西のほうへ海岸に沿って歩いて行くと、海食洞を利用した墓地地帯になるが、そのひとつにアジバカと呼ばれる墓がある。小さな岬の先端にあって、砂浜から見上げるほどのところにあり、現在はブロックで閉じてあるが、かつては開口したままで石棺が五つほど納められていた。故比嘉久雄氏が幼いころ（明治末期）にここに遊びに行くと、この中に「久志若按司」「天願若按司」と彫ったものを見たといわれ、後者は大正初期に安慶名に移された。天願若按司の縁の地ということで、霊的職能者が関与して移して、彼の地で祭るようにしたらしいが、詳しいことは分からなくなっている。一方、久志若按司の墓は隣の久志の集落の東はずれにあり、墓碑が立っている。アジバカの石棺にあった「久志若按司」の銘と、久志にある墓との関係は微妙である。(3) アジバカに付属してすぐ脇にウナザラ（妻）の墓もあり、木棺が安置してあったが、戦後米兵が石棺や副葬品とともに破壊したといわれ、今は石棺の破片が残っているだけである。

現在、アジバカには清明祭にニガミ（シマレベルの最上位の女性神役）と他のカミンチュ（神役）がトゥンチのクディングア（門中レベルの神役）とともに拝みに行くほか、主として沖縄本島北部の諸集落からもそれぞれに縁をたどって拝みに来る。先般亡くなった辺野古の先代のニガミによれば、アジバカに祭られた人が辺野古の草分けで、その子孫がトゥンチであって、トゥンチは村の創始者としてのアジをその子孫として祭るのであり、ニガミはシマを代表してそれに従う形をとっているという。女性神役の一人であった故城間ツルさんもアザシーミーにトゥンチの主婦も同行することを述べ、その理由づけとしてアジバカに祭られている人の子孫がトゥンチであり、トゥンチが辺野古を開いたという話をしていた。(4) このように一つの見方として、アジバカとトゥンチが結び付けて理解されている。また、あまりシマの人々の賛同は得ていないが、独自の史観を持っていた故比嘉正松氏は、辺野古の創立者、すなわちユンヌシ（世の主）としてクンジャンペークミ（国頭親雲上）を屋敷内の霊堂で祭り、これはアジではなく王府から任命された王族で、自らもその系譜に連なるものであるとした。アジを祭って住民に拝ませる道理はないのであって、トゥンチの一番座の祭壇に祭ってあるのはクンジャンペークミであると主張していた。氏の場合は、専門家に依頼して系図を作っていて、史実との関連づけを図っているが、他のシマの人々の見解では、アジバカやトゥンチの祭壇に祭ってあるもの、つまりシマレベルのものと、「歴史」との関連づけははっきりしない。ハダカユ（裸世）からアジヌユ（アジの世）に移り変わった、と言われるように漠然としている。時系列による関連づけはシマの沿革との関係よりもむしろ、門中ごとにその創設者からの系譜を明らかにしようとする指向が強く、そこでは王族との関連づけが望まれている。

沖縄の集落に関する研究においてすでに指摘されているように（仲松弥秀　一九六三　一三五〜一六三）、辺野古ではかつて現集落西方の丘陵南斜面の親里原（上里原ともいわれる）に集落があって、そこから移動したものと伝えている。親里原のアサギ（集落レベルの祭祀場）のあったところはアサギシキシ（アサギ敷地のことか）と呼ばれ、最近まで畑として耕作され土器片が出土し、その辺りの段々畑が個々の屋敷の跡だ、ともいわれる。稲村賢敷は辺野古の古島は「現在の部落の東南に当る丘陵上」にあって、「部落入口にあるバスターミナルから東方に行き、湊口に架せられた橋を渡る。ここから南に三百メートル行くと右側に樹木の鬱蒼と茂った丘陵がある。その丘陵上に……」と述べており（稲村　一九六八　六六）、磁石の方位でなくシマの人々の民俗方位（この文脈では北が九〇度ほど東に振れる）からすれば、この記述はだいたい正しい。ただし、その移動がいつのころであったか、史料はなく伝承からも明確にはできず、仲松は「移動はしているが年代不明な村落」と述べている（仲松　一九六三　一五三〜一六三）。この集落移動と先に述べたアジやアジバカが関連して語られることはないようで、今アジバカに祭られているアジは親里原に住んでいたのか、というようなことを筆者の方から問いただすと、意外なことを聞かれた、という風に話者の口元がゆがむこともあった。親里原に対する儀礼は正月のカーメー（川拝み）の際に、そこに住んでいたころに使ったという川（ナートゥガー）を拝むことがあり、その際に拝む方向は親里原に向かっているともいわれるが、(5) 集落移動の伝承についてはそれだけで孤立しているようである。

三　辺野古の歴史時代

ここが文献上にはじめて登場するのは、一八世紀から編纂された琉球の正史『球陽』に記載された一六七四年（尚貞王五）の項である。そこには金武間切より二ヵ村（久志村と辺野古村）、名護間切より一〇ヵ村を分離して久志間切を創設したとある（桑江　一九七一　一〇三〜四）。以後、久志間切に王府から任命された地頭代以下の役人と、現在の区に相当する村単位に任命された掟が上納や地割りの配分を行っていたようである。番所は辺野古の隣村久志におかれていたが、間切の一方に偏っていたために、一七二〇年（尚敬王八）に瀬嵩に移動する。以後、久志村から名護市にかわった現在まで、ここに役場がおかれているが、今でも時々間違えて久志支所をたずねて久志に行く人がいるという。

歴史学の近年の研究によると、琉球王国が崩壊するまで、琉球国王は明、清による冊封を受け、明朝の身分体系では安南（ベトナム）国王や豊臣秀吉と同じ「郡王」のランクに位置付けられていた。冊封が始まったのは先に述べた三山対立時代の中山の武寧からで、これによって中国の皇帝の権威により対外的に承認されることになり、それまでの琉球固有の神々によって承認されていたものからは徐々に変化していく。冊封の様子がはっきり分かるようになる清代の例では、まず王府の権力の中枢にある人々が冊封を清朝に申請し、中国側でそれを受理すると冊封使が選定されて準備に入る。冊封使の記録のなかで『中山伝信録』が著名であるが、それらによると冊封使は琉球に着くとまず国王の廟所である崇元寺で先王を祭り、次いで首里城に移って世継ぎに対して皇帝が琉球国中山王とする詔勅を読み上げて、国王への就任を中国語で宣言した。それから皇帝からの王と王妃への賜品を授与し、国王が皇帝の安否をうかがうのに答え、国王は詔勅を拝領して納め、宴に入る。一六〇九年の島津氏による侵略以後、島津氏と背後の江戸幕府の介入はあるが、冊封による王位への就任は継続していた。最近では、こうした冊封が中国との間の朝貢貿易を遂行するための手段という以上の政治的機能を秘めていることが注目されている。さらに、こうした国王の代替わりのたびに行われた冊封儀礼には、王府の財政が豊かでなかったことから、その数年前から王国中にお触れが出され、士族、地方役人はじめ百姓までが応じて準備が整えられた。それに対する見返りは赤八巻や筑登之などの爵位であったという。献金や献穀による人々の経済的な負担は小さくはなかったはずであるし、はたして王権の末端にいる人々が冊封をどうとらえていたのか、といったところが問題になるのであるが、ほとんど取り上げられていない（真栄平房昭　一九八八、豊見山和行　一九八八　一九八九）。辺野古においてもその状況は同じであって、今のところその時期の地方文書から推し量ることも、伝承で推察することもできない。現在、位牌を調査していくと数軒の家で「筑登之」の爵位を記したものが見られ、冊封儀礼と関連するかもしれないが、その間の事情は伝えられていない。そのため、この項のはじめに記した行政区画の変更といった、そっけない事柄しか記しようがないのであって、「歴史時代」にはいってもなかなか人々の暮らしぶりには近づいていけないのである。

近世の間切ごとの毎月の行事と番所の各機構ごとの事務分掌については、『間切公事帳』（一七三五年）からうかがえる。沖縄本島では与那城間切と美里あるいは具志川間切の写しが参照でき、これとそれよりやや早く編まれた『琉球国由来記』『琉球国旧記』の記述から、間切役人が王府の朝拝を中心とした行事に参加しあるいは国王に貢物をすることと、稲麦の四大祭には王府の儀式と同じ衣服で参加し、その際には地頭以下百姓に至るまでの御供があったことがうかがえる。後者の場合には神酒をはじめとした供物を捧げて行うのであり、ノロを中心として執り行うものであった（田里修　一九八八）。田里の指摘では、稲麦の四大祭では王府への上納をはじめとして間切を監督する取納座が、祭りの日撰を決定し間切役人を指揮し、間切の役人が参加した、ということと、こうした近世の変化の結果として、現在見られるようにこれらの本来の収穫祭としての意味が変質している、という点が重要であろう。こうした本来の村の祭りとは異なるものが間切を通して各村に浸透していたことは、祭祀を見て行くときにその背景として考慮しなければならないことである。また、日撰を人々がどうとらえていたのか、についても注意が必要である。

明治期には琉球処分後の法制の改定があり、一八九八年（明治三一）の沖縄県土地整理法によって地割制が幕(6)を閉じ、故比嘉久雄氏によれば辺野古では五六名が戸主として記載された。(7)

一九二三年（大正一二）には久志村の領域が広大で行政上不便であるため、有銘より北の六字を割いて東村として分村し、久志村の領域を狭めたことがあるが、辺野古には影響はなかったようである。その後、名護、屋部、屋我地、羽地、久志の五町村が合併して沖縄県下九番目の市として一九七〇年（昭和四五）名護市が発足し、その一行政区として今日にいたっている。(8)人口の変化をみると一八八〇年（明治一三）には二五八人（戸数五七）、一九〇三年（明治三六）には二九九人（戸数七四）、一九七九年（昭和五四）には一六三一人（戸数四七四）（名護市史編さん委員会　一九八一　五二）となっている。戦後、急激に人口が増加したのは、一九五六年（昭和三一）一一月に米軍基地として土地を接収され、商店や飲食店を含む新市街が旧集落より標高にして三〇メートルほど高い丘陵上に建設され、ここに沖縄各地から人口が流入したことによる。

図1　間切と市町村の変遷

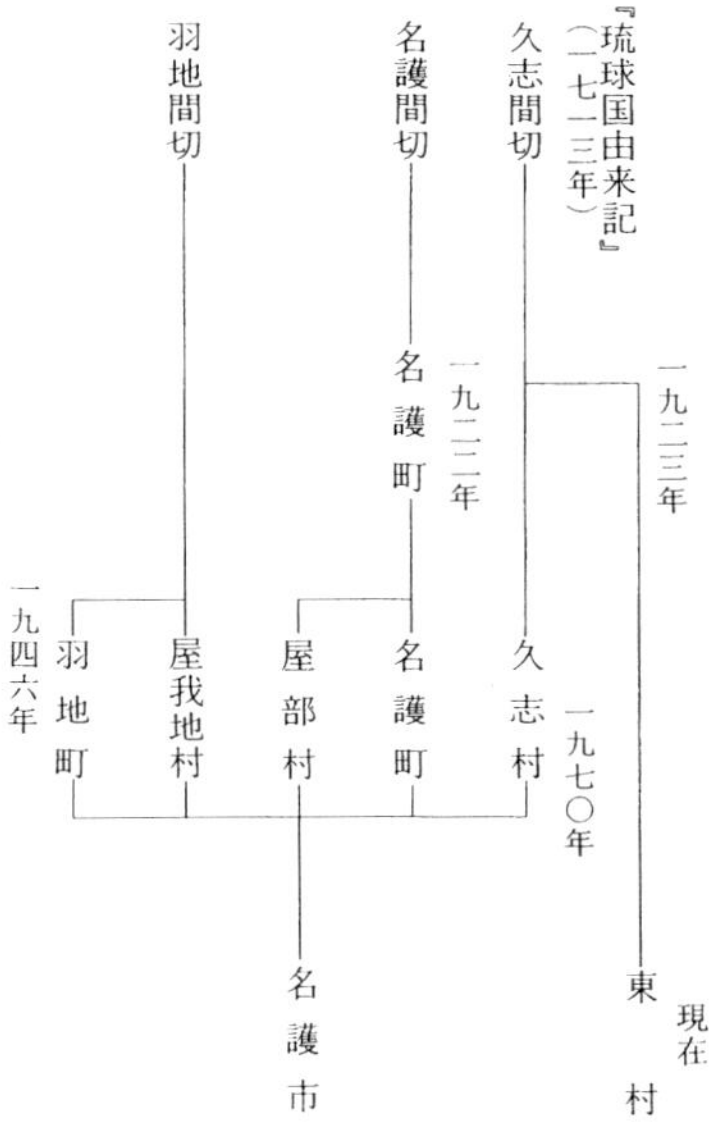

基地になる直前の一九五五年（昭和三〇）には五六五人（男二六三人、女三〇二人）であるが、基地開設後の一九五七年以後急増して、一九六一年（昭和三六）には統計上最多の二二八六人（男一〇三五人、女一二五一人）[9]を記録し、その後アメリカ経済の後退と符合するかのように徐々に減少している。旧集落の人々は新しくできたネオンの色鮮やかな基地の街を「上部落」と呼び、自らを「下部落」と呼んで区別している。

四　シマの大事件

老人から話を聞いているときに、問わず語りに出てくるシマの大事件がある。一九一五年（大正四）に計画、着工されて一九二二年（大正一一）に完成した二見と世富慶を結ぶ郡道の請負工事がそれである。[10]当初は辺野古区で工事を請負い、シマの男性はこれにすべて動員され、[11]牛馬もシマから一頭残らず工事に徴用された。シマには人手がなくなって畑は遊休地と化し、サトウキビ生産も停滞し、四つのクミごとにあったサータヤ（黒糖製造のための砂糖小屋）は徐々に減って昭和期にはいると一ヵ所になり、芋、米の生産も同様に低下した。大正期末には借金のためごく一部の財力のある家に田畑を売り渡し、[12]昭和期に入っても財産をなくした家の次、三男は借金のために労力提供を強いられる状態で、[13]南洋や本土への出稼ぎ、女性は本土の紡績工場などへの出稼ぎが多くなった。かつて、クシュクイ（田植えの後の休み日）やアブシバレー（田の畦の害虫をとって海に流す行事）の際には、闘牛をして楽しんでいたそうだが、牛が売り払われてしまいそれどころではなくなってしまった。[14]結局工事は中途で請け負いきれなくなり、辺野古区としても負債返済のため共有地を処分するなどして失敗に終わっているが、[15]これによってシマの疲弊は一層はなはだしいものになった。ただ、それまでは陸路は物資を担いで行かなければならなかったので、名護まで荷車も通れる道ができたことは朗報ではあった。『海南小記』の旅で柳田国男は、島袋源一郎の援助をうけて一九二一年（大正一〇）の一月に大宜味村の塩屋から田港、平良を経て、久志村の瀬嵩に泊まり、大浦から名護に向かっている。「草鞋もはきクリ舟も試みた」（柳田　一九六八〔一九二五〕三七八）、という国頭の旅行で猪垣や山原船に言及しているが、ちょうど柳田が歩いたころ、その山道の少し南の山中では辺野古の青壮年たちが道路工事に汗し、新しい郡道がまもなく完成しようとしていた。

ついでアメリカに端を発する世界恐慌による社会経済的な影響があげられる。一時高騰した砂糖相場が下がることによって、農家の窮乏はさらにひどいものになった(16)。辺野古では当時国頭郡各地で見られたソテツ地獄(17)といわれるような悲惨な状況まで追い込まれはしなかったようであるが、すでに世界恐慌以前から一つの方途として、本土各地への出稼ぎや海外への移民によって余剰労働力を減らそうとしていたのは他と同様だった。そこへ世界恐慌の影響が日本に波及した一九三〇年（昭和五）には、日本本土も不況になり、紡績の女工として出稼ぎに出ていた人々は帰郷し、それがさらに南方への移民の圧力になったとも考えられる(18)。一九二〇年代くらいまでに生まれた人は、こうしたことからシマの外で生活した体験をもつことが多く、話を聞く中でも奄美大島の盆行事はおもしろいとか、フィリピンの原住民とのつきあいの模様や、大阪での暮らしぶりといったことが、自然に口から出てきた。つまり、すでに話者自身のうちで自己の故郷を相対化して見ることができているのである。民俗の継承という点でシマの伝統を身につけるべき年代というのがあるならば、その時期にシマを離れていたことによる問題はなかったのか、あるいは継承することについての意識もこれと不即不離の関係で考えねばならないであろう。また、こうした点からして、この地の古風を守り、かつて付与されていた意義や観念の中に生きている、この土地で生まれ育ったいわゆる古老がいる、と考えることもできない。

その後、今次大戦では辺野古だけで爆弾が三十数発落とされ、かろうじて十数軒焼け残った。シマは全焼してしまったといってもいいくらいで、現在では、若干のフクギの並木とテーブル珊瑚の垣根だけが戦前の景観を残しているにすぎない。これもまた大事件であった。空襲のため昼間は山に避難し、夜になると現在基地の兵舎のあるあたりにあった畑に行って芋を掘って来るという生活だったという。敗戦後は一九五七年（昭和三二）の米軍の基地化で山林耕地のほとんどを接収され、林業や米作はできなくなり、サトウキビとパインを生産しているが、「下部落」の人々も基地で働いたり、食堂経営や「上部落」にバーを作って貸すなどし、生業形態は大きく変わった。同時に軍用地料（軍用地地主に支払われる地代）が支払われるようになり、区の財源もこれによって安定している。

キャンプ・シュワブと命名された基地では、一九五九年（昭和三四）にアメリカの海外の海兵隊では初めての恒久兵舎が建設され、米軍当局によるとかつてのフィリピンのスビック基地（一九九二年にフィリピンに返還）に匹敵する海兵隊の総合訓練場をもつといわれる。ベトナム戦争（一九六〇年五月〜一九七五年四月）当時は北部訓練場に海兵隊の対ゲリラ戦学校が開設されるなど、米軍の軍事拠点としての沖縄の重要性が高まるとともに、辺野古にもベトナムブームといわれた米軍の基地関係収入が増えていった。在沖の米軍がベトナムに移駐し、米本国から軍隊が沖縄に移駐するという具合に、米兵の動きが活発になり、辺野古の繁華街も米兵であふれていた。基地の建設に従事したシマの人の話では、厚いコンクリートで覆われた施設を途中まで作り、米軍が完工させたものがあり、核弾頭を収める倉庫だったのではないかといわれる。辺野古の集落の北をかすめ、基地を貫通している軍道一三号線（復帰後は国道三二九号線）はその両側に金網のフェンスが続いているが、復帰前までは「ノンストップ道路」といわれ、自動車は途中で停車せずに走り抜けなければならなかった。「ノンストップ」と書かれた看板が随所に掲げてあって、もし止まるとスパイと間違えられて米兵に撃たれるという話もあった。これらをまじえて核が貯蔵されているという噂は、筆者が調査を始めたころよく聞かれたし、本土復帰にあたって「核無し」ということが大きな政治問題となっていたこともあり、話題にのぼることが多かった。

五　アメリカ世から大和世へ

筆者がはじめて辺野古に行った一九七三年（昭和四八）はベトナム戦争の末期、沖縄の本土復帰の翌年であった。通貨はドルから円にかわっていたが、風景はまだその後の変わりようからすれば、それ以前のままだったといえる。軍事目的のため中央分離帯も歩道もなかった道路が整備され始め、海洋博の開催に関連して建設工事が盛んに行われており、一期工事の大型車が走る光景が思い出される。辺野古ではすでに南島研究で実績のあった安田宗生氏（現在熊本大学助教授）が調査を続けており、氏の宿泊していたT・Y氏宅に居候した。T・Y氏は長男であるが、母屋には弟一家が住んでいて、メーヌヤと呼ばれる八畳ほどの小屋に同居することになった。この小屋では以前マチヤグァ（商店）をしており、窓はなく雨戸を閉めると真っ暗で、屋根はトタンであったから、とくに夏の日中は昼寝もできないくらい暑くなった。最初の訪問先は故比嘉久雄氏、トゥンチの故比嘉清範、マス夫妻、先代のニガミであった故島袋カマド氏、独自の史観を披瀝していた故比嘉正松氏、元大工のT・J氏で、いずれも安田氏に同行したものであった。二年目以降に単独で調査するようになって、住民票と戸籍簿を閲覧し、徐々に話者を増やしていくが、初めの話者の構成とうかがった話の内容は、筆者に大きな影響を与えた。ようやく話者の背景を考慮しながら話された事柄を整理し位置付けられるようになったのは、一九八〇年末をもって大学院を中退してからではなかったかと思う。三年目の一九七五年春には隣の久志の故比嘉久雄氏宅に三ヵ月余り下宿させてもらうことにし、夏には再び辺野古に戻りS・J氏宅に三ヵ月ほど下宿させてもらった。当時、名護市川上に帰郷していた津波高志氏（現在琉球大学教授）には、ときどき面談し調査に関して多くの援助を受けていた。その後は久志に家を借りたり、短期の場合は名護の民宿に泊まってそこから通うようになった。

辺野古では耕地のほとんどを基地に接収されただけでなく、程度の差はあれ他の沖縄の集落と同様に米兵の存在が影響を与えていた。神聖視されていた御嶽の森にたやすく踏み込んだり、墓から勝手に持ち出した髑髏をジープにのせてはしゃいで、人々の心情を傷つけた話は、辺野古を訪れた早い時期に聞かれた。しかし、そうした個々の兵士の犯した行為とは別に、米軍政府の基本的な方針で、沖縄の伝統文化を振興することになっていたことと関連するのであろうか、戦前から行われていた年中行事などが米軍によって「弾圧」されたという話は聞かれない。日常生活においては基地に隣接したこともあって、辺野古の子供は夕方からは一人で「上部落」などに出歩いてはいけないと周囲からはいわれており、ある時、子供が一人で出掛けたことに気づいた母親が大声で一人で行かせた兄弟を叱り付けているのを見たことがある。母親は、犬でもいいから一緒に連れて行かなければならないといっていた。あるいは筆者が隣の久志まで約三〇分ほど歩いて行ったという話をすると、そんなことをするものではない、「おい」と声をかけられたら大変なことになるんだよ、と真剣に注意されたこともあった。筆者が調査を始めて二年目の一九七四年八月一六日には、朝、目覚めると隣に米兵が寝ていて心底仰天したことがあった。T・Y氏はベッドで、筆者は床に直接シーツを敷いて休んでいたのだが、夜半に勝手に雨戸を開けて入り込んだのである。若い白人兵で酔っていてどうも行き先を間違えたらしく、家から追い出されると石垣に身を寄せてせつない気持ちを持て余して“Kill me.”などといって泣いていた。なかなか立ち去らないため、T・Y氏が右腕を、筆者が左腕をかかえて当時「上部落」の派出所に机を並べていたMPまで連れて行って住居不法侵入で引き渡したのだが、その腕力はかなり強く、振り回されながら、時には足払いをかけながら連行して行った。あの時にその白人兵が怒って暴力をふるっていたら、筆者は今ごろ五体満足でいなかったかもしれない。別の日には「上部落」を夜歩いていた時に、IDカードを偽って使った黒人兵がいて、シマの人が基地内のMPの詰め所まで抗議に行き、それに同行したこともあった。

沖縄は旧王府時代の唐の世、琉球処分後の大和世、敗戦後のアメリカ世、さらに本土復帰による大和世といわれるように世替わりを繰り返し、外部からいやおうなく運命を改変させられ、特に日常生活での影響は大きかった。そうした大きな流れのなかで、シマのなかでは一人一人の生き方を変えるような事件が積み重なっていたのである。筆者がはじめて辺野古に行ったころはアメリカ世の余燼がまだ十分に感じられ、大和世になって大きく変わろうとするころに当たっていた。

第二節　地理的構成

一　辺野古の位置

筆者が三年目の夏を迎えたときに、那覇で人に会う約束をして待ち合わせの時間の二時間余り前に出ようとしたところ、久志の下宿先の主人故比嘉久雄氏(19)に「間にあわん！」と叱られたことがある。当時（一九七五年）は急カーブは橋を渡してでも直線で行けるように、幅の狭いところは拡幅して、という具合に国道が大分整備され、到達時間が短くはなっていた。それにスピード狂の運転手にうまく巡り会えば、窓から入ってくる熱い風を受けながら、走る心地よさが味わえた。しかし、那覇はそれでも遠かったのである。

辺野古は沖縄本島北部の東海岸にあり、現在は名護市に属する一集落である（図2参照）(20)。一九七〇年（昭和四五）に五町村が合併して名護市になったが、以前の旧久志村に属するのは、天仁屋、底仁屋、嘉陽、安部、三原、汀間、瀬嵩、大浦、大川、二見、辺野古、豊原、久志である。戦後は米軍による舗装道路（軍道一三号線で、軍事

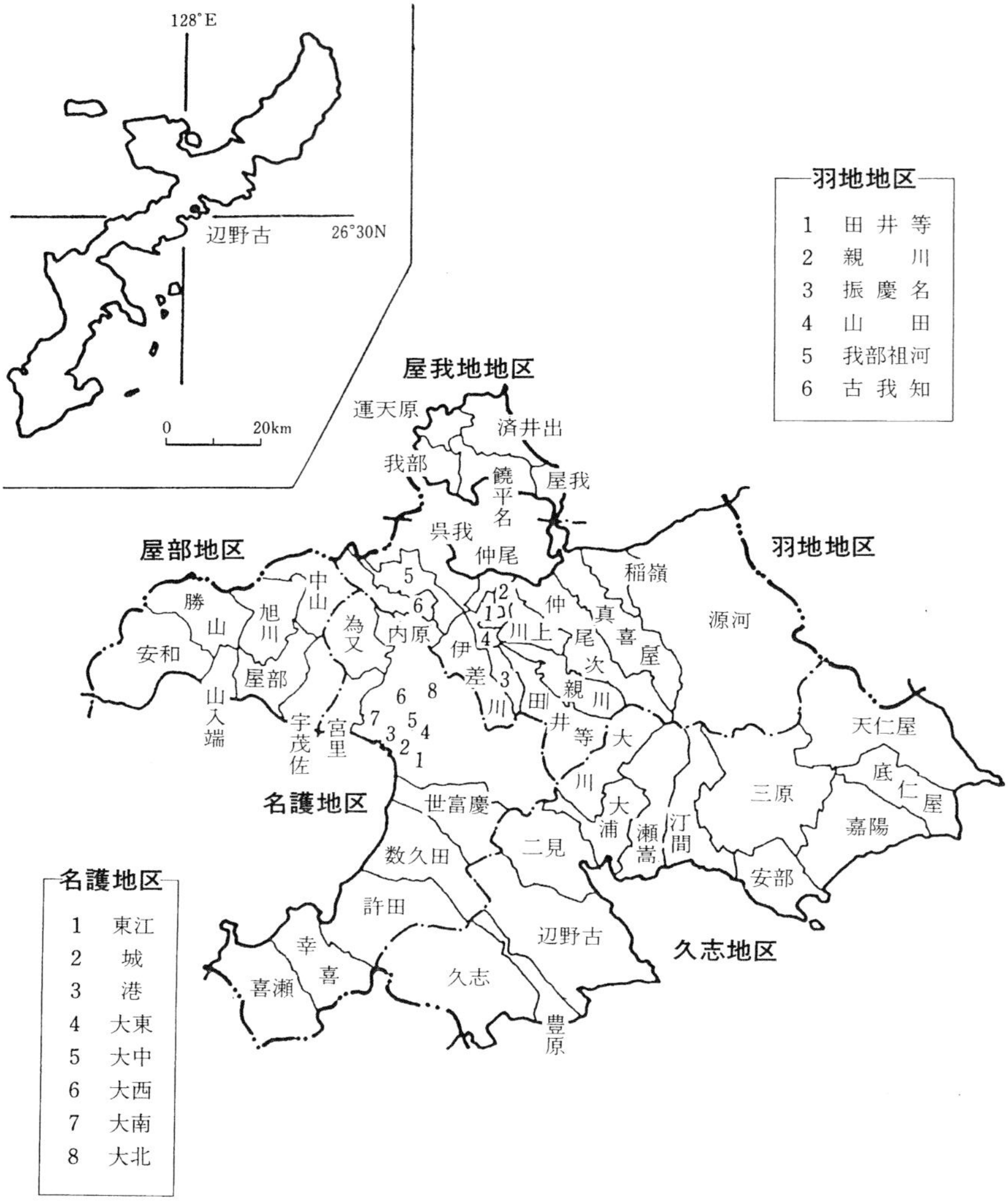

図2　名護市の区界（1980年）

的要請から歩道や中央分離帯はなかった。復帰後は国道三三一九号線として整備された）が集落の北方に開通し、これが南北に走る沖縄本島の東海岸側の幹線道路となり、一九五七年にバスターミナルが置かれたため、那覇あるいは名護までの定時便が確保されるようになった。このバスターミナルからは、片道で那覇行は一日に五四本でており、名護行は一三本、嘉陽へ一一本、東村の平良まで三本（一九八〇年現在）となっており、この数字は復帰直後に辺野古に初めて行ったときからほとんど変わっていなかったし、時刻表も最初にノートに写しとったものがあとあとまで使えた。数年前からは、嘉陽方面行の一部が辺野古でなく名護行きに振り替えられたが、これは乗客の名護への指向が強くなったことを受けているのであって、沖縄北部における名護への一局集中のあらわれと見ることができる。

近年の状況と比べると、かつての陸上交通は地勢上の理由により極めて不便で、西海岸と結ぶ道は、松田の潟原〜許田が最も古く、一七〇九年（貞亨王四）に瀬嵩〜真喜屋、その翌年大浦〜名護東江、大浦〜羽地川上が開通した（玉城定喜　一九六七　一六）が、車の通れる道路は先に述べた郡道の開設まで待たねばならなかった（第一節第四項）。東海岸の各村落とは険阻な山を避けて海岸線沿いに連絡し、遠方への輸送は山原船によった。辺野古は大浦湾に面する大浦、汀間とともに船の出入り、停泊に適しており、林産物の南部への搬出が盛んであった。

生業の面では、このあたりはさらに北に広がるかつての国頭、大宜味間切などとともに、農業はあまり振るわず稲作はわずかで、西側の辺野古川にそって水田が数町歩ある程度で、その他の田畑は山を隔てたところにあり、零細であった。一時サトウキビの生産がさかんになったが、むしろその地勢を利した林業に依存し、南部沖縄に燃料用の薪を売って、米、芋その他日常雑貨を購入していた。このため戦前まで山原船が往来して中・南部との交易が行われ、戦後も那覇を中心とする南部の建築材を供給するため、馬で木材を搬出して潤ったことがある。こうしたことから手堅く農業に励み自給するのでなく、山から薪を取って来て、それを仲介者に売ってすぐに現金にかえその時に必要な物資を購入する、という場当たり的な生活ぶりが強調されて、それがここの土地柄だとシマの人が自らを評することもある。これに対して、隣の久志は手堅く農業に励み、山も荒らさないように心掛けていた、と対比的にいわれるのも興味深いところである。辺野古に停泊する山原船や漁撈に用いられサバニからはウミカネーという港の使用料を徴収し、ミジャガー（美謝川）という区内の屋取集落からの小作料、大正一〇年ころ設立された共同売店の収益金などが区の財源になっていた。[21]

二　集落の立地

現在、辺野古のバスターミナルに着いて、バスから降り立つと、公民館と体育館のクリーム色の建物がまず目に入ってくる。そして左手（東北方）になだらかな上りの坂道が続き、住宅が並んでいる。しかし、戦前まではそこらに家は一軒もなかったし、バスターミナルは影すらなかった。

かつて、集落は東西を丘陵に囲まれ、北側には小高い丘陵の背後にマングローブの繁る広大な湿地が広がり、さらに北西の背後には辺野古岳がそびえており、南側は海に面してアダンの防潮林に守られていた。明治期以降、南側の海岸線に沿って埋め立てが行われ、その方向に分家や他のシマからの転入者が家を建て、徐々に家屋が増えていった。西方は辺野古川を越えて家を建てることはなく、北方はシマの草分けの家と多くの人々が認めるトゥンチを北端とし、それより北には家を建てなかった。東北方には苗代田が広がり、ややのぼり勾配となった最上部にはミフーダといって五月と六月のウマチー（稲の初穂祭りと収穫祭）には稲穂あるいはカシチー（米を炊いたもの）を供出する田があり、この領域にも家を建てることはできなかった。この集落はユイアギジマ（寄りあげ島）と呼ばれ、浜辺に打ち上げられた砂の堆積でできたものともいわれ、一九三一年（昭和六）に海岸線に護岸

図３　辺野古の聖地と泉川などの配置

a ウブガー，b アガリヌカー（サーガー，アガリムティヌカー），c ウタキの下（カミクサイ），d マツンギャミャー，e ヤマガー（イリムティヌカー），f ヤマシグムイ，g ナートゥガー，h カミガグムイ（カミガー），A クシヌウタキ，B ニーヌファヌウタキ，C メーヌウタキ，1 トゥンチ，2 アサギ，3 ニガミヤ，4 十七日モー，5 公民館，6 バスターミナルが築かれるまでは、暴風の際には海水が集落の中に押し寄せて、家や家具を流し去ることもあった。戦後は米軍基地と新市街が造成されて景観はかなり変化し、軍道の造成にあたって北方に広がっていた湿地がかなり埋め立てられ、ここにようやくバスターミナルの用地が生まれたのである。東北方にあった苗代田は水田の多くが基地と演習地として接収されたために不要になり、これも埋め立てられて、家屋の新築ができないという禁忌が取り除かれて宅地化されている。これが現在バスターミナルをおりたって左手にみえてくる住宅地となる。

戦後、「下部落」は一〇班に分けられ、一九七四年には六班に再編成された（辺野古全体では一二班で、七班から一二班を「上部落」に当てている）。かつて苗代田があった所が四班であって、ここが最も新しく形成された班である。これらを単位として回覧板をまわし、公的な経費を集め、区民運動会などに参加する。戦前は、アガリ、アガリナカ、イリ、イリナカの四組に分かれ、それぞれほぼ現在の一班、二班、五班、三班に相当する。行政上の単位であるばかりでなく、納税の責任単位でもあり、シマレベルの行事でもさまざまに機能していた。ただ綱引きの場合には、班による分け方でなく、南東から北西に貫く道路によって、南西のほうをメーグミ（前組）、北東のほうをクシグミ（後組）というように分けている。この境界をなす道路は現在では車一台が通れる程度の幅員であるが、これと辺野古橋からクシヌウタキを結ぶ道路との交差点で雄綱と雌綱を結合させて綱を引き、シマの人にとっては意味のある道路であった。

三　屋敷の配置

古くから辺野古に居住していたといわれるのは、マツニ門中、トゥンチ門中、アガリヌフィキ、ウフヤヴィキの四つの親族集団であり、それぞれのムトゥヤ（元家）はマツニ、トゥンチ、アガリ、ウフヤである。戦前の集落の状況との関連で見ると、集落の北端にトゥンチがあり、そのすぐ南側に集落の公的祭祀場としてのアサギ、数軒おいてニガミヤがあり、これを囲むようにしてウフヤヴィキの本家である1、分家の2（現在は5に譲って南に移動）、6、10が位置する（番号は図4に対応）。屋敷や聖地の配置が村人の世界観の一つの表れであることはすでに指摘されているが、辺野古においては本分家関係が屋敷の配置に表出している。

この点について、四つの親族集団のうちウフヤヴィキについて、見ていくことにしたい。沖縄県土地整理法によって土地整理が行われた段階では、名寄帳に戸主として八名記載されており、その後の分家輩出により現在は一七戸になっている。まず、系譜と屋敷配置を対応させて示すと、図中の1がムトゥヤ（元家）とされ、先代は嫡男子がなく絶家の状態であったが、かつて当家から分かれたといわれる家の分家筋から養子を迎えている。屋敷は集落の北東のはずれ近くにあり、戦前まではこれよりも北側に家屋はなく、前項に述べたように沼沢地と苗代田が広がっていた。2はかつて1から分かれたといわれ、過去三世代の各々で分家を出しているが、明治初期に現当主の二世代前の四名の弟がそれぞれ分家し、村政にも勢力を持つようになる。屋敷は1の西側に隣接し、集落全体から見ると北東のはずれに位置する（現在は屋敷が手狭なため、ここを5に譲り集落の南寄りに転居している）。3は2の分家で、屋敷は集落の西寄りにあり、4は3からの最近の分家で、3の西隣りに屋敷がある。5は2の分家でもとの2の屋敷に住んでいる。6も2の分家で、2の西隣りに屋敷がある。1、2（5）、6の三つの屋敷の配置は、東から西へ伝承による長男系から分家の分出順にしたがっていることが分かる。8はごく最近の分家で、屋敷は戦後沼沢地を埋め立てて造成したところにある。9は6からの戦前の分家で、本家に当たる6よりも西側に屋敷がある。10は2の分家で、2の南側に屋敷があり、11は10の分家で、10の南側に屋敷がある。2（5）、10、11の屋敷配置は、北から南へ分家の分出順にしたがっていることが分かる。

12の場合は、現当主の四代前に他の集落から2のところへ下男として働きに来ていたところ気に入られ、娘と結婚して当地に住み着いたと言われ、姓も異なっていた。しかし、娘の姓（つまり2と同じ姓）に改め、同じウフヤヴィキの成員として祭祀の費用を分担し、行事にも参加している。ただ、これを成員として認めないという意見も聞かれ、その一つの根拠として12の屋敷が集落の東南のはずれに近いところにあることがあげられ、12の始祖のそうした因縁とからめて2からの「正統な」分家たりえないことが話題にされる。つまり、2からの早い時期の分家として相当の場所に屋敷を持っていないとみなされているのであり、ここにウフヤヴィキへの帰属と屋敷の配置が関連づけられていることがうかがえる。

13、14は12からの戦後の分家で、屋敷は新たに沼沢地を埋め立てた造成地に求めている。15は12からの分家で、分家初代に男子がなかったため弟の次男を養子に迎えている。12との間には屋敷の位置関係に意味は見いだせないが、集落全体でみると西側のはずれで最も堤防に近いところにあたり、西側に屋敷を求める傾向に合致している。17も12からの分家であるが、これも12との間に意味は見いだせない。しかし、12のさらに本家である1あるいは2に対する位置関係を見ると、いずれも西あるいは南西の方向に分出しているといえる。

以上、系譜と屋敷の配置の関係を磁石の方位を基準にして見てきたところで明らかになったことは、新しい造成地に屋敷を求められた戦後の分家を除き、分家は本家（あるいは本家の本家）の西から南の方角に屋敷を構えており、同世代の分家群では出生順と東から西（南）への屋敷の配列が対応することである。さらに父系出自の理念と屋敷の位置の理想的なあり方とが関連していることも指摘できよう。

次に、地元の人々の方位観によってさらに検討していくことにしたい。これは磁石に基づく自然方位と区別され、民俗方位とよばれてさまざまな文脈に応じて変化し得ることは、すでに先学の指摘するところである（馬渕東一　一九七四〔一九六八〕ほか）。屋敷相互の位置関係については、ヤーヌナ（屋号）がこれを知る手掛かりの一つとなる。当地の分家の屋号は、一、本家の屋号の頭に方向を示す名称をつける。二、本家の屋号の最後にグワー（小）をつける。三、本家の屋号の頭にナカ（中）をつける。四、分家初代の当主の名をつける、のいずれかによって命名されており、このうちの一、が参照できる。方向を示す名称には、方位名称と集落内の地域区分名称があり、方位名称は、東をアガリ、西をイリとして用いられる。集落内の地域区分は前項に述べたように自然方位の北から南に向かって、順にイリ、イリナカ、アガリナカ、アガリと命名され、行政的な色彩が濃く、この命名における民俗方位の軸は、自然方位に対して右回りに九〇度ずれている。さらにメー（前）とクシ（後）の区別がある。この方は綱引きの組分けの基準になり、三ヵ所ある御嶽のうち二つがメーとクシの対比で呼ばれ

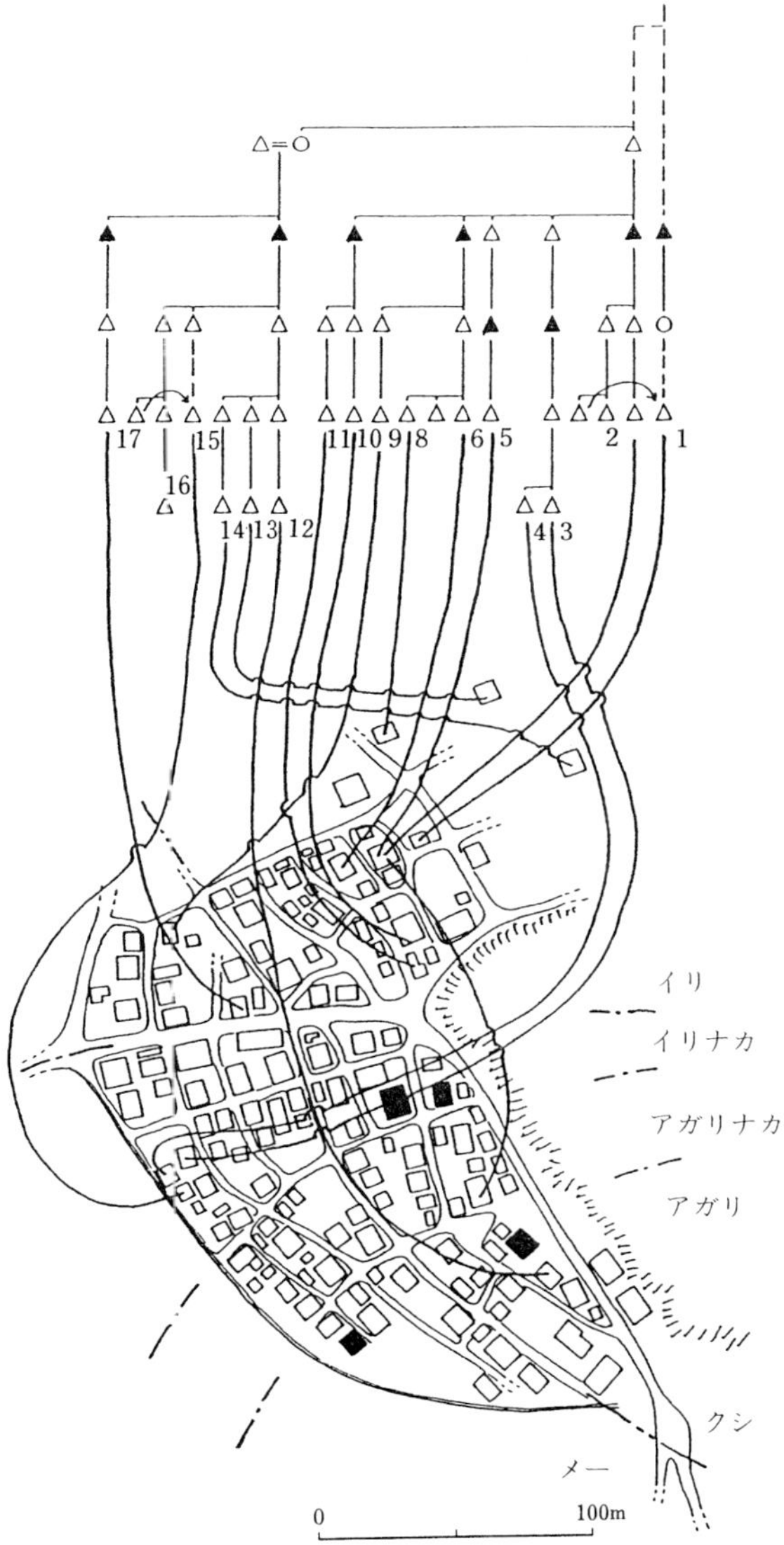

図4　屋敷の配置と系譜の対応

ているなどの点で、イリとアガリの対比による区分よりも儀礼的脈絡で強調される。これらに該当するもののうち方位名称をつけているのは5と12で、2の分家である5は、2の屋号の頭にイリをつけている。地図には表示しなかったが、5は現在のように2の屋敷に居住する前は2の西側に住んでいたので、そこでは自然方位の西と屋号の民俗方位によるイリが対応することになる。集落内の地域区分名称によっているのは12で、この屋号は本家に当たる2の屋号の頭にアガリをつけている。自然方位では2の南に位置するが、地域区分名称に見られる九〇度ずれた民俗方位に対応したものである。2は本家に当たる1の屋号の頭に、15は本家に当たる17の頭にそれぞれメーをつけて、本家の前方に分出したことを示している。

以上をまとめると、分家群の位置は本家に対してイリ、アガリあるいはメーの方向にある。イリとアガリを冠した事例は相反するように受け取れるが、命名の文脈の違いを考慮すれば自然方位で西または南に分出するとしたこととの矛盾はなくなる。メーとクシの対比では、本家とそれに準ずる家はクシに配置され、そこからの分家群がメーに出されているといえる。他の古くから居住していたといわれるマツニ門中、トゥンチ門中、アガリヌフィキについても、これらとほぼ同様の傾向がうかがわれる。(22)

次に寄留者について一例だけ見ておくことにしたい。「士族」の家柄とされるK門中は現在六戸あって「下部落」には四戸ある。そのうち三戸は土地整理の際の名寄帳にも記載されており、それ以前に定住していたと考えられる。四戸はイリナカとアガリに二戸ずつ屋敷を構えている（図4には黒塗りで示した）。分家の屋号はメーを冠する方法がとられているほか、本家の背後に屋敷を構えてクシを冠する例がある。さらに宗家にはウフ（大）を冠して強調されている。集落全体でみると、これらの屋敷は南あるいは西寄りにあり、シマの成り立ちを説明する話の中でも、この屋敷配置と関連づけてその来歴が新しいことが語られる。

最後に、周辺村落との比較をしてみると、辺野古でみられた分家を出す方位と家の古さとの関連は、他でも当てはまる場合があるが、主に地理的制約と祭祀対象との関連でかなり変差が生じる。辺野古では北端にトゥンチがありそこより北と東には家を建てられなかったが、久志では集落の東端にノロドゥンチ（首里王府から任命された神女の住まい）があり、北に御嶽を背負っていることが重要で、そこよりも北と東へは分家を出していないし、家を建てることができなかった（近年は東にも家を建てている）。

四　聖　地

ここでは直江廣治の「信仰上また伝承的に神聖視されてきた一定区画の土地」（直江　一九七一　四五）を聖地とするという規定に準じて、御嶽と拝泉川について見ていくことにしたい。

一七一三年に編まれた『琉球国由来記』各処祭祀篇には、御嶽としてミヤチ嶽とマシラテ嶽の二ヵ所と、オセジ御イベ、ツカサノ御イベとそれぞれの神名が記されている（伊波、東恩納、横山　一九七二　四八七〜八）が、シマの誰に聞いても現状では場所は特定できず、神名も伝承されておらず、現在の御嶽との比定もできない。現在は村落の北方にニーヌファヌウタキ（子の方の御嶽）があり、西方にはメーヌウタキ（前の御嶽）、それに対応する東方にクシヌウタキ（後ろの御嶽）があり、こんもりとした林の裾にそれぞれ香炉が置かれている。南方海上のトングァと呼ばれる小島にはディングヌカミ（龍宮の神）が祭られている。このようにシマは東、北、西を御嶽の森に囲まれ、南が海にひらけ龍宮の神を祭り、それらにはさまれた中央部に家が立ち並ぶ形となる。ウタキの森には勝手に立ち入ることはできず、ある一定の期間だけ枯れ木などを取ってよいというように保護されて来たが、最近ではニーヌファヌウタキの森は周囲を削り取られ、昔日の面影は全くないといわれ、他の二つのウタキも道路の拡幅によって森は狭められ、伝承で語られる神々しさは感じられなくなっている。集落移動をする前の故地とされる親里原との関係では、現在のニーヌファヌウタキは親里原のディングヌカミ（龍宮の神）にあたり、親里原の南端に位置するともいわれる(23)。

拝泉川というのは、一月に行われるカーメーというシマあるいは門中レベルの祭祀などで、祭祀の対象になる泉や川である。辺野古では水道が普及する以前、戦後間もないころまでは、飲み水や洗濯、うぶ水や湯灌に用いる水は、すべて流れ川やそれを仕切って作った水場から汲んで来ていた。それぞれで水の恩に感謝するのがカーメーで、拝泉川にはサンゴ礁をブロック状に切った香炉が置いてある。どこを拝むべきで、どこを拝むべきでないかについては、人々の意見の一致をみない（第六章参照）が、ここでは現在までに祭祀の対象になったことのあるものを、すべてあげておきたい。

集落の東方にあるウブガーは正月の若水、人の誕生の際の産水と死者の湯灌の水を汲むのに用いた。そのすぐ近くには同じ川の分かれをせき止めたアガリヌカー（サーガー、アガリムティヌカーともいう）があり、集落の東寄りの人々の飲み水になった。東をアガリといい、西をイリというから、東方の川という意味になり、後に述べるイリムティヌカーと対になっている。クシヌウタキの下にあるカーは、ウタキの下（カミクサイともいう）といわれ、近年拝むようになった。その脇にあるマツンギャミャーは、現集落が出来たときから湧いていた泉で、飲料水として使った。現在、国道を渡ったところにあるヤマガー（イリムティヌカーともいう）は背後の山からの流れ川で、集落の西寄りの人々の飲み水になった。やはり国道を越えたところにあるヤマシグムイは猪を解体するのに使った。クムイというのは溜池というほどの意味である。辺野古川を渡った集落の西方にあるナートゥガーは、メーヌウタキの脇の林の中にあり、親里原にいたころに、そこの人々が使ったと伝えられている。アサギの近くにあるカミガグムイ（カミガー）は、ウマチーの際にカミンチュが手を洗うのに用いた。

辺野古の集落内の聖地は以上であるが、久志のウガンジュを外部の聖地としてあげておきたい。ここでは年二回、一月一八日と四月一八日にウガミエーという両集落の女性たちによる共同祭祀が行われる。ウガンジュは久志のウタキでもあり、このこんもりとした森を久志の人はウガミといっている。ここのすぐ南側には久志が現在地に集落移動する前の故地であるアタイバルがあり、明治期初めに開墾のためになくなった他の聖地の香炉が集められており、そのうちの一つが辺野古のニガミが拝むべきものとされている。個数は筆者が行くたびに変わっていて、ユタが勝手に壊したり、新しく持って来たりするのだ、という人もいる。晴れた日には南に開けた森の入り口から、対岸の伊計島がくっきりとした姿を見せている。

これらの聖地にはシマレベルの祭祀ではカミンチュが、またそれとは別に門中レベルではクディングァー（門中祭祀を司る神役）が、あるいはユタなどとともに一般の人達が拝んで回ることがある。御嶽とカーメーで祭祀対象となる泉川とは、後に述べるように関連づけられる場合がある。

注

（1）田里友哲と崎間麗進の記述による（沖縄大百科事典刊行事務局　一九八三　下巻　七六四）。

（2）南部からみた「国頭」のイメージを示すものとして、『大阪朝日新聞』の一九三一年（昭和六）一〇月二八日の那覇発の記事を引くと、「北国頭地方に電灯がつく」という見出しで、「県下国頭郡地方では、僅かに名護町のみが名護電灯会社経営の電気を使用し文明の余沢を喜んでゐたが、その他の村は旧態依然、カンテラや豆ランプで辛うじて夜の生活を送って来た（後略）」が、一部地域で電線の拡張工事が始まるとある（名護市史編さん室　一九八五　一八八）。「文明の余沢」に浴するといった表現に、国頭に対する感情がこもっている。なお、一四世紀に成長する三つの勢力のうち山北（北山）については史料の制約から他の二つに比べるとよく分からないが、上原兼善は沖永良部島の「世乃主由緒書」から、山北（北山）が今帰仁を拠点として国頭九間切、伊江島、伊平屋島、与論島、沖永良部島、徳之島、大島、喜界島を領地とし、その範囲に影響をおよぼす勢力であったと推測し、和名をもつものたちの武者伝説が奄美に広まっていることから、ヤマト文化圏からの落武者たちの領主化も想定されている（上原　一九九二　二〇〇〜二〇一）。こうした一定の領域における影響力を認めて、三山の分立状態を想定するのが大勢であるが、生田滋は三山が明への進貢に関連して史料に姿を現すことから、北山を運天港とその付近の首里原、中山は泊港と首里城、南山は那覇港と豊見城の組み合わせとして限定的にとらえ、進貢が中山王の使節によって行われるようになって他は分離独立の機会を失ったとして、三山の分立と統一そのものを認めていない（生田　一九九二　二八五〜二八六）。

（3）「久志の若按司」は組踊り（音楽と舞踊、韻文の台詞で構成された沖縄独特の伝統楽劇で、琉球国劇ともいう〔沖縄大百科事典刊行事務局　一九八三　上巻　九七二〕）でも有名で、久志では現在一年おきに公民館で上演され、各地の村踊りでもしばしば演じられている。そのあらすじは、天願の若按司千代松が陰謀によって迫害されたのを、知略に長けた久志の若按司が助け、謀られて久志の城に押し寄せた陰謀の張本人を討つ、というものである。明治二〇年代の台本は久志区で保管されている（宮里健一郎　一九九〇　二二六〜八）。昭和一一年にそれまでの墓に覆いをかけたものが、現在久志の集落の東はずれにある。その系統は墓碑によれば、初代は天孫氏後裔恵祖世主にはじまり、二代仲昔中山英祖王、三代北山世主湧川王子、四代北山世主今帰仁按司、五代仲昔今帰仁城主、六代仲昔今帰仁仲曽根若按司、七代今帰仁子、八代伊覇按司、九代安慶名大川按司、一〇代天願按司、一一代久志按司、一二代久志若按司となる。墓碑には由来記も彫られており、「（前略）（久志）按司ノ御子久志若按司ニシテ今（昭和十一年）ヨリ四百三十年位前ノ人ナリ　其ノ子孫ハ久志小村ヲ初メ県内各地ニ多々アリ此按司ノ元祖ハ元久志小村徳森屋ノ持チ崇メタレ共徳森屋ノ跡見ナキ為メ一時ハ他血ヨリ入婿トナリテ元祖ヲ持チ崇メ是レヨリ後ハ久志若按司ノ子孫赤平屋（今ノ蔵ン当）ト云フ家内ヨリ持チ崇メトナル」とあることから、当時、久志若按司が四三〇年ほど前の人物に当てられ、近年その祭祀は特定の家で行っていたことがうかがえる。系譜では一〇代の天願按司の孫が天願若按司（千代松）で、久志若按司はいとこに当たることになり、これは組踊りでもそのように描かれている。本文に述べたように辺野古のアジバカにあった天願若按司の石棺が安慶名に移されたというのは、天願按司の先代とされる安慶名大川按司と関連があるのかもしれない。古老の幼いころの記憶の中に、「久志若按司」と「天願若按司」が印象づけられたのは、これらの事柄が相互に影響しあったものと考えられる。

（4）故城間ツルさんは一九〇四年生まれで、先代のニガミよりも早く神役についていた。本文の内容は一九七四年三月一九日に聞いたものである。

（5）仲松弥秀は「たとえ文献がなくても、村人の存知がなくても、御嶽の神の向きや、拝泉の位置などによって、その村落の歴史地理的過程が探求できる」（仲松　一九九〇　九八）としているが、辺野古の場合にも本文で触れたようにナートゥガーで拝む方向によってかつての集落が推定できる。

(6) 沖縄の農村は、一定の持高をもつ本百姓からなる本土の近世村落とは異なり、地割制に加わっている地人からなっている。地割制は村の耕地を細分化して幾つか組み合わせたものを「一地」として、地人の年齢と性別によって一定期間毎に分配した制度である。実際には、村人が総出で耕地のカネー米（貢租）を決め、その総計を地数で割って「一地」あたりのカネー米を算出し、それに相当するように細分化した土地を組み合わせる。ここでは貢租負担の公平化が図られ、地人の平等な関係によって成り立っているから、家産ができず家制度もできにくく、地人の間の貧富の差も本来は生じない。しかし、近世後期には地人の階層分化や資産家が出現し、一八八三年（明治一六）には地割制の本来の姿であるのは、国頭地方七六パーセント、中頭三〇・八パーセント、島尻一六・一パーセントでしかなかった（梅木哲人　一九八九　二〇〇～二〇二）。辺野古あるいは隣村の久志でも、沖縄県土地整理法以前にすでに地割制は本来の姿でなくなっていたことは、土地の貸借文書や実際の制度の運用をめぐる話者の話からうかがうことができる。そして後述の辺野古のM家のような村の行政をも牛耳る財産家ができていくのである。

(7) 『沖縄県統計書』によると、一九〇三年（明治三六）には辺野古には三戸の士族と六七戸の平民が居住しており（名護市史編纂室　一九八一　八一）、故比嘉久雄氏の言う五六戸との間に差がある。現在まで継続していないものを省略されたのかもしれないが、今のところこの差一四戸を埋められないでいる。

(8) 『名護市史』資料編・一　近代歴史統計資料集（名護市史編さん委員会　一九八一）一三ページの「間切・市町村の沿革」から一部を抜粋した。

(9) 一九五五、六一年は名護市久志支所の『人口動態月報』による。

(10) 郡道というのは、郡道路組合が各郡内に開設・改修した道路で、戦前は車の通れる道路の代名詞であった。国頭郡では一九一五年から七路線が計画・着工され、郡制廃止（一九二二年）以降は県道に編入された（沖縄大百科事典刊行事務局　一九八三　上巻　一〇一〇）。『名護市史』資料編の「戦前新聞集成」から一九一五年一〇月三〇日および一一月二日付の『琉球新報』を見ると、財源として組合債を充てることとして内務大蔵両大臣に申請したところ不認可になり、設計変更、継続年限の延長と工費の削減により、七年間の継続事業として七線、総延長一七里で着工するとある。当時の国頭地方の緊急の問題として道路開通があったことが、記者の紀行文などにも見られる（名護市史編さん委員会　一九八五　八一～四　一一六～七）。そのころの紙面からは、同時に一九一四年に始まる第一次世界大戦による好景気で潤ったこともうかがえ、一九一九年（大正八）からは砂糖相場が急騰した。郡道の計画もそうした世相をうけているかもしれない。

（11）『ふるさと辺野古を語る』のなかで著者は郡道工事にふれて、「辺野古では東組、東中組、西組、西中組の人たちが交代制で工事現場に行ったが、そこでは一石、二石、三石、四石と組み分けされた。……男の人は道路工事に出ているため留守番をしているのは子供やお年寄りそれに主婦だけだった」と記して（比嘉ムト　一九八九　一一八〜九）、名護までの交通路の確保がまたれていて、その開通の喜びとともに、工事の厳しさを述べている。文中の東組、東中組、西組、西中組は、アガリ、アガリナカ、イリ、イリナカをそれぞれ漢字で表記して組をつけたものであり（第二節第二項参照）、クミを単位として徴用されていたことがうかがえる。開通祝賀会のときに著者は八歳だったというから、工事についてのこまごまとした内容は理解していなかったはずであって、シマに後々まで伝えられたのを聞きまとめて書かれたと思う。それほど語り継がれるに十分な重大事件であったということである。

（12）辺野古のM家には、これを裏付ける屋敷田畑の売却証書（大正一二年）や借金の返済猶予願（同）の写しが残されている。M家は資産家で、耕地とそこに作付けていた作物（サトウキビ、里芋）および家屋敷を買い取っているが、返済猶予願が同一人物から出されているので、借金返済が不能になったために取り上げたと考えられる。M家が貸した金銭に関わる借用証書が、明治中期から昭和にかけて二七件残されており、金銭または米を高利で貸し付けていたことが分かる。借りた金銭の使途は不明であるが、当時はともかく現金がなく、家の普請や事業を起こすには模合を結成していたが、それでも不足すれば高利で借り入れることになったと思われる。M家その他の文書の分析は別に行いたい。

（13）こうした話者の話を裏付けるものとして、辺野古のM家に残る文書に、金銭を借りた者の息子を昭和三年一〇月から一年半の間、借金の利息に代えて農業労働に使役する旨記した契約書の写しがあり、その冒頭に「右当事者間並ニ父ノ同意ヲ得テ農業雇傭ノ為メ左記契約を締結ス。一、右労務者ハ使用者ノ農業ニ関スル労務ニ服スルヲ約シ使用者ノ左記借金証書額ノ利息ノ代リ昼夜労務ニ服スル事トス」とある。

（14）故比嘉正松氏の遺稿では「部落の東、シチャヌワキという所に闘牛場があり、そこでは農耕の使役のために飼育した牛を組み合わせて闘牛大会をやっていた。しかし、それも明治の末期までで、あとは途絶えている」（比嘉ムト　一九八九　二一）となっている。この記述にしたがうと、闘牛の廃止のあとに郡道の建設が始まったことになり、本文のように両者が関連するとはいえなくなるが、郡道を語る文脈において話者（H・S氏）は牛馬が売り払われ闘牛どころではなくなった、としてそれらを関連づけている。事実はそれとして別に史料を用いて検証されねばならないが、過去を振り返って話者が関連づけていることから、本文のように記載しておく。

(15) 辺野古のM家の文書中に、大正期の売渡証書があり、一〇〇〇円で字の共有地を買い取ったことを示すものがある。そこには「前記金額(一〇〇〇円)ヲ以テ字所有ノ山林ヲ貴殿へ売渡シ……」とした後、売り主として「久志村字辺野古人民中総代」五名の氏名が連ねてある。年代が不明であるが、話者の話では郡道の工事に関連して売り渡されたものと考えられ、五名は当時の字の行政を担っていた、後の区政員に相当する人々と思われる。

(16) 川平成雄によれば、『糖業彙報』による一九二八年現在の統計では国頭郡の農家の四割余りが砂糖生産にかかわっていたが、反当たり収穫高は県平均に達せず、耕作面積が五反未満の農家が約六割、一町以下までで約八割の農家が含まれるという零細経営であった。当時の換金作物としてはサトウキビがほとんど唯一のものであったため、その栽培と砂糖の生産に特化したことが、かえって貧窮の状態を悪くすることになった。農家は肥料代を節約して現金の支出を抑え、労賃を度外視して働き、生活を守ろうとしていた(川平成雄　一九八七　二〇二〜二一九)。

(17) 「ソテツ地獄」というのは、広義には第一次大戦後の戦後恐慌から世界大恐慌の期間における極度の窮迫状況をさす(安仁屋政昭　仲地哲夫　一九七二)が、狭義には食料に窮してソテツを食べて、澱粉の原料となる幹と種子に含まれるホルマリンとサイカシンの中毒を起こすものが出るほどの飢饉をさす言葉で、国頭郡下ではそれほどの飢饉はしばしば起きている。辺野古でソテツ地獄というと後者のイメージで使われており、ソテツを食べた経験のある人もいて、水にさらして調整する方法も話していた。本文ではこの方にやや偏った使い方をした。中本正智によると「島々の食糧事情の厳しさを語っていて、ソテツの実を食いつくし、その幹の芯を食うところまで食料が欠乏する状況を表す」(中本一九八七　二九四)用語である。新聞誌上の用法もこれに近く、「(名護町の幸喜の)戸数七十五戸(中略)中六十戸は芋作なく全く蘇鉄の根を山から採取して食糧に充て、それも二食で辛くも露命を繋いでゐる。かうした蘇鉄地獄の再現で欠食と粗食のため学校で卒倒する児童が逐日増加し、(後略)」(『大阪朝日新聞』一九三二年六月四日〔名護市史編さん委員会　一九八五　一九二〕)や、「蘇鉄の実を食して哀れ一家全滅の悲惨事を惹起した国頭郡の窮状は噂以上で、文字どほり蘇鉄地獄を現出してをる。(中略)三度三度蘇鉄を食ふものは一万四千三百十一名、全人口の一割三分強となつてをる」(『同』　同年八月一日〔同　一九八〕)という記事がみえる。「蘇鉄地獄の再現」という表現に度重なる状況であることが表され、死と隣り合わせた人々の姿を端的に示している。昭和恐慌下の県下の状況については、(川平成雄　一九八七)に紹介されている。

(18)　一九三〇年（昭和五）六月一二日の『大阪朝日新聞』には、「月々多少なりとも送金して来てゐた紡績工場にをる娘たちは、財界不況の飛沫を喰つて送金どころか船便ごとに那覇港にはき出されて郷里に舞ひ戻るので、農村では徒食するものが急激に増加して来て、（中略）紡績にもやれぬ十歳内外のいたいけな娘を人肉の市場に七十円から百円内外で売るものが増したのである」（名護市史編さん委員会　一九八五　一七九）と、辻の遊郭における女子の売買の増加を沖縄農村の生活難との関連で記事にしている。辺野古では糸満に売られた少年の話も聞くことができる。このように南方への移民のほかに、女子は辻へ、男子は糸満へ売られるという状態であった。移民については、石川友紀によれば、一九二五年（大正一四）に沖縄県における移民の最盛時となり、人口一万人に対する出移民数は四二九人（実数は二六〇六人）にものぼる。一九四〇年（昭和一五）の海外在留者数（関東州、満州国、南洋委任統治地域、朝鮮、台湾、樺太などを除く）の現住人口に対する比率はほぼ一〇パーセント（実数は五七二八三人）となり、二位の熊本県（四・七八パーセント）、三位の広島県（三・八八パーセント）などに比べ断然高い値を示している（石川　一九七四　三～五九）。

(19)　久志の故比嘉久雄氏には一九七五年に三ヵ月あまり下宿させていただき、その後もたびたび泊めていただいた。辺野古にも同姓同名で年代も近い故比嘉久雄氏がいて、生前は郵便物が互いに誤配されることもあったという。本書では辺野古の比嘉久雄氏の話を主にとりあげているが、共に多くのことを残されていった。

(20)　『名護市史』資料編・一　近代歴史統計資料集（名護市史編さん委員会　一九八一）一一ページ。

(21)　辺野古の区内にあったミジャガー（美謝川）という集落は、明治中期ころから首里、与那原、本部、今帰仁などからの寄留者が形成したもので、辺野古の北東を流れる美謝川流域に居住し、ほとんどは山仕事で生計を立てていた。大正の中頃からは農業が盛んになってサータヤ（黒糖製造のための砂糖小屋）もでき、一九四〇年には行政区を設けて区長も置かれたが、戦後の米軍による基地設置によって離散した（島袋権勇　一九九〇　一三四）。郡道を建設したときには、ここからも人足として青壮年男子が徴用されている。綱引きと盆踊りのときにだけ、ミジャガーの人々も加わって行事を行っていた。

(22)　ヤーヌナ（屋号）のつけかたとその継承の仕方は、大勢は本文に述べたとおりであるが、新たに屋敷に移り住むときにもともとその屋敷についていた屋号を継承し、屋号が屋敷に張り付いていると考えられる例も見られる。その場合父系の系譜も途切れて、別の系譜に組み込まれることになり、屋号との対応がなくなる。また、歴史的に見ると、本文の系譜の2の現当主の二世代前に四名の弟が明治初期にそれぞれ分家し、村政にも勢力を持つようになっていき、集落の北方を占拠したというが、それはたかだか一〇〇年あまり前のことに過ぎないのである。それらの家々がそれ以前にあった家々を駆逐して占拠した、として政治的な変革と結び付けて考えれば、第一節第三項の「辺野古の歴史時代」の記述に厚みを与えることになるだろうし、第四項の「シマの大事件」にも記すべき事項になろうが、その点については伝承で明らかにはできないし、文書もない。また、12の処遇からみると父系出自の系譜観念も新しい。ただ、トゥンチについては無住の期間がかなりありながら、屋敷は集落の北方に固定しており、そこに草分けとしての特別な配慮を認めることができる。遠く過去に溯って本文に述べた屋敷配置の取り決めに従っていたことは検証できないが、屋敷の配置と父系出自の系譜を対応させようとする人々の調査時現在の意識をうかがうことができる。

(23) ディングヌカミは戦後祭られるようになった。その事情は明らかではないが、先代のニガミの関与が予想される。ニーヌファヌウタキが親里原のディングヌカミに相当するという位置付けは、下図のような現在のシマを取り巻く三つのウタキとディングヌカミの関係を反映したものであり、親里原においても北と東と西をウタキに囲まれていたことを暗示している。ディングヌカミの設立が戦後であることからすれば、こうした空間のとらえ方もそれ以降のものと考えられる。

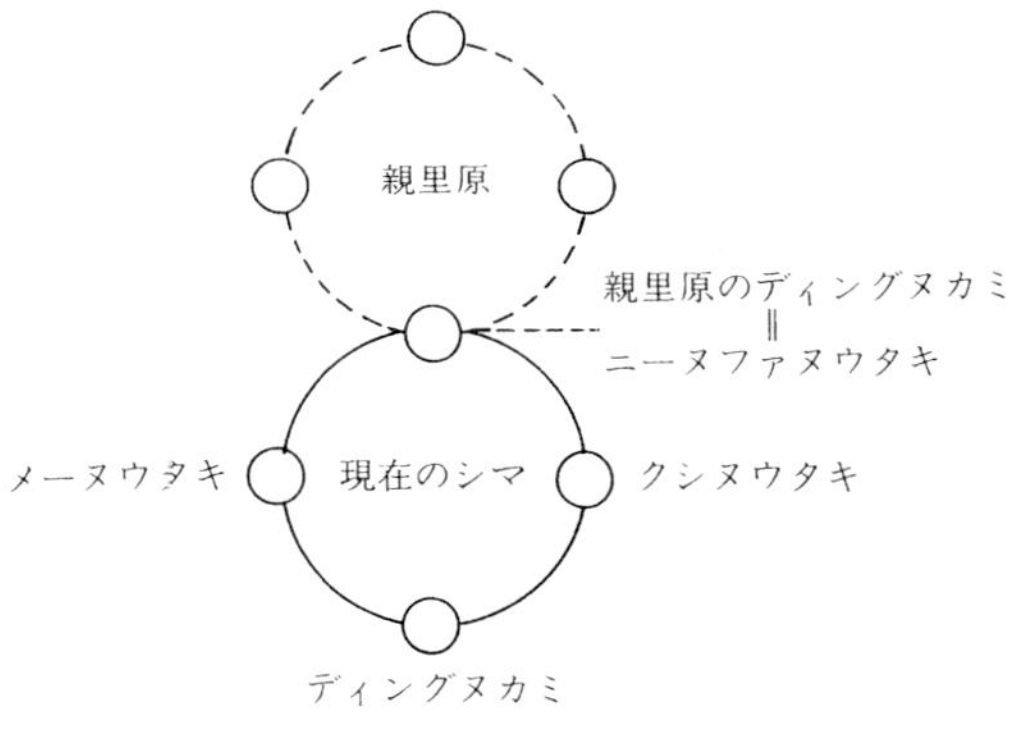

第三章　沖縄の火をめぐる信仰
――その研究史素描――

第一節　『海南小記』と「琉球の宗教」

一　炭焼長者譚と太陽由来説

柳田国男は一九二〇年一二月に九州・沖縄へと旅立った。二一年一月五日に那覇に着き、二月一五日に鹿児島に戻るまで、のちに『海南小記』に著される南島の旅である。定本の年譜によれば、三月一日に帰宅した柳田は、六日に折口信夫が催した小集会で沖縄の話をしている。柳田は沖縄の民俗を非常に重視し、晩年の『海上の道』につながっていく。福田アジオの指摘するように、柳田が実際に沖縄に足をはこんだのはこの旅だけであるが、以後沖縄の事例を「日本のもっとも古い姿として位置づけることが基本的な作法」（福田　一九九一　七四）となり、『郷土生活の研究法』には「沖縄の発見」という小見出しを「遠方の一致」の項にもうけた。沖縄民俗の意味づけにあたって、沖縄内部の相互関連によるよりも本土との関連で解釈しようとする方向で影響をおよぼしていく。折口は柳田の見聞を聞いて、さっそくその年の七月から八月にかけて沖縄を訪れ、その後の沖縄行はつごう三次にわたっており、「琉球の宗教」「女の香炉」などのほか「沖縄採訪手帖」「沖縄採訪記」を残すことになる。

西村亨は折口の奄美を含む南島への旅行は、第一の目的としては伝説の採集や研究であったが、さらに柳田と同様に南島の信仰生活を中心にした民俗を主題にしたものであり、基本的には柳田の指摘したポイントは見逃さないように努めたものであった、と述べている。女性の信仰生活、まれびと、水の呪力といったことがらにはまだ注目していない時期に行われ、そしてこの旅行の間に学説の根幹ともなるこれらの発見がなされた（西村　一九九〇）。沖縄の民俗にふれたことが、両者の学問に転機をもたらしたことは確かなようである。

ここでは柳田国男が『海南小記』で、本土の炭焼長者譚の一環として沖縄の火の神を位置付け、発音と信仰の両面から火の神の由来を太陽に求めた太陽由来説を説いたのに対して、折口は「琉球の宗教」で琉球神道の遥拝の観念との関連でとらえようとしたことに注目する。まず、柳田については太陽由来説の論拠、資料操作を検討し、そこで取り上げなかった資料とその後の太陽由来説が柳田と無関係に展開したこととあわせて、民俗事象のとらえかたを問い直してみたい。また、これは第一章第一節に述べた柳田の明らかにしようとした「全体」を検討することにもなる。

柳田は沖縄に旅立つ以前に、伊波普猷の宮古島の最初の神が三女神であって三輪山式神話と結合しているとの考察（伊波　一九一一　三八八）に対する見解を明らかにしている。そこでは、宗像その他の三座の神の信仰は、諸国の大社に伝えられる三家同祖の口碑と根源は同じで、二子神話と三子神話とは国民を分析する際の目安になろうとし、同様に石の神の種類も二つ石すなわち女夫石の系統と、三つ石すなわち竈神などとの間に区別があろうと述べている（柳田　一九七〇〔一九一五〕　四三九）。『海南小記』で取り上げるべき内容と視角がこのあたりにすでに示されている。

『海南小記』の「蘆苅と竈神」では、宮古島の長者の女房の話をひいている。ある漁師が磯の寄木を枕に潮時を待っていると、夜半に神々の声がする。隣同士で子がうまれるから運を定めに行こうと寄木の神は誘われるが、来客中ということで断り、しばらくして帰って来た神が男児は乞食の運、女児は額に鍋の墨をつけて産屋の作法にかなっているから福運をつけて来た、という。これを聞いた漁師が家に戻ると、自分の家には男の子、隣の家には女の子が生まれている。長じて二人は結婚するが、男は放埒で福の神に見放され、妻を離縁して零落する。女の子の名は真氏といい、後に炭焼太良の妻になるという筋立てである。(1) 佐喜真興英の『南島説話』にある沖縄本島の例では、産神問答の部分がなく後半が詳しくなっており、女房は妊娠中にもかかわらず離縁され、山原（本島の北部地域）の炭焼きに嫁いで金持ちになる。そこへ零落した元の夫がやってきて、自分の子供とも分からずに元の妻を嘆息させ、男は妻子と気が付いて死んでしまった、とある（佐喜真　一九二二　九八～一〇〇）。このふたつを合わせた内容のものが僧袋中の『琉球神道記』（一六四八年刊）にある近江の竈神の由来譚で、そこでは前半は宮古島の長者の女房と同じ内容だが、それにつづけて離縁した後乞食になった男が、長者の家の台所に立ち寄ったところ、別れた妻の姿を見て恥じらいのあまり竈のそばに倒れて死んでしまった。女が夫の長者にそれを見せないよう、下人にいいつけて竈の後ろの土を掘って埋めさせたのが、後にこの家の火の神となって長者の福分を豊かにしたという。柳田はこれらからまず鍋の墨を生児の額につけるのは、わずかながらも竈の信仰と関係しているのではないかと推察し、「炭焼小五郎が事」では、かろうじて火床の中央に三つの石として痕をとどめるばかりになった沖縄の火の神も、以前は祖先の火をこの中に活けていたのではないかと、竈神由来譚との関連で指摘している。

「炭焼小五郎が事」で説かれているように、柳田の関心は宮古島に伝わる炭焼長者の話が、津軽地方にまで分布していることにあり、鍛冶職の人々が伝播の役割を担ったとの推測へと向かっている。しかし、注目すべきは、鍛冶職以外の炭の用途として、家の神の火霊の相続が炭によって成し遂げられていたと予想していることで、祖先の火あるいは火霊の継承の象徴が火の神であったとすれば、検討を要する着眼といえる。

これに加えて、「少なくとも火神の本原が太陽であったことだけは、日と火の声の同じ点からでも之を推測し得るかと思ふ」（柳田　一九六八〔一九二五〕　三四〇）、と火の神と太陽とのつながりを述べる。太陽との関係についてその論拠は二つあり、一つは発音の類似、他は伝達者としての鍛冶師たちが流布した信仰内容によるものである。このうち、発音が近いとするのは、沖縄では太陽をティダ、火をフィー、ピーと使い分けていることから肯定することはできない。ただし、柳田は直接の指示を避けることによって、沖縄をたくみに除外しようとしている。次に流布した信仰内容の面での太陽と火の結び付きについて、柳田の構想を参照すると、氏の意図は、記紀に伝える応神天皇と結合する以前の八幡信仰、とりわけ宇佐の信仰を、現存する炭焼長者譚とその周辺の民俗をとおして読み取ることにあった。八幡は当初は母子の神と信じられ、玉依姫の話がそれに当たるが、類型が少なく発生の状況が不明な炭焼の婚姻がそれに先行するのであって、時の経過とともに現在の炭焼長者譚になったとする。宇佐の山上には火の神とは伝えていないが、それと解される巨大な三石があり、沖縄の火の神と形状が似ていることから両者に脈絡があったことを示唆し、鍛冶職の人々が伝えた炭焼長者譚を受け入れる素地がすでにできていたと説いている。柳田がとりあげた沖縄の炭焼長者譚は、先述の宮古島のものと佐喜真の報告したものであり、再婚した相手が炭焼きであったことと女に同行者があったことを重視し、それらが佐々木喜善が東北地方で収集したものと共通し、中世の京都付近の物語には見られないということに注目した。さらに、宮古島で生児の額に墨をつけることを産神が産屋の作法にかなうとして福運を授けたことに由来すると説明しているのは、竈と炭との密接な関係からすれば当然であって、炭焼長者譚が古い様式であることを示すものであるという。

ただし、宇佐との関係に、三石の形状の類似が指摘されるだけであり、そこから鍛冶師の伝えた信仰を受容する素地があったとするだけで、その信仰の受容がうかがえる資料の提示あるいは論証は見られない。沖縄の事例は分布の広がりを示す一地点としてとりあげられ、古い様式とされるだけで、鍛冶師たちが保持していたとする信仰の沖縄の事例との関連もこれ以外ではふれられていない。沖縄の火の神の由来を示す他の資料が引かれていないことも、柳田の意図を感じさせる。

ここで、当時知り得たはずの沖縄の火の神の由来を示す資料として、『琉球国由来記』巻五、「首里中火神並御嶽之事」の南風之平等首里殿内火神御前における十月朔日竈廻の「御タカベノ意趣」を引いてみたい。

ニルヤカナヤカラ、御スデ始リメシヨワチヤル、石ノヨラムサ、火鉢ノ御セヂガナシ、志モチヤシキ、三ツ物ガナシ、アイチヘリナリメシヨワチヘ、火マツ、ノフゴトモ、百ガホウノアルヤニ、御守メシヨワチ、御タボヘメシヨワレ。デ、（東恩納他　一九七二〔一九四〇〕　一五六～七）

大意を伊波普猷の語句の解釈（伊波　一九七一〔一九三六〕　四二一～四）を参照して示すと、次のようになる。

ニライ・カナイ（オモロにも頻出する海のかなたの楽土）から初めてこの島に来臨し給うた、石の寄り物なる（波にゆられて寄って来た）火の神様（ここでは首里殿内の神殿に鎮座する主神を示す）、下板敷（台所）の火の神と心を合わせ給いて、失火の患いなく、火のことが万事幸運に向かうように、お守りください。

御タカベは「御崇べ」とあて字されるように、神を尊び願意を告げて加護を求める呪詞で、呼びかける神の神名と願意で構成されている。ここで火の神がニライ・カナイに由来することが了解されよう。

これを柳田が知り得たと考えられるのは、『海南小記』の旅に出る前の、中部・関西旅行の途中、一〇月一九日に京都帝国大学図書館で『琉球国由来記』を読んでいるからである。新聞連載の翌年三、四月のあと、単行本として刊行される（一九二五年）までにも一一年四月に読んだとされている（いずれも定本の年譜による）。ここに旅行に出る前の綿密な用意とその後の、これに対するなみなみならぬ関心を知ることができる。『海南小記』にあらわれた部分から推測すると、柳田は『琉球国由来記』の全二一巻のなかで後半（一二～二一巻）の「各処祭祀篇」に書かれた各間切ごとの祭場と祭祀に関心を集中し、とりわけ御嶽にまつわる羽衣伝説に注目している。

「炭焼小五郎が事」の最後の節で、「沖縄諸国に於ても御三物と称して三石を火の神に祀って居る。只未だ其起源に関しての説を聞かぬが……」としており、『琉球国由来記』の前半に注意をはらった気配はない。

発音と流布された信仰内容について、柳田が沖縄の事例との関連を直接言及しないのは、この最後の一文に示されるように起源説を知り得なかったための慎重さの故であるとすることもできよう。しかし、逆にそれを積極的に無視することによって炭焼長者譚の「全体」を描き、その比較研究を完結させたともいえ、そこに当時のそして以後一貫して続く柳田の沖縄民俗のとらえかたがうかがえるのである。

火の神の由来に関しては、のちに『久米島仲里間切旧記』が発見されたことにより、伊波普猷らによる新たな展開がある。また、仲原善忠は火の神が太陽の化身であるため、その大本の太陽への中継ぎの意味が生まれたのではないか、と由来とおとほしを関連づけて述べている（仲原　一九五九b　一七三～四）が、それらはいずれも本土の民俗的枠組による柳田の太陽由来説とは全く無関係に主張されていく。(2)

二　「おとほし」の信仰

折口は第一回目の沖縄調査の結果を「沖縄採訪手帖」に、第二回目を「沖縄採訪記」として残し、現地で得た生の資料を見せてくれるが、最初の本格的な沖縄論となったのは一九二三年の「琉球の宗教」である。琉球神道にみえる神々は万有神であらゆるものに霊があるとし、最も重要視されているものとして、太陽、御嶽、骨霊などとともに火の神をあげている。その形状や性格など、柳田にくらべて実態に即し、細部にわたる。その記述によれば、火の神は三個の石で象徴され、それを鼎状もしくは一列に並べて祭ってある。巫女の家や旧家では座敷の片隅に炉の形にしつらえた漆喰塗りの場所に置き、普通の家では台所の竈の後ろの壁に三本石を並べて、塩・

米などその登頂部に盛ってある。火の神は家全体を守るものと考えられ、家があれば火の神がないことはなく、神社類似の建造物の主神がみな火の神であるように見えるとも述べている。とくに折口が注目しているのは、火の神の祭壇としての炉であり、香炉である。そして、重要なのは香炉の出現によって元来あった「おとほし」の信仰が、自在にできるようになった、という指摘である。

折口は、琉球の神道の根本の観念を遙拝すなわち「おとほし」にあるとし、楽土（儀来河内）を遙拝する思想が、人に移り香炉に移って今も行われているという。人を遙拝するというのは、近代に巫女を拝する風習があるのをさし、それは巫女すなわち神々と考えたのではなく、巫女に付着した神霊を拝むのでもなく、巫女を媒介として神を観じているとする。これと同様に、香炉もそれ自体を神体とみなすのではなく、香炉を通じて隔たったところの神を拝すというのである。このような「おとほし」の信仰は、琉球王府の神女組織の頂点においても見いだされ、奄美大島を含む全琉球を三分した三平等の大阿母しられ（各管轄地域の神女を統括する高級神女）の殿内に社殿をすえ、火の神の香炉をとおしてそれぞれの本国の神を遙拝する形にしたことに言及している。村レベルでは移住する前の本郷の神を拝むための御嶽拝所を造ることも珍しくなく、家レベルでは女が旅行するときには香炉を持って行き、他国に移住するものは分けてたずさえていって、いずれも香炉をとおして郷家の神を遙拝すると考えていると述べる（折口　一九七五〔一九二三〕四三〜四　六三）。ただし、香炉のあるところにはそれがはるかかなたであろうと、ともかく神が存在すると信じられていることから、香炉が神のようになっている状況にもふれ、これを「霊代」という言葉で表している（同　六二）(3)。

火の神のこうした機能については沖縄の民俗研究家、宮城真治も指摘しており、主婦が天神に祈るときにこれを伝える仲介の役目を果たすのは家神である火の神であると、家レベルの火の神について述べ、村レベルのそれについては「其の火の神が部落の祭祀に関係するのは天神若しくは海神に対して仲介の役を勤むるにあるので、部落の鎮守の主神ではない」と述べている（宮城　一九五六　二六～八）。ここにいう「部落の鎮守」は「御嶽」を翻訳したもので、仲介の機能の有無で火の神と区別され得る面があることを指摘している。(4)

さきに述べたように、火の神の由来に関して、『久米島仲里間切旧記』が発見され、伊波普猷らによる新たな展開があり、それらはいずれも本土の民俗的枠組による柳田の太陽由来説とは全く無関係に主張されていった。『久米島仲里間切旧記』は、一七〇三年ごろの成立といわれ、御嶽名と神名、呪詞、歌謡、年中行事など約八〇項目が記されており、これを一七一三年首里王府で編纂された『琉球国由来記』の巻一九と対比すると、項目の削除の仕方などからその編纂過程をうかがうことができる貴重な文書である。このなかに、火の神に関する祝詞が一二篇あり、うち七篇に火の神の出自、性、数が現れている（伊波　一九七四〔一九三八〕五二六）。伊波は形式と内容から新旧二類に分けており、ここに古いとされるものから一例を引いてみたい。

昔始まり、けさし始まり、あまみや始めしねりや始め、あや嶺井の大ごろう、まきよの根の真ごろ子が、とどのかどの（御竈または台所の意）に、おし立てろ、より立てろ、赤口ぜるまま（火の神の異名）がなし、生れ口始め口（出自）や、あがるい（東方）の、こもくぜの、真中から、真下から、心生れ勝れ生れ召しよわろ……（同　五二六～七）

「あがるい」は東方の意で「あがるいにるや」の後半を省略したもので、東方の太陽のあがる方の楽土を示し、新しい類の祝詞には「あがるい太陽が穴」となっている。ここに火の神の出自を太陽にもとめていることが明らかとなり、その機能として「中継ぎの神」として火の神を性格づけていることは注目されよう。ここに折口の「おこほし」の信仰との関連がみられる。火の神に対する祝詞は現在にいたるまで多くのものが報告されているが、火の神が中継する対象は多岐にわたっている。そこに柳田がもう一つの火の神とのつながりとして示唆した先祖がどのように組み入れられているのか、家の仏壇との関係、霊的職能者の関与などについて、あわせて考慮しなければならない問題といえる。

第二節　歴史・人類学的研究

一　火の神と仏壇の対比

火の神とは何か、という問題意識によるその神学的な面への関心とともに、火の神をそれと不可分な他の民俗事象と対比してとらえようとする立場があり、さらに、対比されるものを歴史的に位置付ける研究がある。それらを踏まえて世界観の中でとらえようとする人類学的研究が続き、特定の対象に異なる研究領域から多くの成果がもたらされる、沖縄研究の一つの典型を示している。

火の神を他の民俗事象との対比でとらえようとする研究者のうち、もっとも古い業績として、ドイツ民族学の影響をかなり受けながらも自己の出生地のデータをふまえて考察を行った佐喜真興英をあげることができる。佐喜真は一八九三年に沖縄本島中部の今の宜野湾市新城に生まれ、三つの著作を残して、わずか三二歳で亡くなっている。このうちの一九二六年の『女人政治考』では、バッハオーヘン、マクレナンの学説をふまえて、古琉球（廃藩置県後の急激な変化を受ける前の状態の琉球をさす）では女性の magico-religious な能力に基づく女性政治すなわち「女治」が存在したことを立証しようとしている。つまり女性は一種の感受性によって、政治的に優位に立っていたということを述べていて、そこで火の神と仏壇を対比的にとらえている。一九二〇年代から三〇年代はじめの民族学者は、女治に母系制や母権制の名残を認めようという努力をし、この論考もその流れに位置付けられるものであるが、火の神と仏壇とを対比して、「前時代の心理」あるいは「呪術宗教的思想」という概念を介在させて以下のように考察した。

火の神は女治の基本として、琉球王府から村落の火の神までいずれも女性が祭ったとする。家レベルの火の神には言及していないが、「女性が神官として巫女として社会を支配する所に固有の女治の態容を見出し得る」（佐喜真　一九二六　二四〜五）という見解を家レベルにまで拡大することが許されれば、これも女治の基本となったと考えられ、それらに男性の関与を認めていない。これに対し、仏壇に関しては、「前時代の心理」の維持者という意味で「司霊者」という用語を創作し、「元来元祖の祭祀は決して琉球古代の風俗ではなく近世支那文化の影響の下に発達したものであった。即ち女性が私生活[5]に於いて司霊者たる地位を男性に譲ったのは支那文化輸入の結果であった」（同　二二六）と、女性が家庭の祖先祭祀を行っていたのが先行し、それが男性よりも優勢であったと述べる。先後関係による説明はすでに用意された枠組みに当てはめただけであって、論証にも無理があるが、そうした中で次のように祖先に対する観念を、男と女で対比的にとらえたことは重要である。「正しい賞賛すべき元祖祭祀は男性の掌る所であったが、女性は男性より邪視され従って社会から圧迫されながら自然の必然にせまられてユタと云える巫女を使用し生きた祖先教をたてた。彼が祖先を漠然と親しい uyafáfuji 父母祖父母と考えて是を祭ったのに対し、彼女は之を現実の恐ろしい力と信じ、現実生活と密に結びつけた」（同）。佐喜真は氏が活躍した時期の事例を過去のある時期の状態を示すものとして資料操作しており、この引用も氏の時代の現実が下敷きになっていると考えられ、氏の時代現在の民俗の解釈として検討できる。ここは男性が元祖を加護吉兆をもたらす先祖の霊と考えて親しみを抱いたのに対して、女性は生者に祟り呪う霊であると恐れを抱いた、つまり、元祖のもつ加護と祟るという二面性の各々の面に男性と女性が加担するととらえているのである。これを図示すれば次のようになろう。

図1　佐喜真興英による火の神と祖先の対比

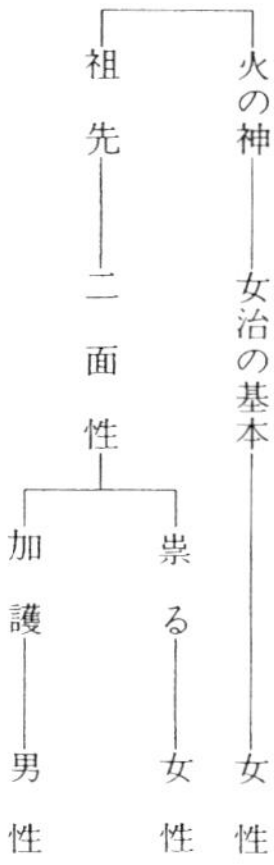

図2　仲原善忠による火の神と祖霊の対比

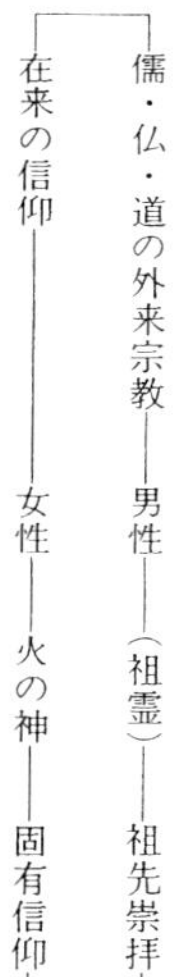

佐喜真のいう祖先祭祀が近世シナ文化の影響下に発達したものとする見解は、沖縄の信仰を固有信仰（御嶽、火の神、ノロなど）と祖先崇拝を対置して把握した仲原善忠と通ずるところがある。氏は一三〜四世紀ころに固有信仰が儒教倫理を中心とする祖先崇拝に徐々に取って代わられたとし、前者を古代信仰、後者を中世信仰とした。後者は一五世紀末から整備された封建的社会秩序の背景になり、尚真王の仏教への帰依、羽地朝秀らの儒教主義の鮮明化といった政策によって推進され、こうした展開を「一面から見れば、古代と中世との闘争で、古代を背負う女性群と、中世意識にめざめた男性政治担当者との相克であった」（仲原　一九五九a　一五四）と述べた。女性群と固有信仰を、男性側と儒教道徳を対応できるとされることから、図2のように図示できる。

祭祀担当者が女性と男性に区分され、佐喜真のいう「母性司霊者が男性司霊者に優先した」（佐喜真　一九二六　二二五）ことを、仲原は史料的傍証を与えながら論証しようとしたといえる。

仲原の固有信仰の要素としてあげられた御嶽と火の神は、民俗事象を参照しつつ仏壇（祖霊）との対比で次のように説明されている。「火の神は（中略）その前に捧げる供物も、花米、神酒、線香などで、お嶽神と同じである。祖霊の供物は右のほか、晴れの食物で、心からの供え物である。祖霊は供養、火の神は祈願の対象といってもよい」「祖霊は、本来、報本反始の孝道から生まれたもので、その祭祀は死人のためのもので、生ける人のためではない。祖霊に加護を求めるのは、神に求めるのとは趣を異にする」（仲原　一九五九b　一六八）。このように、仲原も佐喜真と同様に執筆時点現在の民俗事象に基づき、そこにみられる仏壇と火の神の差異を、目で見て分かる供物の違いと、供養と祈願という観念の差として示し、先の歴史上の変遷を考慮しつつ説明した。歴史的な説明に収斂させていったことに、やや強引さも感じられるが、饒平名健爾はそれを琉球を古里とする研究者の人情やあらまほしさからきたのではなく、歴史的な位置付けに急なあまり論旨の前提にしたのだと考えている（饒平名　一九七四　七二九）。なお、仲原の「固有信仰」と柳田のそれとは直接の関連はない。

本論においても、現在の民俗事象の無理な歴史的な位置付けについては問わないことにし、ここに述べられてきた、祭祀者が祖霊を祭る仏壇は一家の主人（男性）、火の神は女性と分けていること、祖霊は供養、火の神は祈願の対象であるとの区別と、現象面では供物の差として確認されるとの指摘を貴重なものとしたい。供物の差について、リーブラは常に実修されているわけではなく、理想論としても一般的にいわれることでもないが、火を通さない食物と穀物をカミに供え、調理した食物を先祖には供えるべきだと主張する数人の話者がいるし、肉は先祖には供えてもよいが、カミには供えてはいけないというノロも幾人かいる、と述べている（リーブラ　一九七四〔一九六六〕　九〇）。供え物の差はこれ以上追求されていないが、それらの意味は文脈を明らかにしながら調査中に問われねばならないことであろうし、そう主張する話者についても検討されるべきである。

二　民俗火の神と政治火の神

鳥越憲三郎は火の神の原初的な属性は家の神であり、守護する家の成員とは「血縁的関係」で結ばれているとした（鳥越　一九六五　一四五～一五〇）。氏は家の概念には言及しておらず、火の神と霊的紐帯によって結ばれている集団を指しているだけであって、力点は集団の性格でなく、関係のほうにおかれている。(6)家が超世代的に継承され複数の門族が形成されると、その数だけの火の系統があるとされ、これと村落レベルにおける御嶽と村落成員の間も「血縁的関係」で結ばれているとしている。家レベルの火の神の性格を論じた部分との関連が十分に説明されていないが、擬制的親族関係と生物的血縁関係と観念としての紐帯を同じ用語で示し、具体的用例のないことが混乱を深めたといえよう。氏の民俗資料の用い方は資料そのものの解釈を行うところと、それを歴史的に位置付ける操作に分かれる。前者には屋敷の配列から御嶽近くの根所の優越性を読み取る空間論があり、婚姻の際に火の神を拝むのを家族員として新たに参入するための契約であると解したり、私生児の認知の際に火の神を拝むのを、家の守護神である火の神に報告し、血縁者として守護下にはいることに対する神との新しき契約であると解するなど、斬新な指摘をしている。後者では生児の名付けに関連して、久高島の事例を血縁村落時代ないし地縁村落時代に、沖縄本島の事例を按司の出現以後の段階に比定され、婚姻の際の火の神への報告を母系時代の遺制とするなど、氏の調査時（一九三九〜四五年）現在の事象が変遷の諸段階に位置付けられた。原初的には家の神であった火の神は、血縁村落時代になると門族の神としての性格が生じ、根人——根神の祭政の組み合わせによって祭られ、地縁村落時代になると村落の神の性格が生じ、城郭時代には王火の思想が生まれ按司——ノロの組み合わせでまつられ、やがて国家の成立により国王——聞得大君の組み合わせが対応するようになる、と整理される。

佐喜真興英が火の神に祖先（祖霊）を対比して性格付け、仲原善忠が儒教、仏教、道教の影響を考慮して歴史的な位置付けを行ったのに対し、それらに関する事例は興味深いものを紹介しながら考察ではほとんど無視している点では対照的である。(7) これは宗教観念の発生並びに発達が特定の個人（政治的実権を持つ者）の能力に負うており、その実権の擁護と高揚のために宗教は利用される、とする立場（同　四八）で一貫させようとしたためであり、家の火の神に基礎をおきながら政治体制の変化に対応した根神、門族の火の神、首里三平等殿内やノロ殿内の火の神に見られる政治的側面が強調されたのである。

一般の家庭の台所で祭られている火の神を「民俗火神」、琉球王府の政治機構の装置として機能する火の神を「政治火神」とし、伊波普猷や鳥越憲三郎はこれらを一緒に論じたために論旨に無理が生じているとして、区別する必要を唱えているのが安達義弘である（安達　一九八八）。民俗火神は家の神で、守護的な性格をもち、媒介的機能をもっており、その現在の分布範囲が奄美から先島までの島津の琉球入り（一六〇九年）以前の琉球王府の版図と一致することから、琉球文化における普遍的要素の一つであるとした。窪徳忠と仲松弥秀が「本来の火の神」と呼んでいるものに相当する。政治火の神の「派生源」であり、尚真王時代に琉球王府の支配体制に組み込まれた、と位置付けている。聞得大君――三平等の三殿内の高級神女――各管轄地域の神女という階層ができ、折口信夫が指摘したように三平等の三殿内の火の神からは本国の神を遙拝し、あるいは逆に各管轄地域の火の神からの遙拝がなされ、中央に関連づけられた。政治組織に対応してもうけられた火の神の祭祀はノロが行い、ノロの就任儀礼は中央の所属する大阿母志良礼殿内の火の神への拝礼を中心に行われ、政治火の神は各レベルの地域統合の象徴としての機能を果たした、とまとめられる。鳥越が単線的進化の図式に当てはめて発展過程を論証しようとしたのに対し、政治火の神の具体相は主として『琉球国由来記』に記されたものによったために資料の制約をうけ、ノロに偏ってニガミの説明が不完全な点もあるが、民俗火の神と対比的にとらえようとしたところに特徴がある。鳥越に対する仲松弥秀の批判については、第四章で検討したい。

三　世界観研究における火の神の位置付け

佐喜真興英、仲原善忠は歴史的な位置付けを重視していたが、同様に火の神と他の不可分な要素を取り上げながら、強いてそうした位置付けをしない研究が戦後盛んになってきた。観念体系と儀礼、祭祀集団、聖地との関係から世界観を扱った諸業績で、一九六〇年代から公表されはじめた。「日本民俗学による沖縄研究は信仰生活の探求に主力が注がれてきた」(大藤時彦　一九六五　二〇)といわれるが、右の新たな潮流もこうした蓄積に立ってなされたものといえよう。

早い時期の成果として、馬淵東一は「宇宙論的並びに社会的分類の若干原理がかなり顕在している家屋および屋敷についての観察」(馬淵　一九七四〔一九六八〕四五二)から得られた構図を、各地の儀礼的事態と照合すると、地区的変差は諸原理が地形的条件とイデオロギーによる強調のされかたの違いによって生じるとした。東西、左右、海陸、上下などの一連の並置と組合わせの仕方は、事態に応じて変わり得ることから、それを変移的双分観とよび、この双分観は双分方式をさらに三分方式に発展させているとした。火の神については次のように述べている。

火神を示す三つの石は、常にではないが、台所の北側あるいは西側に置かれる。一番座の西に隣接する二番座は、一番座に対して劣位になり、台所はさらに西方に位置する。屋内外儀礼と日常の用法から東と南が優越し、それが男性の側にあることを示す構図を示し、東・右側は西・左側に優越し、前者は男性の側で後者は女性側であるから、台所は女性側といえるかもしれない。人々は、かまど神は人間と作物に生命と豊饒をもたらすものと漠然と考え、特に沖縄本島の信仰と説話によれば、究極には、太陽が昇るところにある聖なる邦と結びつく。こうして家屋の最西部にあるかまど神が、東方と結びつくことになる(同　四三三〜四)。ここでは火の神のいわば神学的な解釈を避け、方位に関する微妙さを変移的双分観によって説明しようとしており、この論考を伊藤幹治は「シンボルの相互連関性に視点を設定し、全沖縄的世界観の関係論的分析(relational analysis)を試みている」(伊藤　一九七三　一二〇)と評している。さらに、複数の拝所および氏子集団に属する事例を分析し、家筋、血筋、屋敷筋の分別を提唱した論文（馬淵　一九七四〔一九六五〕）は、世界観研究に限らず多大の影響をおよぼした。この分別は、島民の意識の上で常にその区別が顕在化しているのではなく、むしろ潜在的なものであるとされ、研究者側の概念であるが、一種の類型論としてあまりにも便利であったため、他の研究者によって利用され、権威筋が追加されるなど修正が加えられていった(8)。

沖縄本島北部の田港の調査によった渡辺欣雄は、これをうけて門中を構成する諸要素と世界観のからみあいを考察するなかで、屋敷神と対比して火の神をとらえた（渡辺　一九七一）。これらはいずれも屋敷の北側に設置されているが、屋敷神は東側で、火の神は西側というように正反対に位置している。屋敷神はその象徴である平たい石を御嶽や腰当森からとってきて男が設置し、男が祭り、火をつけない一枚の御香をあげるのに対し、火の神は南方の海岸からとってきて女が設置し、女が祭り、火をつけた御香をあげる。屋敷神は屋敷と屋敷地の維持に関与し、家族の移動によらず屋敷筋の維持にかかわり、火の神は家族員の転出によって移動し、家筋に沿って信仰が維持され、いったん生成した火の神の信仰は姑から嫁への管掌権の継承となってあらわれるとし、図3のように示した。

図3　渡辺欣雄による火の神と屋敷神の対比

東～北	─	山	→屋敷神	＝一	火をつけぬ御香	男の管掌	不動	＝屋敷筋
北西～西	─	海	→火の神	＝三	火をつけた御香	女の管掌	移動	＝家筋

こうした要素の結合したある種の二元性あるいは二元論が形成され、屋敷配置や祝儀の場面では前者が、神事では後者が優越するとされている。馬淵のあげた三つの継承線は門中の構成要素を考える場合に重要であるが、これと世界観における信仰とは無関係でなく、宗家・仲元のウタナ（祭壇）＝血筋、火の神＝家筋、屋敷神＝屋敷筋となることが重要で、これら三つの原理を統合するように位牌祭祀が行われるとした(9)。ここでは火の神との対比

ではなく、三つの原理を統合するものとして位牌祭祀が位置付けられている。世界観や神観念との関連で以上のように深化されていったが、人々のいだく祖霊の表象に関する時間と距離に対する思考が注目された。

大胡欽一は死者がカミに転化する過程に、火の神と仏壇を位置付けている。『民俗学辞典』を参照して、一、死者の供養すなわち生き霊から死霊への転化、二、洗骨すなわち死霊から祖霊への転化、三、最終年忌すなわち死霊の祖霊化ないし神化を重要な転換点とし、その過程で観念的には個性を失い、現象的には家族の祭祀から親族のそれへと変わっていくとした。これを祭所と対応させて、家庭では三十三回忌までを仏壇でまつり、それ以後の祖霊を火の神でまつり、門中単位では各家の三十三回忌以降の個性を失った祖霊の集合体をまつり、村落レベルでは三十三回忌をすぎた祖霊をまつりこれはカミと観念される、とした。さらに祭祀者は家族レベルでは戸主の姉妹、門中レベルでは本家やそれに準ずる家の戸主の姉妹、村落レベルでは各門中から選ばれた女神役とノロで、いずれもオナリ神信仰を基本としているという（大胡　一九七三）。

火の神と仏壇が先祖のいるところと考えるものが多いという指摘は、竹田旦も行っている（竹田　一九七六a　一六五）が、三十三年忌を境としてその性格が明確に変わり得るのであろうか。馬淵東一は仏壇に祭られる死者の魂にふれたところで、「死後三三年すると神の地位に〝昇格〟されるといわれ、そのときには、神になるのを祝う儀礼がやや陽気な祝宴の雰囲気さえ伴って行われる。しかし、人びとの意識には、死者の魂と神格化された祖先との間に、それほど明確な境界づけはないように思われる」（馬淵　一九七四〔一九六八〕　四三五）とし、現象面での最終年忌の実施すなわち祖霊化を認めるとしても、意識のうえでの性格づけの変化を伴うかどうかについては慎重な態度をとっている。

これと関連して、「地元村落内で活躍し、指導的役割を果す『民俗論理学徒』の存在と寄与」（村武　一九七五〔一九七一〕　一七一）、あるいは「知識のコミュニティにおける相対的位置、情報提供者の知識の社会的位置」（渡

辺　一九九〇〔一九八六〕　一二）といった諸問題が、第一章で述べた宮本常一の調査者と話者の相互の主観のぶつかりあいから資料が生み出されるという指摘とともに、重要な視点となってくる。

注

（1）柳田が紹介している昔話は現在も宮古島に伝えられており、宮古島の城辺町保良の語り手によるものでは炭焼太良と再婚して女二名、男三名の子をもうけたあと、炭焼太良をなきものにしようとした男の子が竜巻に巻き込まれて死ぬという結末になっている（福田晃他編　一九八〇　二一二～二一七）。

（2）火の神の本源が太陽であるとする点については、鳥越憲三郎は仲原善忠とやや観点が異なり、按司が一定の領域を占拠する城郭時代になると、按司が日神と同じテダと呼ばれ、それまでの村落の守護神であった火の神が按司の守護神として日神と同一視されるようになった、と政治的な変革に対応した時間的な変化としてとらえている（鳥越　一九六五　二一七～八）。リーブラはそうした考え方に対して、言語学的に火と太陽は区別されていることと、現地調査ではその証拠が発見されなかったこと、さらに文献では統治者や高級女性祭司の神名に太陽を意味するティィダが使われていても象徴的に同一視しているだけで、ただちに太陽と竈を結び付けるものではないことをあげて反論している（リーブラ　一九七四〔六六〕　一一七～八）。

（3）折口は戦後の論考でも「香炉は遙拝の為の対象である。真の対象なる神或は神の在処は、香炉をとほして、之を感じるばかりの遠い処にあるのである。それが、実在の地であることも、又信仰をとり除けて考へれば、単なる空想の地であることもある。何にしても、神霊ある所と信じてゐる遠処である。之を拝むのは、おとほしと言われてゐる」（折口　一九七六〔一九四七〕　八四）として、遙拝すなわちおとほしに関する一貫した主張をくりかえしている。なお、中国の竈神と沖縄の火の神の比較研究を行った窪徳忠は、年末に天にのぼって家族の善悪を報告するという各地の報告を引きながら、「沖縄地方では一般に遠くの神に通ずる「お通し神」の観念が普遍的であるが、竈神もまたそのひとりとして解釈されている場合が多い」（窪　一九七一　四一〇）と述べており、ここからおとほしの普遍性を認め、中国の竈神の信仰がそこに受容された、と考えていることがうかがえる。これに関して、伊波普猷につとに「この神（火の神）が一家内の事をニライカナイにとほす（報告する）といふ信仰の、道教の宏通以前からあつたことは、いふまでもあるまい。だが、この古信仰には、火の神がニライ・カナイと往復したといふことは見出されず、（中略）火の神はたゞニライ・カナイにお通し（ウンケーノーシとも云ふ。遙拝の義）するだけである」（伊波　一九七四〔一九二八〕　三四〇

〜三四一）と述べて、ニライ・カナイに限定しているが、遙拝は一方通行的であって、中国の竈神にみられる天帝との往復とは区別されるものであり、道教が伝えられるより古くからの信仰であったととらえている。

（4）この論文「山原の村」が掲載された『琉球』第四号は一九五六年発行であるが、論文の最後に「昭和一八年稿」とあり、宮城真治の遺稿とされている。

（5）「私生活」とは、「氏神に奉仕する」ことと「家の祖霊を祭る」ことをさすようで、前者はいわゆる門中の本家の祭りを指しクデと称する者が奉仕したとされ、後者は家庭の仏壇の祭祀を指す。ここでは後者についてのみ言及している。一方、「公生活」の方は、村レベル以上の場合を指しているようで、これを「女治」（原始古代社会における女性のmagico-religiousな能力の公生活における表れ）の用語で示している。

（6）仲松弥秀は鳥越の「家」の意味について異議を唱え「単なる一代限りの家を指しているのか、それとも祖先から引継ぎ子孫へと引継がれて行くところの家を指しているのか不明確である」（仲松　一九六八　一一七）とし、鳥越論文の全体から推察して、「祖先から伝わり子孫へと引継がれる家を意味していると思われる」（同）と解している。特に鳥越が根拠としてあげた分家の時の灰を分ける習俗について分布を示して検討している（これについては第四章で検討する）。

（7）「琉球でも家族が旅に出るときには、主婦は旅人を先ず炉前に跪かせて火神を拝ませた後に、母屋にある祖霊の壇の前に来て、その旅人のヲナリ神（姉妹はその兄弟の守護神と信じられ、ヲナリ神と呼ばれる）から盃を受け、母屋の出口からではなく、台所の側から旅立つことになっている」（鳥越　一九六五　一四六）と述べるところからは、主婦——火の神、ヲナリ神——祖霊という祭祀者の分担が明確になっており、二つの霊的象徴の性格をとらえる手掛かりを与え、主婦と姉妹という女性の二重の性格との関連からも興味深い指摘であるが、祖霊についてはまったく展開されていない。仏教については「彼等は現在でも仏教徒ではなく、仏牌を安置して仏壇と称してはいるものの、それは貴族の風を慣ったものに過ぎない」（同　九三）と処理した。また、道教については尚巴志の時代より溯って伝来していることは認めながら、火の神には皮相的な面に影響が見られるだけであるとして、ほとんど無視している（同　一四四〜五）。

（8）馬淵の研究ではこのほかに、地理的知識の拡大延長の度合いについて種族的・部族的ないし地方的差異を指摘した論文（馬淵　一九七四〔一九四二〕）で、（一）生活圏、（二）見聞圏、（三）伝説圏と分類して考察したことが、沖縄の門中の本家で祭られる神御棚の内部が三分割され、サキガユ、ナカガユ、当家の開祖の霊を祭る事例（大胡〔一九六六〕、渡辺〔一九七二〕など）の解釈に示唆を与えている。これは他界までの観念的な空間距離を示すものとされ、祖霊の生成過程の解明にも応用されるに至った（大胡　一九七三　など）。

（9）　ここでいう「世界観」という用語は明確に規定されることはまれであるが、渡辺欣雄は「世界観とは、自己をその一要素として含めた全体世界に描写的秩序をもたらすために、人間の創りあげた概念及び諸関係の枠組みである」（渡辺一九七三〔一九七一〕一九五）とする。世界観の研究はその後も話者のいだく象徴的な知識をもとめて進展し、渡辺はより広く民俗的知識の特質について論じることになる（渡辺　一九九〇）。

第四章　火の神の移灰とユタの判示

第一節　火の神の石と灰

一　仲松弥秀の見解

辺野古の多くの家庭の台所には年長の夫人が祭る火の神がある。「年長の夫人」は、家計を嫁にまかせてもヒヌカンの祭祀を行う家長の夫人を示す。死去するまで火の神の祭祀にあたり、その死後、ヒヌカンが嫁に継承される。次世代の嫁がまだ存在しない期間は「主婦」に一致する。ただし、後述する事例報告にあるように現実には祭祀管掌の移行は理想どおりにはならない。

火神は、ヒヌカン、ウカマ、ウカマンガナシ、ミチムンなど言われ、筆者の印象ではヒヌカンという名称は新しい命名のように思われる。それは、伝承で溯及し得る範囲内において、カマ（竈）すなわち火神であったことからも支持されるのだが、一部の話者を除きヒヌカンの語が通用しているので、以後の記述ではそれに統一する。その形態は、現在ではコンロの後に香炉と水入れや、皿に盛った塩を置いてあるのが一般的である。赤土を粘って作ったカマ（竈）を使っていた昭和三〇年ころまでは、カマに四角の香炉を作りつけ、その後に三個の石を立てて若干埋め込んでおくのが普通であった。カマに祀られたヒヌカンを示す三個の石が竈をかたどったものであることは、つとに指摘されている（河村只雄　一九四二　二七、奥野彦六郎　一九二六　一三）。事実、辺野古では、明治中期ころまでは、大きめの石三個を鼎立してカマとして用い、その石三個をヒヌカンとし中央部の灰に線香を立てていた。したがって、現在のように特に香炉を設けることはなかった。[1] ヒヌカンをもたない家庭は、年長の夫人が創価学会またはキリスト教の信徒であったり、最近の傾向として、新しい分家で新築してもヒヌカンに関心がなく、それを注意する者もいない場合である。

鳥越の火神論に対する仲松の批判のなかで、争点の一つとなっているのは、火神の移灰の解釈についてである。「移灰」は、イハイと読むと「位牌」とまぎらわしいので「位階」との混同も心配されるが、イカイと読むことにしたい。仲松の用語の「分灰」は、「分配」と読み方が重複し、語呂合わせとしてもおもしろいのだが、本家から分家への移灰の場合には適用できても、婚姻、葬送の移灰をさすには不適当に思われることと、位牌をめぐる移灰をも包括したいと考えているので、「移灰《イカイ》」の語を採用した。鳥越は、分家の際に本家の竈の灰が分家の新しい竈に入れられる習俗を、不絶火の行われた時代には火を移していたものが灰によって象徴されるようになったものと解し、本分家は火を同じくし、同族の血縁的結合が火神を中心とした宗教的結合によって示されるとした（鳥越　一九六五　一五〇　第二章第二節も参照）。一方、仲松は、分家の際に灰を分ける習俗が全琉球には分布しておらず、僻遠な村々に存在しないことを示して、分灰は火神の本来の習俗ではなく、門中制度形成以降のものであると位置付け、超世代的なつながりを示すものではないとした。そして、分灰については、「本家カマドからの除籍願という意味で灰を分けていき、新戸籍作成という意味で新カマドに灰を入れる」という解釈を示した（仲松　一九六八　一二〇―一二一）。

まず、はじめに仲松弥秀の見解を分家、結婚、家族の死のそれぞれの項目について示し、周辺の報告例をあわせて検討したい。

二　分家の場合の火の神の扱い

分家の際に本家から火の神の灰を持参する事例を、仲松は七例あげており、そうしない例を二八例あげている（表1参照）。奄美諸島、宮古・八重山には全く分布しておらず、首里、那覇とその近傍の村々、屋取村、およびそれらに影響された村々に分布することから、この習俗が本来の火の神信仰のありかたを示すものではないとした。さらに、その意味を本家のカマドからの除籍願いという意味で分けていき、新戸籍の作成という意味で新カマドに灰をいれることであると述べた（仲松　一九六八　一一八〜一二〇　一二二）。

ここでポイントとなる屋取村というのは、士族が帰農することによってできた村落である。仲松は沖縄の村落を「平民百姓村」、「士族百姓村」（屋取村）、土地の売買や移動の自由が与えられた明治三六年以後に発生した「開墾村」に分けており、分家の際に灰を分ける習俗を琉球王国時代に、首里王府に勤めた士族が持ち伝えたものとするのである。平民百姓村は景観が塊状の形態をとるのに対し、士族百姓村（屋取村）のほうはゆるやかな凝集状をなしていることが多い。平民百姓村の景観のゴバン型形態に着目して、地割土地制度は一七三七年から実施されたことも主張している（仲松　一九七七　八五〜六）。伊波普猷にしたがって屋取の発生と発達を四期に分けて考察した田里友哲によれば、その発生は琉球王府が一七二五年に貧窮士族の転職を認め、一七三〇年にそれ

表１　仲松弥秀による分家の際の移灰

奄美諸島	池地	×
	薩川	×
	里	×
	竜郷	×
	徳之島	×
	沖永良部島	×
国頭	名嘉真	×
	富着	×
	仲泊	×
	辺野古	○
	松田	×
	惣慶	◎
	漢那	○
中頭	山城	○
	田場	×
	宮里	○
島尻	湧稲国	○
	前川	×
	百名	×
	奥武島	×
	喜屋武	×
	東辺名	×
沖縄離島	伊平屋	○
	伊是名	×
	津堅	×
	渡名喜	×
宮古	狩俣	×
	与那覇	×
	池間島	×
	大神島	×
	水納島	×
八重山	大浜	×
	宮良	×
	白保	×
	波照間島	×

注　○は本家から灰を持参する。×は持参しない。◎は妻方の家から持参する。

を奨励するようになって、士族の次三男の分家対策や就職対策として田舎下りに至ったことにあり、これが屋取発生の初期段階とされる。士族の増加にみあった官吏の椅子がなく、彼らの生存競争が激しくなり、経済生活が不安定となったことがさらに士族の帰農をすすめ、一家をあげて移り住むものも増えて、その隆盛期をむかえる。日本本土より遅れて行われた明治一二年の廃藩置県後、士族の凋落ははなはだしく、すでに形成されていた屋取集落の縁故をたよって全島に居住地を求めて移動したのが、発達期である。明治三六年の土地整理終了後は、屋取集落が拡大してそれまでの在来の本村から行政単位として独立する時期である。これは明治三二年の土地整理法の発布によって、寄留者にも土地の所有権が認められ、明治四一年の島嶼町村制によって一部の行政の再編成が行われたことと関連する。一六〇九年の薩摩の侵入以前に成立起源をもつ伝統在来の古村にその後の増減を勘案して、一九五八年現在、沖縄本島の約六〇〇の行政村落のうち、一二八が屋取起源とされる（田里　一九八〇　五四～九　六九）。また、津波高志は現在の沖縄本島北部の行政村落を土地の人々の伝統的な分類用語に着目して類別し、平民百姓村の人々は自らの集落をムラあるいはシマと呼び、士族百姓村・開墾村をハルヤーまたはヤードゥイと呼んでいることから、それらを「ムラ村落」「ムラ・ハルヤー複合村落」「ハルヤー村落」の三つに分類している。しかし、ムラとハルヤーの関係は非常に微妙であって、分類がすっきりできない面があるとしている（津波　一九八二　一一～一三）。民俗調査報告書の多くは平民百姓の側の民俗を記しており、同じ行政村に屋取の人々が同居していてもその民俗を特に取り上げたり、屋取集落を調査対象とすることは少ない。屋取の人々の民俗、あるいはその影響としてこれを考察の対象とした点で、当時の仲松の着眼は注目される。

分家の際の具体的な模様をやや詳しく述べた報告からひろってみると、沖縄本島北部の本部町備瀬の霊的職能者によれば、結婚して分家するときに次三男は親元の火の神に一二本線香を立てて、「そこのなん男ですが、どこそこへ分家します」といって願い、線香を途中で消しておく。そして、親元の火の神から分けた灰を分家した家に据えられた火の神の香炉にいれて、残りの線香に火をつけて立てて自分のチネービヌカン（家内火の神）として仕立てる（高橋恵子　一九八八　二〇五）。那覇から十数キロ北方にある北中城村熱田では、分家するときには親元の火の神に線香を三二本たてて分家することを告げ、さらに仏壇とナカバシラの順に拝んで、火の神から指三本で三回取った灰と、味噌と醤油の入った瓶をオーダ（稲藁や棕櫚皮などで作ったもっこ）に入れて二人でかつぎ分家先にいく。そこで新たに仕立てる火の神の香炉に親元の火の神の灰を入れ、新しい線香二本をたてて拝み分家の火の神とする（琉球大学民俗研究クラブ　一九六六　一一七）。分家の場合の火の神の扱いについて、具体的にはこうした儀礼行為を思い浮かべればよいであろう。

まず、分布について見ていくと、仲松の表では、奄美諸島では分家にあたって本家から灰を分ける事例はないとされているが、その後の調査で奄美本島の笠利町佐仁では灰を移すことが報告されている。ここでは家ごとにジロとよばれる煮炊き用の竈があり、カマド神はジロの神で別名をヒナンガナシともいう。ジロは囲炉裏も指し、ここにも神がいるという人もいる。土製のジロの以前は浜から取ってきた石を三つ並べただけのもので、上に鍋などをのせて使っていた。分家してジロを作る場合、炊き口は南または東に向け、本家から灰をもらって来て入れた。単なる作り直しの場合ならば、一年中肥料用に保存されていた灰を用いた（中園成生　一九八四　五六　会田恵美　一九八四　二一）。

同じく仲松が親元からの灰の持参はないとした沖縄本島周辺離島の伊是名島では、分家の火の神は、夜または明け方にアチホーの方向から石三個を拾って人に見せないように懐にいれて持って来て、本家から灰を分けてもらって作る（琉球大学民俗研究クラブ　一九六三b　二五　三二）。この報告は仲松の出版に先立つものであり、その食い違いが年齢層や性別など話者によるものであるのか、あるいは伊是名島の調査集落の相違など他の理由によるものか、明らかではない。

奄美と同様に灰を分けることはないとされた宮古島の平良市島尻では、分家のときに新しいカマド（火の神）は家の周囲にある石の中から丈夫そうなものを選んで仕立てた。親元の灰を分けて新しい火の神に移すということはしない（琉球大学民俗研究クラブ　一九七六　三四）。ただし、この報告の後のところに、他部落に婚出する場合には仏壇だけを拝むのでなく、分家のときと同様、火の神の灰、ウマリガーの水、屋敷の土の移しが行われる（同　三五）と記されている。後半では移した灰がどのように処置されているのかよくは分からないが、分家のときの火の神の灰の移動がうかがえる事例といえよう。

これらの事例から、分布に関しては仲松が灰の移動がないとした地域でも行われるところがあり、分布の濃淡から意味を見いだす際には、より慎重さが求められるといえる。

次に、屋取との関係について、村落が屋取を間近に有するか否かに注目して見ていくと、那覇市に隣接する西原村棚原では、終戦後しばらくは各家庭とも火の神に香炉はなく、戦前のように煮炊きする竈の石そのものを火の神としていた。分家のときには夫の親元の火の神の灰を分けて、分家の新しい火の神を仕立てた（琉球大学民俗研究クラブ　一九七六　一二二）。この調査は古村で行われているが、棚原は戦前に森川という屋取から発達した村を行政村として分立させており（田里　一九八〇　二〇六～七）、これを屋取の人々との接触があったことを推察させるものとすれば、首里、那覇の近傍の村で、かつ屋取に影響された村の事例として、仲松の見解を支持するものと考えることができよう。

同じように、仲松が灰を移すとしている村落をみていくと、伊平屋島には屋取から発達した行政村が二つある（田里　同　二〇三）。辺野古にはミジャー川、前上原、下福地という屋取があり（田里　同　二一四）、ここは津波によればムラ・ハルヤー複合村落であるが、分類上やや判然としない部分を残す村落である（津波　同　一三）。中頭の山城には桃原屋取があり（田里　同　二一六）、島尻の湧稲国にも鍋底屋取（一八戸）がある（田里　同　一九五)。これらも屋取の影響をうけた村の事例として、仲松の見解を支持するものと考えられよう。しかし、惣慶と漢那のうち、惣慶にはアニンドーと城原の屋取がみとめられるが、漢那には屋取はなく(田里　同　一二三)、津波はいずれの村落もムラ村落にはっきり分類できるとしており(津波　同　一二)、中頭の宮里には屋取は記載されていない(田里　同　一一八)。仲松は調査の際には屋取の影響をこれらの村落において何らかの形で確認したのかもしれないし、屋取を間近に有するか否かというだけではその影響を云々できないが、その点から見ていくと以上のようにそこに一貫した対応は見いだしえず、氏の考察を肯定できないことになる。

三　結婚の場合の火の神の扱い

結婚の場合には、嫁あるいは婿が親元の火の神を拝むことがあり、仲松は沖縄本島と周辺離島の一三の事例をあげている(表2参照)。このうち三例では嫁婿いずれも火の神は拝まない。これらより、仲松はこの習俗をそれまで養育、保護してくれた火の神に対する感謝と除籍、夫方火の神に対する戸籍登録の表現と解した(仲松　一九六八　一二四)。

火の神を拝むことがやや具体的に示されている報告から、その模様をうかがってみると、沖縄本島南部の西原村棚原では結婚式の日に嫁方に迎えにいった婿はその連れとともに嫁の家の火の神を拝み、その後ウフドゥンチ(ヌルを輩出する門中の宗家)、ヌルドゥンチを拝む。嫁は生家も婚家の火の神も拝まない(琉球大学民俗研究クラブ　一九七六　一二二)。ここでは婿が嫁方の火の神を拝み、嫁はどちらの火の神をも拝まないという、仲松の表にも載っていない組み合わせである。

本部町備瀬の霊的職能者によれば、結婚式の日にユミゾーイといって嫁を迎えにいき、嫁の家の火の神に「どこそこへ、立身して御嫁に行きます。どうぞ嫁ぎ先でも心の和合をとらせてください。そして、健康に子孫繁盛させてください」というようなことを祈る。その時に立てた線香は、途中で消して、婿の家に持ってきて、そこの火の神に供えて結びの拝みをする。ヰンムスビヌウグヮン（縁結びの御願）ともいう。結婚を解消するときには、婚家の火の神に一二本と三本の線香（ここで用いる線香は一枚の平たい線香に筋目を入れて六本分とみなしたもので、これを二枚とさらに半分に割ったもののこと）を立てて、「こういう理由で、こちらに結んだ夫婦の縁を解くことになりましたので、どうぞこれからは、わたしの結んだ縁は解かせてください」といって祈り、途中で線香を消して、自分の親元の火の神に残りを立てて戻すお願いをする。それをしないと、離婚はしても、カミムスビ（神の結び）をされているので、いつまでもその妻としてみなされるという。これをニービチヌフトゥチウグヮン（根引きの解消の御願、根引きは結婚の意）という。一九二四年に伊江島に生まれ、祖父の出身地備瀬の神人になり、一九六二年に天三神・一三心（アマミガミ・イチサンシン）というカミチジ（神霊）が憑いて今日に至っている人の説明である（高橋　一九八八　一四　二〇七）。結婚の際に、嫁が火の神を拝むのか、婿であるのか、あるいは特に依頼された霊的職能者が拝むのか、判然としないが、灰ではなく、途中で消した線香を移すという仲松のあげなかったやりかたであり、離婚の際の拝む内容もあわせてみるとその意味付けがうかがえる。なお、この人の場合には先に述べた分家のときにも途中で消した線香を移しており、後述のように魂の移動のために霊を抜くヌジファーの儀礼とし

表2　仲松弥秀による結婚の際の火の神の祭祀

村落＼事項	結婚 婿	結婚 嫁
辺野古	拝せず	里拝　夫方拝
松田	拝せず	里拝　夫方拝
惣慶	拝せず	夫方へ灰持参
山城（石川）	拝せず	夫方へ灰持参
前兼久	妻方拝	夫方間接拝
内間（西原）	妻方拝	夫方間接拝
宜保	妻方拝	夫方間接拝
湧稲国	妻方のスス	夫方間接拝
百名	妻方拝	夫方間接拝
喜屋武（糸満）	拝せず	拝せず
束辺名	拝せず	拝せず
儀間（久米島）	妻方拝	夫方拝
渡名喜	拝せず	拝せず

て、行為の一貫性が見られる。

次に、灰を移すことを除籍と新戸籍の作成とする解釈に関連して、他の意味付けを対照してみたい。沖縄本島北部の大宜味村謝名城では、嫁方で花嫁は火の神に対してイジビィケーという祈願をしてから、線香一二本、酒、お重を婿方に持って行ってそこの火の神に供え、イービィケーという祈願をする。イジビィケーは自家から根を引くことで、イービィケーというのは自家から根を引き婿方に入ることを意味する。沖縄の結婚式が「根引き」といわれる所以である（新城真恵　一九八五　一二八―一七一）。儀礼の名称の語義をめぐる意味付けには、謝名城の根神の解釈が取り入れられているようである。

このように、火の神を拝むのが誰で、どちらの火の神を拝むのか、そして何を移すのかということに着目すると、仲松が挙げたもののほかの組み合わせがみられ、さらにこれ以外の可能性も否定できないであろう。その解釈については、多くの調査報告では行為の記述だけで終わっていることがまず注意される。ここに紹介したものは、解釈まで記された数少ない報告から拾ったものであるが、普通の村人の解釈ではなく、霊的職能者のそれであることが次に注意される。

四　家族の死に際しての火の神の扱い

家族に死者が出た場合に火の神を更新する事例を、仲松弥秀は一五の地名であげている（表3参照）。これらより火の神の本来の性格は、祖先から子孫へとつながるところの家の神ではなく、血族の表現でもない。御嶽の神と異なって、家族を守る力のない火の神は交替させることもできるとした（仲松　一九六八　一二八）。

仲松が調査した加計呂麻島では、小野重朗によれば埋葬から帰ると浜から拾ってきた小石を戸口に投げ付けて

表３　仲松弥秀による死人があった場合の火神更新（調査地少数）

奄美諸島	加計呂麻島，沖之永良部島
沖縄諸島	辺野古，松田，惣慶，漢那，名嘉真，富着，沖泊，田場，東辺名，津堅島，伊是名島
宮古諸島	池間島
八重山諸島	波照間島

入り、ジロ（地炉）の上にかけてあるカギ（自在鉤）を取り替え、さらにトーグラという建物にある炊事用のジロの片隅にあるヒニャハンガナシ（火の神）をこわして捨て、新しく三つ石を拾ってきて粘土で塗り込めて作り替える。これは手のひらにのるくらいの小さい竈型に作ったもので、主婦が毎朝線香と茶を供えて拝むほか、八月ころに火の神祭りをする家もあった（小野重朗　一九七〇　一一五　一六七）。こうしたことは加計呂麻島のあらゆる家で同じように行われていたことではなく、芝、実久、於斉の三集落で見られ、このうち於斉では終戦前後まで、特に主婦がなくなった場合にヒニャハムガナシを壊して海に流し、新たに作り替えていた。火の神を祭るのが主婦であり、その死が同時に司祭者の交代であったので作り替えられたとされ、家の守護神としてのヒニャハムガナシを再生することで死によって生じた不浄を祓い、以後の安寧を祈ったものという（川野和昭　一九七七　二〇二）。小野重朗の報告ではジロにカギがあることと、火の神の関係がはっきりしないが、奄美の住居はオモテ、ナカヤ、トーグラの三棟と付属の建物で構成されており、この事例の最初に出てくるジロはオモテに設けられた湯を沸かしたり暖を取るためのものである。次に出てくるジロはトーグラや小屋にあって、かつては大きめの石を三つ鼎状にならべただけで、これに鍋などをのせて調理するのに使っていた。これはその後土に藁を刻んだものをまぜて練り合わせたもので作るようになって、終戦後は四角型の金属製になり、ガスコンロにかわっていった。後者は竈と翻訳されることもあるが、煙道がない場合が多いことから、炉といったほうが実態に近く、両者をジロといい名称の区別をしないことがあるのは、形態の似ていたことと関連するといえる。徳之島では火の神は煮炊き用のジロではなく、カギのある火種保存用のジロのほ

うに鎮座するという報告（徳富重成　一九七四　六五）があるが、奄美本島の笠利町では双方のジロには同じ神がいるという報告（中園成生　一九八四　五七）があり、後に述べる大和村のように地炉、囲炉裏、本柱のところに小石を置いて火の神を祭る例では、両者すなわち地炉と囲炉裏の区別がされていない。これらより、小野の報告にあるカギを取り替えるのと、ミニチュアの火の神をこわして作り替えることは、同じ意味をもつことといえるであろう。

このほか、仲松の報告になかった奄美本島や徳之島でも断片的ながら火の神の更新が報告されている。宇検村蘆検では家族に不幸があった場合に、川の上流の人の踏まないようなところから火の神の石を拾ってきて更新し（水品佳哉　一九八一　一三七）、徳之島では司祭者である主婦が亡くなると火の神の霊力が失せたとして、新しいものと取り替える習慣がかつてあったという（小川学夫　一九七〇　五七六）。

奄美諸島ではその後の報告例をみると、明確に火の神の更新と記述されない場合にも、火の神あるいは火所と死との関連がうかがえる事例がある。

奄美本島の大和村名音では火の神をヒニャンガナシといい、ジリョ（地炉）やユルヰ（囲炉裏）の一隅、フンバリャ（本柱）のところに小石三つを置いて、香炉に線香を一本か三本立てて毎日拝んでいた。葬儀では出棺に際してユルヰの灰をきれいにならして、野辺送りにでかけた。埋葬が終わると松明をもった人が海岸で潮浴びをしてから石を三つ拾い、出棺した表戸に後ろ向きに投げ付けてから入り、まずユルヰを調べ、もし灰に足跡がついているとまた死者が出る前兆であるという。また、ユルヰのゼゼ（自在鉤）をはずして捨て、四十九日がすんでから新調する（田畑　一九九二　九六　一七七）。ここでは火の神の神体と思われる三つの石は更新しないが、ゼゼを更新している。先に述べたカギとミニチュアの火の神の意味の共通性から、このゼゼの更新をもって火の神の更新と読み取ることもできよう。

沖縄本島に日を移すと、北部の離島伊平屋島では、家族の死によって、火の神が汚れると信じられた。それは死者を湯灌させるための湯を沸かしたことによるようで、葬式の翌日、土竈の一部を壊して火の神石三個とともに棄てた。コンロを使うようになってからは火の神の小石だけを棄てるようになった。四十九日以後の吉日に竈を作り、ウシジウンチケー（ウシジは神石の意味で、火の神迎えのこと）といい、アチホー（暦で確かめる明きの方向）の海岸や川原から適当な大きさの石を見つけて来る（上江洲　一九八六　三七　二二二〜三）。おそらく正規の葬儀を出さない七歳以下の子供（同　二二〇）を除いた家族の死にあたっては、火の神の更新が行われたのであろう。それが火の神が汚れるためと説明されたことが注意される。他には加計呂麻島で報告されているだけであって、不浄を理由に火の神を交替する例は聞かれないのである。

仲松が調査した伊是名島では火の神をヒヌカンガナシといい、その指摘にあるように家の戸主が亡くなったときに火の神を更新する。亡くなるとまず火の神に三花（酒、花米、塩）を供え、この火の神を使って最後の飯を炊き、盆飯として火の神に供える。これはガン（棺を墓まで運ぶ朱塗りの輿）をかつぐ人にわたす。葬式後、ガンカタミヤー（ガンをかつぐ人）が、左縄で火の神の三つの石をくくりつけてモッコにいれ、かついで行って海または畦に捨てる。かわりの新しい石は、四十九日のマブイワカシ（魂分け）の後の早朝、跡継ぎの戸主の歳の方向（おそらく生まれ年の十二支による方位）と家の向きにあわせてアキホーをとり、人目を避けてこっそり浜辺にでかけて行って取って来て鼎型に安置する。これを跡継ぎの戸主が拝んでから、次三男を家に迎え入れる（琉球大学民俗研究クラブ　一九六二b　二六　三二）。

与那城村平安座島ではヒノカミガナシ、ウカマガナシといい、石は上原とよばれる高台から三つ取ってきて、カマドの後方に鼎状に安置している。島には二つの御嶽があり、その一つが島の西側の上原にあって、ここには女神が祭られているという。火の神は一家の主婦が祭り、家族の健康、航海安全、出産報告、マブイに関する祈願をする。司祭者が死んだ場合には、火の神を取り払い屋敷の石垣に置き、新しく上原から取ってきて安置する（琉球大学民俗研究クラブ　一九六三b　五一〜二）。ここでは仲松の指摘した名嘉真、辺野古と同じく、主婦の死亡のときに更新する。火の神を主婦が祭ることと、女神を祭るという御嶽のある高台から石を取ってくることとは関連づけられよう。

宮古諸島では仲松は池間島の事例のみをあげているが、平良市島尻では戸主または主婦が亡くなったときに、ウカマの石を取り替えることはないけれども、ズーユ（囲炉裏）のガグ（自在鉤）をさげている綱を交換した（琉球大学民俗研究クラブ　一九七六　三五）。奄美の小野重朗の報告を検討したところを参照すると、この事例でも火の神の更新と読み取れよう。

八重山諸島では波照間島の例だけがあげられているが、竹富町西表島の祖納では竈自体が火の神になっており、主婦が死ぬと三つの石を捨て、ツチノトの日に浜のきれいなところから大きな石を拾ってきて、これを割って三つの石にして作り替えた。田植え、刈り入れ、豊年祭などには婚出したブナリ（姉妹）が実家の火の神を拝む（琉球大学民俗研究クラブ　一九六九　三六　五〇）。ここでは日常的には主婦が火の神を祭るが、特定の儀礼では婚出した戸主の姉妹が戻って来て祭るのであり、伊藤幹治によれば、祖納ではタナドゥリ・ニガイ（水稲の播種儀礼）、ユー・ニガイ（田植え直後の稲の生育促進の儀礼）、プリ（稲作・畑作複合の収穫儀礼）、火の神が天から降りるという一月四日の正月火の神願い、トゥシビー（健康祈願と感謝の祝い）などがそれにあたる。播種儀礼では戸主が苗代田に出て種蒔きをすますと、家々ではイバチ（稲積の形をした糯米と小豆を混ぜて炊いた赤飯の握り飯）を作り、他の供え物と一緒に火の神、座の神、先祖に供えて祭るが、この日戸主の姉妹が必ず祭りに訪れる。祭りがすむとイバチは戸主から姉妹に贈られる。これらより兄弟による姉妹への贈与と、姉妹による兄弟の家の神祭祀という二つの場面で兄弟姉妹関係がとらえられ、背後の兄弟に対する姉妹の呪術宗教的な主導性という原理が指摘された（伊藤幹治　一九六五　二四一〜四）。ここでは婚出した姉妹が兄弟の家の神としての火の神を祭ることと、同じ火の神を姉妹でなく主婦が死んだときに更新することが説明されていないことを指摘しておきたい。

奄美でみられたように、ミニチュアの火の神を壊して捨てたり自在鉤を新調したり、沖縄本島の竈の一部を壊したり火の神の三つの石を捨てるといった、現象面で明らかに更新したことを観察し得る場合には、その意味付けと対応させることが容易である。しかし、次に述べる川田の事例のように灰を捨てる場合には、更新とみなし得るかどうか、その行為だけでは判読できない。もっとも、ここでは火の神の更新と、灰をとる行為すなわちヌジファは意味が異なることを明確に示されている点で重要である。

本島北部の東村川田では、家に死人がでたときに火の神を取り替えるという風習は以前に廃れたのか、七十余歳の老人でも記憶している人はいない（調査は一九六二年）。その場合は、ウミチムン（三つ石すなわち火の神）をヌジファするといって、火の神の前で線香をたいて拝み、その灰を墓に持って行って捨てる（琉球大学民俗研究クラブ　一九六三a　六二）。備瀬の霊的職能者によれば、ヌジファは神仏や魂を移動するために霊を抜く儀礼の総称で、ヒヌカンヌヌジファー（火の神の抜霊）、カミヌヌジファー（神の抜霊）、ヤーヌヌジファー（家の抜霊）などがある。その御願の方法は、最初に今まで祭られていたところで、御膳にウチャナク（餅）、アライミハナ（洗った米）、カラミハナ（米）、酒、果物をのせたものと、線香一二本と三本を供えて、「どこそこへ移動しますので、霊もこちらから抜き取らせて、この線香に乗り移ってください」というグイス（祈りの言葉）をあげ、線香の火を途中で消しておく。次に、新たに移るところに行って、お祈りをし、残りの線香を立てて、結びの御願をし、安置する。最後に、今まで祭っていたり、放置していたりしたところの神仏の属する御嶽にこれまでの感謝と移動の報告の御願をして、新たに住む土地の御嶽に移動して来たことを報告して完了する。ヌジファーの御願は、生きた人が役所で取る移動手続きと同じであり、そのようなことをカミヌテツヅキ（神の手続き）といっている。

その御願は移動と同時に実施する。それが済まない限りは何年たっても神から移動したことを認められないという。もし自分の家以外でなくなった場合には、そこに留まっている魂を抜いて墓に祭らなければならない（高橋恵子　一九八八　二四九〜二五〇）。ヌジファーの御願は生きた人が役所で取る移動手続きと同じとする説明は、仲松が分家と結婚の際の習俗を除籍と入籍と解したことと対比できる。

一方、こうした更新の習慣がない場合には報告書に記載されないのが多いが、まれな報告例として、沖縄本島南部で那覇市に隣接する西原町棚原の報告がある。そこでは家の者が亡くなったからといって、神体である竈の石は取り替えず、竈の石を取り替えて仕立て直すのは、石が崩れたりして使用不能になったときのみであった（琉球大学民俗研究クラブ　一九七六　一二二）。

以上のように、報告書の検討による限りでは、現象面で灰の移動、火の神の更新およびその意味付けは様々であり、分布から意味を判断することも難しい。当然、調査時点のずれによる変化もあり、話者が誰であるかによっても相当の差のあることが予想される。以下では個人の情報の中の一貫性、関連性に注意しながら、火の神の移灰をめぐる「全体」の把握を試みたい。第二節・第三節・第四節で「現在」と記すのは一九七五年を指している。主として本章にかかわる資料の調査期間は、一九七三年八月二四〜二九日（辺野古）、一九七四年三月八日〜四月一六日（同）、六月三〇日〜八月二〇日（同）、一九七五年三月一五日〜七月七日（久志）、七月一九日〜九月一五日（辺野古）、一九七七年七月二九〜三〇日（久志・辺野古）、一九七九年八月一三日〜九月一四日（久志）、一九八〇年八月一三日〜九月三日（久志）である。本章の着想を得たのは一九七五年八月二六日に辺野古の神役でもあるN・Sさんと話をしている最中であり、調査開始後一四二日目のことだった。

第二節　人の一生と火の神祭祀

家庭ごとに祀られるヒヌカンは、旧暦の毎月一日と一五日に定期的に拝まれるほか、新築、出産、婚姻、葬送のある段階に拝まれ、ユタヌヤ（ユタ＝霊的職能者の家）に行く前などにも拝まれる。ここでは、鳥越と仲松の争点となった移灰に着目するため、人の一生の諸段階と分家の際のヒヌカンの取扱いを取りあげることにしたい。仲松は、辺野古の事例として次の三点を報告している（仲松　一九六八　一一七〜九）。

一　分家の際、本家（夫方）から灰を持参する。
二　結婚の際、嫁は里と夫方の火神を拝む。
三　死者が出た際、主婦の死亡の時のみ火神を更新する。

後に記す各家庭の事例報告に先立って、まず辺野古における人の一生の折り目ごとに行われる祝儀・不祝儀の概略を、ヒヌカン祭祀とどのように関連しているかを考慮しつつ示しておきたい。話者による変差は、とりわけ婚姻の項で大きいのだが、それには特に配慮せず、その過程を略述することに努めた。時期は次節の内容とほぼ対応する大正期〜戦前とし、その後の変化はそれと分かるように記したい。

一　産育のヒヌカン祭祀

出産の当日から順に述べることにしたい。

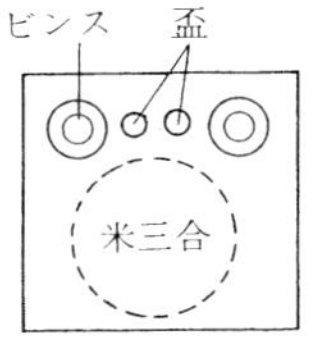

図1

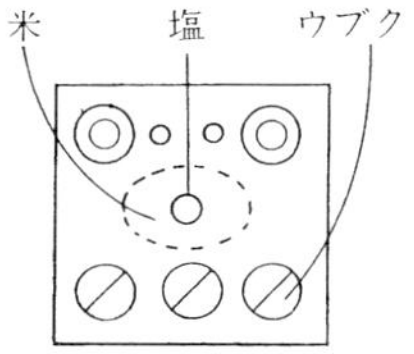

図2

出産は、ジール（いろり）のあるスミ（二番座の裏の部屋）で行うのが普通で、誕生するとたいてい年長の夫人が、器と出産に使って汚れた布を持ち、辺野古川の下流に行って布を洗った。これをカーウリーといい、洗った後、浜づたいにウブガー[2]に行った。その下流で布をゆすいでから上流に行き、東に向かって出生したことを唱えながらウブミズを汲み、グシチをサン[3]に結んで器の口にさして持ち帰った。

家に戻ると年長の夫人が図1の供物を供え、ビンス（瓶）[4]の一方にウブミズ、もう一方に泡盛を入れて、香一二本立ててヒヌカンに出生を告げ、仏壇にも拝んでからウブミズを生児の額に三回つけていた。ウブミズのように清らかな心をもって健康に成長するようにとの意味とされる。以前はウブミズを沸して浴びせていたといわれる。残ったウブミズは、生後四日目のナーズキまでヒヌカンの脇に置いてあった。嫁は初子ないし二子を生むころまでは婚家へのヤーウツイ（家移り）をせず生家にとどまっていることもあり、その場合は実母が生家のヒヌカンにウブミズをあげていた。また、やや例外的であるが、婚家へのヤーウツイの後も、婚家の年長の夫人の代りに、嫁の実母が婚家のヒヌカンを拝むことがあった。これは、婚家の夫人がヒヌカン祭祀に関心の薄い場合にみられた事例である。

戦後、基地が設置されるまではウブミズを汲んできていたが、ウブガーが汚れたことと病院で出産するように変わってきたこともあって、現在は汲みに行かない。しかし、出産当日以降のヒヌカンと仏壇への拝みは多くの家庭で行われている。

イヤ（胎盤）は、出産当日ヒヌカンの真うしろは避けて、それから少しずらしてアムトゥ（軒下）[5]に埋めた。近所の女を三人招き、三回鍬を打ちながら「ハイチカラムチニナリヨー、イヨウワラヤーナリヨー」と唱え、大笑いしながら埋めた。

生児への命名をナーズキといい、生後四日目ころに行われる。この時には、年長の夫人がヒヌカンの脇に置いてあったウブミズと泡盛のビンスとミファナ（米）、ウブク（白飯）、皿に盛った塩を図2のように盆にのせ、潮が満ちるころヒヌカンに供え、香一二本立てて拝んだ。先祖のウチナナ[6]を念じながらミファナを手のひらにとり、偶数であればそれを生児のウチナナとして採用し、奇数であれば別の先祖のウチナナを念じながらやり直した。この時、カマでチャーギ（マキの木）を燃し、チャーギのような立派な体にして欲しいと願った。これは年長の夫人が行うほかに、カッティといってこうした儀式をよくする者に依頼することもあった。ウチナナはおおむね夫の父母か兄弟姉妹、または祖父母のものが継承されるのであった。ヒヌカンの前でナーズキを終えると供物のウブクを一つ除き、ウツギフェーシ[7]をして仏壇で同様の報告をした。この日はチチョーデー[8]が集って祝った。[9]

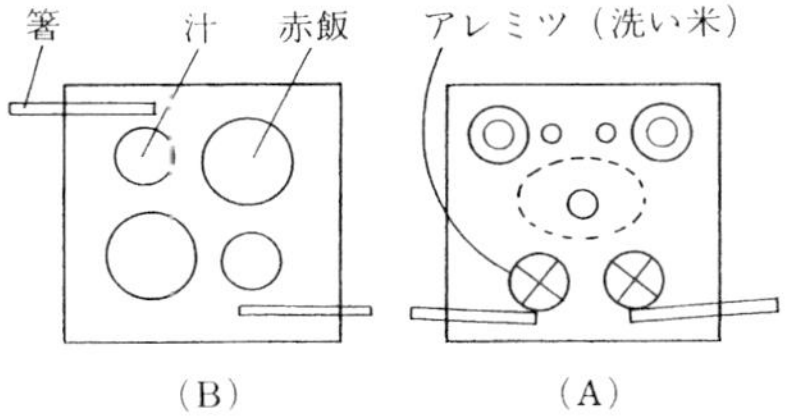

図3

生後六日目をマンサンといい、ナーズキの時と同様の供物を供えて、潮が満ちるころにヒヌカンと仏壇を拝んでいた。エークァンチャ（チチョーデーより広い範囲を含む親戚）や隣近所の人も集まり、ナーズキより盛大に祝った。この時もヒヌカンの祭祀をカッティやカミンチュ（神人）に依頼して、年長の夫人がそれに従う場合がある。筆者が観察できた事例[10]では、分家した三男の息子（二男）が生れた際に、三男の母が自分のヒヌカンに対し図3の(A)の供物を供えて、香一二本立てて拝んだ。分家した三男の家にはまだヒヌカンが設けられていない。母の姉妹二人がその場に同席したが、出産した嫁は同席しなかった。次に供物(A)とその左側に(B)を仏壇の前に並べ、香一二本立てて拝んだ。一二本という数は不幸の場合以外には普通に用いられ、どんな拝みでもそれを通すといわれる。他に、一二という数字は、十二支の神様と関係があるとされ、こうした説明には「信仰心」の強い人の影響が認められる。(11) 仏壇で拝んだ後、赤飯と汁を参会者で会食した。

この日まで、出産した婦人はジールのそばで絶えず温められていた。また、出産の際にスミのまわりにかけてあった主人がなった左縄は、この日にはずされた。これは、スミの東側だけ空けてあったり、スミの入口にだけかけていた家庭もあり、マジムン（魔物？）の侵入を防ぐためとされる。生後一年目はタンカといい、年長の夫人がヒヌカンと仏壇を拝んだ。供物はナーズキの時と同様である。チチョーデーが集って祝った。現在はヤーニンジュ（家庭成員）だけで祝うこともあり、二年目以降は特に祝うことはないが、ヒヌカンと仏壇への報告はなされる。年祝については略す。

以上、産育に関するヒヌカンの扱いを略述した。ここまでの段階では移灰は全く行われていないが、誕生や命名あるいは毎月一日と一五日の念願などの際にその都度、火をつけた香を香炉に立てて拝んでおり、そこで燃えつきた線香の灰が香炉の灰と同一視されて、婚姻や分家の際の移灰と関連することになる。

二　婚姻のヒヌカン祭祀

婚姻(12)の成立に至る過程を、次に簡単に述べたい。すべての婚姻が以下の手順を経ているのではなく、一般にはきわめて簡略であった。

婚姻成立の交渉が制度的に行われたかどうかは疑わしいが、嫁方への打診をニンゴーグファンまたはニンゴームイと言い、婿方から婿のオバなど二、三人が嫁方に行き、結婚を承知するかどうか打診した。嫁方の承諾が得られれば、婿はその翌日から嫁の家に泊り嫁方の仕事を手伝うこともあった。

ニンゴームイの後、数ヵ月してからウフグファンを行った。婿方でごちそうを作り、潮の満ちるころ婿と両親及び近い親戚から数人が、泡盛九合を嫁方へ持参した。嫁方では多くの親戚が集って婿方が持参したものを囲んで祝宴をした。結納に当たるものはなく、九合と交換されるようなものだというので、女はクンゴーグァと呼ばれたりしたが、大正期にはインジョージン（結納金）として二円に二銭不足するように出していたこともあった。この時、嫁方の仏壇を嫁と婿が拝んだ。ヒヌカンには図4の供物を供え、嫁方の年長の夫人が拝んだ。右はニービチまで行う時の経過であるが、この段階までで婚姻は社会的に成立し、二、三男以下や長男でも経済的に余裕のない家ではニービチをせず、分家する者はウフグファンの後数年してアナヤ（堀立柱の家）を作り、数人の子供を連れて移るのも珍しくなかった。その際は夫の家のヒヌカンの灰を分けて分家のヒヌカンを新立した。

　両家で行う結婚式のことをニービチといい、ヤーウツイ（婚家への移動）が行われた。よい日を選び、満潮にあわせて婿方から、ナカンチュ（仲人）とともに嫁を迎えに行った。嫁方では多くの親戚が集って祝をし、嫁方の年長の夫人またはカッティが図5の供物を供えて拝み、嫁はそれに従ったが、必ずしも拝みはしなかった。仏壇では上記の供物から赤ウブク（赤飯）を一つ減らして拝んだ。ヒヌカンを先導して拝んだ者が灰を三回つまんで取り、それは婿方へ持参された。婿方に移ると、仏壇の前に嫁と婿がすわって拝んだ後、祝宴となった。嫁方からもたされたヒヌカンの灰は、婿方の年長の夫人またはカッティが婿方のヒヌカンに入れ、嫁方で行ったのと同様の供物を供えて拝んだ。以上のように、嫁が婿方へ移るときに移灰が行われ、嫁自身は移灰に積極的には関与しないことが注意される。

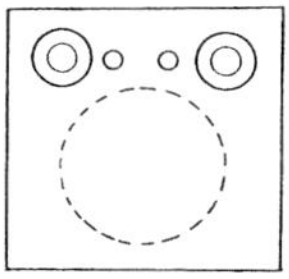

図4

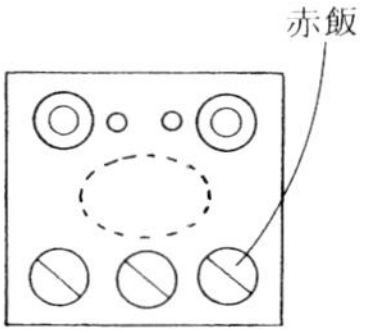

図5

　先述のように、仲松の報告では婚姻の時には嫁は里と夫方の火神を拝むとされている。それはウフグファンの時またはニービチを示されたものであろうが、拝むだけでなくヤーウツイに対応して移灰のあることは右に述べたとおりである。ただ、仲松の報告は、嫁を主体者としているので誤りであるとはいえない。なぜなら、嫁は移灰にはほとんど直接的にかかわらないからである。ウフグファンのみでニービチを行わない場合では、ウフグファンで婚姻成立と社会的に見做される。しかし、移灰がいつ行われるかに着目するとこの場合もむしろ嫁のヤーウツイとの対応が強く認められ、ウフグファンで終了するかニービチまで行うのかということは、経済的な事情が反映して二義的となる。

三　葬送のヒヌカン祭祀

葬式の世話は、シマの人々が分担して行い、役割分担が明確であったため、家ごとの変差は婚姻の場合ほど大きくはない。青年会は喪家の三日分の仕事をまかない、薪取り、牛馬の飼料の草刈り、墓掃除、ガンかつぎに分れて協力した。喪家の所属するクミ（イリ、イリナカ、アガリ、アガリナカのいずれか）では、各家庭から米一合ずつ出し合って、準備する人々のための食事を提供したが、葬式当日はシマ中の人々が仕事を休んで協力した。クァンチャ（棺）は杉板で作られ、カタミヤシンカは、(13)ガン（棺を中に入れて墓まではこぶ御輿状の運搬具）をとってきて喪家の庭に置いた。伝承でしか聞かれないが、当日は豚を一頭殺し、野辺送りで墓に置いてから参会者で食べていた。

死者は死亡した部屋でアミソージ（湯灌）された。これは、親戚の女がウブガーからターグ（桶）に水を汲んできて、水に湯を入れて適温にし、死者を洗った。その後、衣服を裏返しにして着用させた。次に、ビンスと三合ミファナを盆にのせて西に向かって拝んでから、米を三回とって死者の胸に入れ、次にヒヌカンに拝んだ。香は六本であった。前者は、死者に対して既にグショ（後生）の人になったから、この世に未練を残さぬようにという意味で拝み、後者は死者の出たことの報告であるとされる。年長の夫人またはカッティが行った。死体は二番座に移し、枕を西にして寝かせた。枕元には御飯をすり切りに入れて箸をさして置き、香を立てる仮の香炉を置いた。仏壇の位牌は白い紙で覆って四十九日までは拝まずヒヌカンもそれまでは拝まなかった。

クァンチャバク（棺箱）は寝棺で、入棺は近い親戚の人々が膝を少し折り曲げて入れ、その際、針と粟を一緒に入れた。棺はさらしの布で二ヵ所結んでいた。カタミヤシンカは入棺後、ジールの灰をならしてミージョーキー（平たい籠）をかぶせていた。出棺の直後、カマの灰をジョーグチ（門口）に撒いていた。そうしないと死者のマブイ（霊魂）が家に戻ってくるからといわれる。イミのかかる女は、ガンのまわりに芭蕉布の着物を裏返しして着、泣きながら墓に向かった。

シマミーといって途中の浜で一度ガンを置いて休み、泡盛と香を供えて拝み、死者とシマの最後の別れをした。年長の夫人が死亡した場合には、ヒヌカンの石または香炉と灰は、葬列と一緒にカッティや関係者によって持ち出され、墓までの途中の道の土手にアムトゥガミになれと言って捨てられた。墓ではクァンチャバクを納めて入口を閉じたあと、喪家で準備された豚肉を一片ずつ食べた。帰途、スーキンといって海水を三回右手ではねて額につけていた。現在は、墓の前で泡盛を手につけるだけになっている。

カタミヤシンカは、ガンをガンヤ（ガンの保管小屋）に戻してから、浜に出てサンナンモー（村落祭祀の世話役）が立てたグシチの門をくぐって喪家に戻り、一人が家屋のうしろをたたくと三人が前の入口から入って、ミージョーキーをとってジールに何かの足跡がないかを確かめた。足跡があると凶とされた。次に死者の寝ていた部屋から、「アリアリ、ダーカダーカ」といいながら海水と砂を投げつけながら家を出て浜に出、クァンチャバクを作った残りの木切れやカナグリ（かんなくず）を燃し、この火に青竹を二、三本束ねてあぶり、大きな音がしないと喪家に不幸が続くといわれた。四人はそれから喪家に行き、食事をして役目を終えた。
翌日、午前中にシマ中の人々が喪家に行き、仏壇の前に置かれたシルイヘー（白位牌）と香炉に焼香した後、墓に行き仏壇の前に置かれたものと同様のシルイヘーと香炉の前に、皿に盛ったごちそうを供えた。その後、各々の仕事に出かけた。

仲松の報告では、主婦死亡時のみ火神を更新するとされるが、そこは「年長の夫人」死亡時のみとしておきたい。前節で見たように家庭成員が死ぬたびに更新したり、家長が死んだ時のみ更新する事例も報告されているが、辺野古では、年長の夫人が死亡した場合に限られる。それについては、ヒヌカンはイナグ（女性）のものであり、死者と一緒に持たせるためであると多くの話者は説明している。この文脈では、年長の夫人個人が祀る祭祀対象としての側面が強調されている。また、三石を祭らなくなると、これに付与されていた意味が、香炉と灰に転化され、灰の意味を複雑にしていることにも注意したい。[16]

第三節　移灰の諸相と解釈

一　移灰の諸相

辺野古におけるヒヌカンの移灰の実態を以下に述べることにしたい。前節で人の一生についての概略を記したので、個々の話者の経験を中心に述べることにしたい。事例の選択は、第一節であげた移灰のあり方のすべてを網羅し、できる限り話者側のそれらに対する多様な意味付けを提出できるように配慮して行った。調査中は方言で話された後、その標準語訳を同じ話者にしてもらうようにしていたが、話者の中には断固として方言を用いない人もいて不揃いとなる。方言から標準語への「翻訳」はとてもおもしろい課題であるが、それは別の機会に取りあげることにして、本節では標準語訳を用いることに統一し、《——》でそれを示すことにする。各事例ごとに話者は、それぞれ別に記さぬ限りは特定したので、その個人の移灰についての調査時現在の解釈を問うことになる。したがって、いかなる文脈において与えられた解釈であるかという点に注意しなければならない。外観上の灰の移動とそれに対する意味づけのくい違いとが、以下の事例では特に注意される点である。

第三章で述べたように辺野古では、明治三三年に地割制から土地私有制へ移行しており明治三三年には戸主五六名であった。家の経歴を知る手助けとして各事例に、その当時の戸主となっている者を記すことにした。参考として掲げた系譜は、本文の叙述を補うものであって家庭成員の一部は省略した。各事例の話者は、系譜中にも示した。婚姻と分家は特に記さない場合は、辺野古内部で行われたものである。

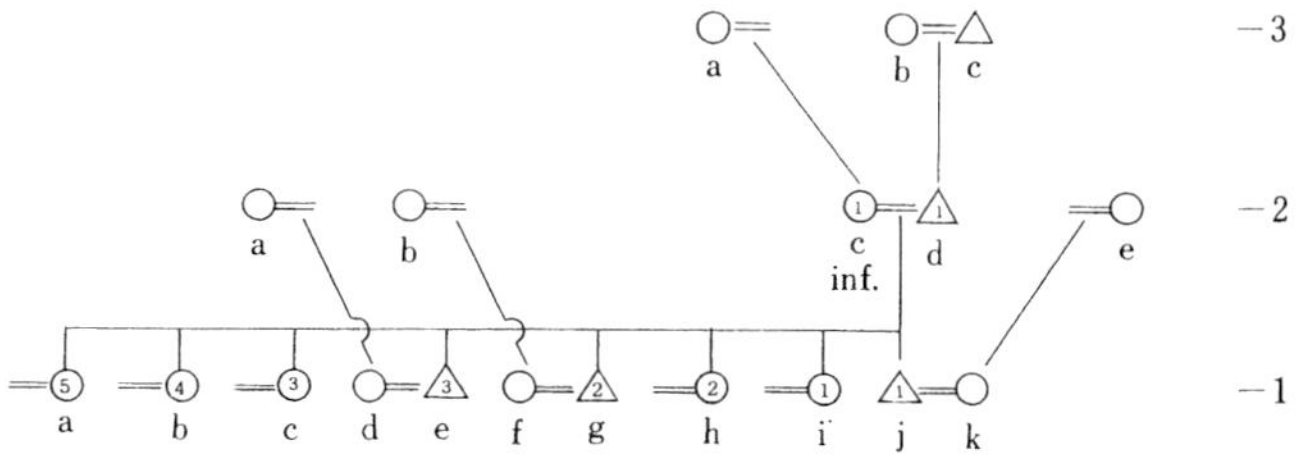

図　6

事例一　（図6参照）

$^{3}/_{c}$は明治三三年の土地台帳に記されており、$^{1}/_{j}$で分家後四代目となっている。この家を仮にA家としておく。この事例の話者は$^{2}/_{c}$である。

〈婚姻〉

一九一四年（大正三）、$^{2}/_{c}$が結婚。その時はニービチのヤーウツイの際に生家のヒヌカンに母$^{3}/_{a}$（勝連村浜の生れで辺野古に婚入）が香三本を立てて拝み、途中で火を消してヒヌカンの灰を三回つまんでとったものと一緒に婚家に持ってゆき、夫の母3/bが灰を自分の祀るヒヌカンへ移入し、途中で消された香に火をつけて拝んだ。その時2/cは同席しなかった。

　ここでは、ヤーウツイと同時に嫁が夫の家庭で生活を始めることが移灰によって象徴される。3/aは浜の出身で、この移灰が辺野古の習慣に従ったか、あるいは浜のそれによったか明らかでないが、移灰はこの時期の他の事例と同様であり、婚家でもそれを受け入れていることから前者であると解したい。香は現在は通常二ひら（一二本）用いるのに対して、以前は多くを用いずに一枚を割って用いたといわれており、三本（一枚の半分）用いているのはそのためである。なお、嫁となって灰とともに生家から夫の家に移る当事者は、全く移灰に関与せず、嫁の母および夫の母の管掌である。個人に焦点をあわせると、自分の娘が結婚する年齢になってはじめて移灰を体験し、それにまつわる事柄に耳をかたむけることになりがちである。この点は移灰を通してヒヌカンの性格を知るうえで留意したいことである。

〈年長の夫人死亡〉

一九四三年（昭和一八）、夫の母3/bが死去。当時はレンガ製のカマの上に香炉と三石が祀られていた。葬式の日に[17]ニガミが依頼され、ヒヌカンに拝んだ後、香炉と三石を持ち出して野辺送りの途中、アムトゥガミになれと唱えて西の浜に捨てた。2/cは、名護で新たに香炉を購入しムヌシリ（高嶋易により日を選ぶ職能者）に適当な日を選んでもらって、自分でカマの灰を香炉に入れてヒヌカンを新立した。ただし三石は拾って来なかった。戦争中にヒヌカンは焼失した。

　この場合は、年長の夫人死亡時に嫁が同居している時の、ヒヌカンの更新が問題となる。この事例ではニガミが関与し、三石及び灰の入った香炉のすべてを捨てている。2/cの現在の解釈では、《また改めて長男の嫁である私が信じるから》香炉の灰を全部捨てたのだとされる。しかし、これはニガミの行為を追認する文脈で与えられたものであることに注意したい。ヒヌカンの灰をすべて廃棄するというニガミの行為は、同時期のニガミの関与しない他の諸事例とは符合しない。他の事例では、三石と灰を三回つまんで取り出したものを捨てるのであり、残された灰を継承して嫁が祭る。

〈婚姻〉

$^{2}/_{c}$の長女$^{1}/_{i}$は一九四一年（昭和一六）に結婚。婚家の夫人がすでに死亡し、三石は捨てられたままでヒヌカンを祀る者はなく、カマ付属の香炉のみ残されてあった。ヤーウツイの際に、$^{2}/_{c}$のヒヌカンより婚家のカマ付属の香炉へ移灰し、それ以後$^{1}/_{i}$が祀った。次女$^{1}/_{h}$は一九四三年（昭和一八）に結婚。夫と共に養入した。養父が未婚で子供がなかったためである。養家には養父の母がおりヒヌカンを祀っていたので、婚入（=養入）時、これに$^{2}/_{c}$のヒヌカンから移灰した。

〈分家〉

次男$^{1}/_{g}$は一九四七年（昭和二二）に$^{1}/_{f}$と結婚したが、$^{2}/_{c}$はある事情により、それを認めなかった。$^{1}/_{g}$は「上部落」に家を建て、やがて子供も生まれたので、$^{2}/_{c}$は一九五九年（昭和三四）に自分のヒヌカンから灰を分けて$^{1}/_{f}$のヒヌカンを新立してやり、この時以降、盆や正月の交際が普通に行われるようになった。$^{1}/_{f}$の母は津堅の出身で、この結婚を認めてはいたが、$^{1}/_{f}$の婚出の際に自分のヒヌカンを拝んだのみで移灰はなかった。

〈婚姻・分家〉

三男$^{1}/_{e}$は一九六〇年（昭和三五）に$^{1}/_{d}$と結婚。今帰仁村親泊の$^{1}/_{d}$の母親からの移灰はなかった。夫婦で三年ほど$^{2}/_{c}$の家に同居し、その間$^{1}/_{d}$の祀るヒヌカンはなかったが、「上部落」と「下部落」の中間に位置する借家に移った際に、$^{2}/_{c}$が自分のヒヌカンに香一二本立てて分家したことを告げた後、灰を三回とって紙につつんで$^{1}/_{e}$の家に移し、これに洗い砂を加えて$^{1}/_{d}$のヒヌカンの香炉を作った。五女$^{1}/_{a}$が安慶名へ婚出した時は、$^{2}/_{c}$のヒヌカンを拝んだ後、灰を三回2/cがとって持たせた。1/aの夫は四男で分家した。

右に述べたものは、戦中から戦後にかけての婚姻と分家の際のヒヌカン祭祀である。2/cの娘（1/a 1/b 1/c 1/h 1/i）の婚出の際にはいずれも2/cのヒヌカンから移灰が行われている。2/cの説明では、《ヒヌカンはイナグ（女性）のものである》から、娘の婚出の時には持たせるとされる。一方、嫁を迎える事例のうち次男1/gの妻1/fの場合、その生家は津堅で、ここからの移灰がなかったのは戦後の混乱が終息していなかったことによるとされ[18]、2/cは平静な時ならば当然移灰すべきであったと考えている。1/fのヒヌカンを一九五九年（昭和三四）に作った時には、2/cのヒヌカンから移灰されているので、夫方からの移灰であると外観上は見做される。また、嫁の1/fに筆者が問うたところ、自分のヒヌカンは夫方から分けて作ったと答える。つまり、1/fからすれば、自分のまつる火の神は現象面からも夫方からの移灰によって新たに作られたのである。これに対して、先述のように2/cは1/fの生家から、婚入の際の移灰がなければならなかったと考えていることと、三男1/eの分家と五女1/aの婚出・分家に関する次の見解を注意しておきたい。2/cは三男の嫁1/dの婚入の際にも今帰仁村親泊の1/dの生家からの移灰が必要であったとし、それがなかったので分家の際には1/dの生家から移灰すべきであると考えた。しかし、現実には先に述べたように、2/cのヒヌカンから移灰しここでも外観上は夫方のヒヌカンからの移灰を示すことになっている。2/cの五女1/aの婚出の際には、2/cのヒヌカンから1/aの夫の母のヒヌカンへ移灰がなされ、夫は結婚後しばらくして分家し、1/aの祀るヒヌカンを新立したが、2/cによれば自分のヒヌカンから移灰した灰を移入してヒヌカンとしたとされる。2/cは1/aのヒヌカンの新立に立ち合ったわけではなく、現実にはどのような操作があったのかも知らないのだが、右のような考えを筆者に説明していることは、1/fと1/dのヒヌカンの新立の場面における見解すなわち、火の神は女方から分けた灰で作るべきであるとすることとの一貫性が認められる。

事例 二（図7参照）

$^{4}/_{b}$が養入するまでは、当家（B家とする）は空屋敷であったが、「門中」のムトゥヤ（本家）であるため、屋敷は荒れずに管理されていた。$^{4}/_{b}$は$^{5}/_{a}$の私生児で、長男であるが、成人しても沖縄本島南部の与那原で生活していた。養入はユタの介入があったようで、$^{5}/_{a}$の生家（C家とする）は、かつてB家から分かれたと考えられている。しかし、現在B家の位牌は$^{3}/_{b}$の世代以降しかなく、伝承でもそれ以上溯って本分家関係を探ることはできない。一九一七年（大正六）に$^{4}/_{b}$夫婦でB家に養子入りし、その時$^{3}/_{a}$は一六歳であった。ここでの話者は$^{3}/_{b}$である。

〈婚姻〉

$^{3}/_{b}$は一九二二年（大正一一）に$^{3}/_{a}$とクァンムイをすませた。生家には父が一人で生活していたので、一九二四年（大正一三）に死亡するまで生家に残って世話をした後、B家へ移った。その時は長女$^{2}/_{f}$をともなっていた。

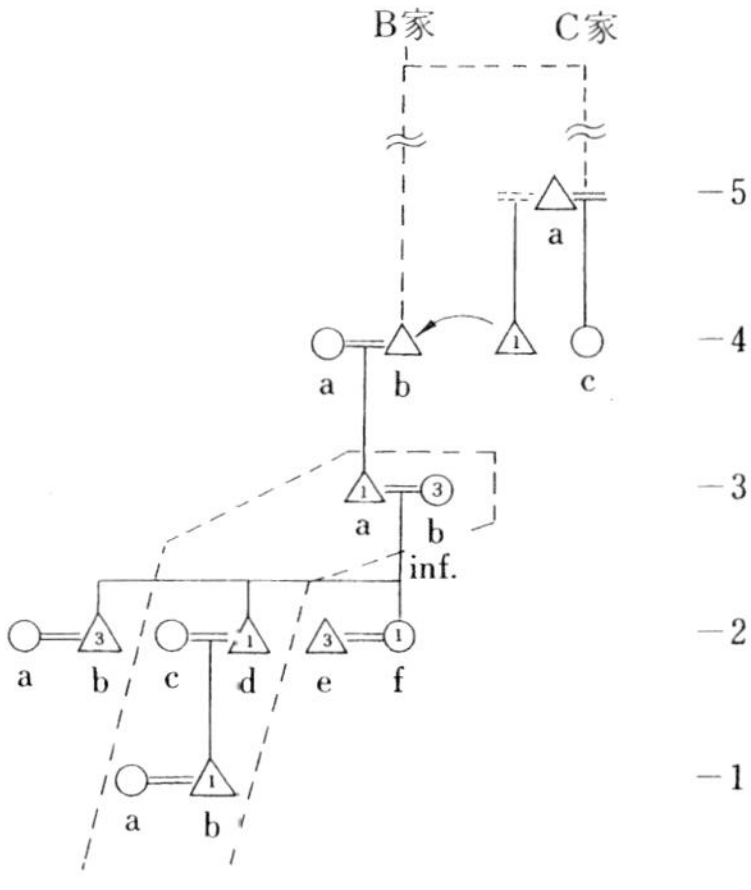

図　7

この時のヒヌカンの移灰については$^{3}/_{b}$の記憶にない。ヤーウツイの日に$^{3}/_{b}$の姉が生家のヒヌカンを拝んだという話者もいるが、はっきりとした記憶ではない。

婚姻の際の移灰は、嫁本人は関与しないのが普通で、嫁の母親が当たる場合が多い。この事例では$^{3}/_{b}$の母親はすでに死去し、生家では$^{3}/_{b}$が祀っていた。つまり、嫁がいない場合に娘がまつるという、火の神の継承に関しての興味深い事例であり、自分が祀るヒヌカンからの移灰となるのだが、その点を記憶していないことについて、$^{3}/_{b}$は若かったのでヒヌカン祭祀にはあまり心を配らなかったのだろうと述べている。

〈年長の夫人死亡〉

一九四一年（昭和一六）、3/bの義母4/a死亡。この時、カマは赤土を粘って作ったもので、三石はとってきてなかった。4/cが葬式の日にヒヌカンに線香を立てて拝んだ後、灰を三回とって墓までの途中で捨てた。四十九日が過ぎて始めてめぐってくる旧暦の一日または一五日に、3/bは香炉を購入してカマ付属の香炉に残されていた灰をこれに入れ、さらにカマの薪き口から灰を追加して祭るようになった。

ここでは、死亡した年長の夫人の祀っていたヒヌカンを廃棄することを4/cが実修している。それは、4/cがB家のクディングァ（「門中」レヴェルの祭祀の主宰者）をしており、普通の村人よりも「信仰心」の強いことを考慮して依頼されたためである。灰を三回とった残りの灰を嫁が継承することについて、現在3/bは、《灰を継承するのは母（4/a）以前からこの灰にヤーニンジュ[19]の念頭が成されているので、捨て去ってしまってはいけない》《残った灰はヤーニンジュの分で、ヒヌカンを引き継いだ人が祭っていく》と説明している。年長の夫人死亡時のヒヌカンの処置に対してのこのような説明は、この事例にとどまらず他の話者からも聞くことができる。ヒヌカンの灰にこうした意味が託されて、死去した年長の夫人から嫁へと継承されていくことに注目したい。また、四十九日で嫁（ヒヌカンの継承者）の忌明けとなることと符合してヒヌカンを祭ることが可能になるという点も注意したい。この事例では祭り始めるのが一日であったか一五日であったかは記憶されていないが、ともかくそのいずれかの日に継承したヒヌカンを拝み始めている。以上のような、ヒヌカンの継承という側面が認められるのに対して、嫁がヒヌカンを祭り始める際に、カマの灰を香炉に追加していることについては3/bは《これから私が新しく立て直す》《新しく切り換える》と述べている。この行為も移灰と見做し得るが、この移灰は祭祀権の譲渡による祭祀者の交替を表わすと把えることができる。3/bは現在に至るまで、ほぼ四〇年間4/aから継承したヒヌカンを祭り続けている。三世代夫婦が現在は同居している（図中の点線の枠内）が、$^2/_c$、$^1/_a$のヒヌカンは作られていないし、$^2/_c$、$^1/_a$は毎月一日と一五日の祭祀にも通常は関与することがない。

〈婚姻〉

$^3/_b$の長女$^2/_f$は戸籍上一九四四年（昭和一九）結婚となっているが、実際は、夫（$^2/_e$）が入営する一年ほど前に親同士が縁組を決め、入営後にニンゴームイをして入籍したものである。その後、夫は東京に居住して、一九五〇年（昭和二五）に帰郷し、それまでは$^2/_f$は生家に居住していた。$^2/_e$の帰郷後ニービチは両家で行われ、$^2/_f$は潮が満ちてくるころ夫の家に移った。その際$^3/_b$と$^2/_f$はヒヌカンとブチダン[20]に香二ひら立てて拝んだ。しかし移灰はなかった。夫（$^2/_e$）の家では夫の母が$^2/_f$と一緒にヒヌカンを拝み、夫も加わってブチダンを拝んだ。

$^3/_b$の長男$^2/_d$は、軍属として宮崎に行き、$^2/_c$と結婚して帰郷した。$^3/_b$は息子夫妻の帰郷後、ヒヌカンとブチダンに結婚したことを告げた。$^2/_c$の母は本島北部の大宜味にいたが、このヒヌカンからの移灰はなかった。$^2/_c$夫妻はB家に居住したが、$^3/_b$がヒヌカンを祀っているので、$^2/_c$のヒヌカンは作られていない。現在、家事はほとんど$^2/_c$の所轄となっている。

〈婚姻・分家〉

三男$^2/_b$は、一九六二年（昭和三七）に沖縄本島南部の西原の$^2/_a$と結婚。西原で結婚式をし、その日B家に移って式をした。B家ではブチダンを拝んだのみで、翌日$^3/_b$が自分の祀るヒヌカンに結婚したことを報告した。その後、$^2/_a$夫婦は辺野古で借家に住んでいてヒヌカンは作らなかった。一九七二年（昭和四七）に土地をB家から分けてもらって家を建て、よい日を選んで$^3/_b$がヒヌカンを新立した。ニガミに依頼したが、暇がないというのでやり方を聞いて行ったもので、ビンスミファナ、ウチャナク（平たい餅）を供物とし、香二ひらを立てて、[21]「三男が家を建てたので健康にさせて欲しい」と拝み、香はそのままにしておき、次にセンティカンヌン、カミウタナ[22]、ブチダンにウチャナクを一つ減らして拝み、B家の北側にある芋を煮るためのカマの灰をとって2/aのヒヌカンの香炉に入れた。

2/dの長男1/bは一九七一年（昭和四六）に結婚した。ニービチの日、首里の1/aの親元で1/aの母親が一人でヒヌカンに拝み、次に1/aと1/bが共に仏壇を拝んでB家に移った。B家では3/bが1/aの到着前にビンスミファナをヒヌカンに供え、香を二ひら立てて婚入の事実をヒヌカンに告げていた。1/aはB家のヒヌカンは拝まなかった。先述のように1/a夫妻はB家に3/b、2/c夫妻と同居しており、1/aのヒヌカンはない。

以上はいずれも戦後の結婚および分家の際のヒヌカンの取り扱いに関してであり、2/fの他は辺野古以外の者との通婚であって、ヤーウツイの日にヒヌカンを拝すということが曖昧になりつつある。2/f夫妻の場合に移灰していないのは、母親の3/b自身の婚入時の情況からみて、婚出時のヒヌカンの祭祀法を知らなかったということが想起され、そのため移灰が行われなかったと考えられる。このような場合に儀礼をよくする者を依頼するかどうかは、家庭のヒヌカン祭祀者の年齢や信仰の度合によってくるであろう。「上部落」近くに分家が急速に増加した昭和三〇年代以降のヒヌカンの新立にはニガミの関与することが多くなり、2/aの場合はその例である。ニガミはユタやサンジンソーに接しつつその影響を受けているといわれるので、ニガミの解釈に従っているか否かは明確に区別しておく必要がある[23]。

事例　三（図8参照）

3/bの父4/bが次男で分家（D家とする）し、3/bの兄（3/c）が子供がないまま死んだため3/bが相続した。現在3/a 3/bと2/bの位牌は仏壇の向って左側に、4/a 4/bと3/cのそれは右側に置かれている。この事例の話者は2/aである。

〈婚姻〉

$^{2}/_{a}$は結婚前は本島北部の本部に生れた後、名護に住んでおり、一九一三年（大正二）のニービチの時はD家から酒九合、ソーメン三斤、金九五貫が送られ、それらをヒヌカンとブチダンに供えて拝んだ後、D家に移り、$^{3}/_{a}$が$^{2}/_{a}$を従えてヒヌカンとブチダンを拝んだ。移灰は名護在住の$^{2}/_{a}$の母に従って行われなかった。

〈年長の夫人死亡〉

一九四三年（昭和一八）$^{3}/_{a}$が死亡する際に、次のことを$^{2}/_{a}$に遺言した。㈠、死亡後カマから(24)三石と灰を三回とって葬式の日にアムトゥガミになれと唱えて捨て、㈡、四十九日後のよい日を選び、ナートゥガーから三つ石を拾ってきてカマに据え、自分（$^{3}/_{a}$）の祀っていたカマに付属の香炉の灰を引き継ぎ、カマの灰を香炉に若干追加して嫁（$^{2}/_{a}$）が祭るように。㈢、三石を拾う際には前日ナートゥガーの滝の下に行き、手ごろな石を三つ探して並べておき、当日朝早く人に会わないうちにその三つを取ってくるように。以上三点を遺言し、$^{2}/_{a}$はそのように実修して自分のヒヌカンを祭るようになった。

$^{2}/_{a}$は本部出身だが、$^{3}/_{a}$は辺野古の娘であり自己のシマの習慣を遺言したと考えてよい。嫁にヒヌカンの処置を遺言として残しているのは、嫁が他シマからの婚入であったためであると、遺言された$^{2}/_{a}$本人が語っている。三石と灰を三回つまんでとり出すことと、新たに嫁が祭り始める際にカマの灰を追加することは、この時期の他の事例にもみられることである。多くの事例では嫁本人でなく喪家以外の者がヒヌカンの廃棄を行うのに対し、ここでは遺言という形で嫁に実修させているが、その理由は$^{2}/_{a}$からは説明されなかった。

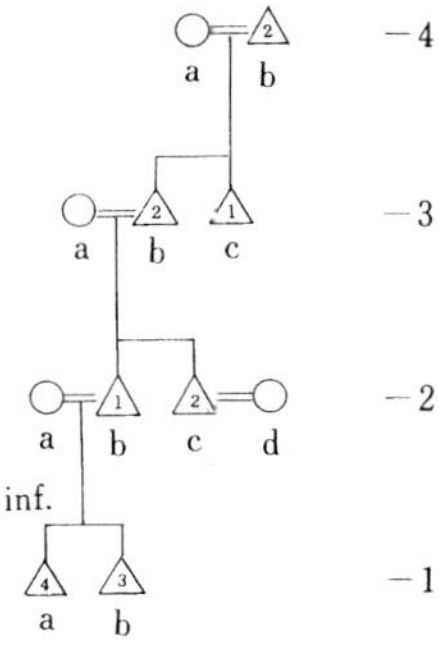

図　8

三石を拾いに行く時、前日に予め三つ選んでおくというのは、あれこれ迷わずに拾うための方便であるが、$^{2}/_{a}$の生家でも同様に伝えており普及していたのかもしれない。拾う場所はナートゥガーからというのが多かったようだが、アガリヌハマから拾う例もみられる[25]（事例四参照）。

〈分家〉

$^{2}/_{c}$は本島中部の北中城村荻道の生れの$^{2}/_{d}$と一九二一年（大正一一）に結婚。$^{2}/_{c}$が山原船による薪の搬出のため中城方面と本島北部を往復していたことが縁になっている。[26] $^{2}/_{d}$によれば、中城の$^{2}/_{d}$の親元から婚入に際しての移灰はなかった。結婚後、約一五年間辺野古の借家に住んでいたが、その間$^{2}/_{d}$のヒヌカンはなく、一九三五年（昭和一〇）ころに現在地に家を建てた時に、$^{3}/_{a}$が自分のヒヌカンから灰を分けて$^{2}/_{c}$のヒヌカンを創始した。

$^{1}/_{a}$ $^{1}/_{b}$の結婚時（一九四五年）は、今次大戦の戦火激しく、ヒヌカンの移灰どころではなかった。

$^{2}/_{d}$の場合は、分家初代のヒヌカン新立で、夫方（$^{3}/_{a}$）のヒヌカンから移灰して作っている。この移灰について$^{2}/_{d}$は$^{3}/_{a}$に従ったといっている。その意味を$^{2}/_{d}$は伝え聞いてはいないので、$^{3}/_{a}$が死んでしまった現在ではそれを知ることはできない。一方、名護から婚入した$^{2}/_{a}$は分家の際には移灰はするものでないと言う。それは《本家に何か不足があってそれが分家に及んではいけない》からと説明される。

事例　四　（図9参照）

$^{3}/_{b}$が辺野古に寄留し、現当主の$^{2}/_{c}$で二代目である（この家をE家とする）。$^{2}/_{b}$がこの事例の話者で、$^{2}/_{b}$の父は辺野古で分家して四代目、その妻も辺野古の旧家の出身である。

〈婚姻・年長の夫人死去〉

一九四四年（昭和一九）、$^{2}/_{b}$は$^{2}/_{c}$とニンゴームイを済ませ、その後第二次大戦でも焼失しなかった生家にそのまま居住していた。$^{2}/_{c}$は戦災で家を失ったので、戦後しばらく避難小屋に住み、父$^{3}/_{b}$はそこで散髪屋をしていた。一九四六年（昭和二一）に$^{3}/_{a}$、$^{3}/_{b}$、$^{2}/_{c}$、$^{2}/_{c}$の妹はE家の現屋敷に作られたカヤヤ（茅葺の家）に移った。翌年に$^{3}/_{a}$は死亡した。葬式の日にニガミがヒヌカンに香を立てて拝んだ後、灰をとり出して墓地へ行く途中の浜で捨てた。

$^{3}/_{a}$の死後、約一年たった一九四八年（昭和二三）に$^{2}/_{b}$は長女をつれて生家からE家に移った。ヤーウツイの日に$^{2}/_{b}$の母が自分のヒヌカンで拝んだ後、灰を三回とってE家に移し、これで$^{2}/_{b}$のヒヌカンを作った。$^{3}/_{a}$の使用していた赤土のカマの右側に新しくカマを作ってあって、この上に缶詰の空缶を香炉として灰を入れて置いた。

ここでは、年長の夫人死亡時のヒヌカンの廃棄にニガミが関与しており、葬式当日ヒヌカンの灰をとり出して墓（部落東方のミーバカの手前の崖下）の途中の浜に捨てている。ニガミはしばしばヒヌカンの石を拾ったり灰を捨てる場所として浜（特にアガリヌハマ）を意識している。

一九五一年（昭和二六）にエキシャ（易者）によい日を選んでもらって缶詰の空缶から瀬戸物の香炉に替えた。それは$^{2}/_{b}$の母がやった。

事例二にみられるように、年長の夫人死亡の場合、ヒヌカンの廃棄後に残された灰を継承して祭るというのが通例で、その際嫁が同居しているか否かは問題にならない。この事例では、E家の$^{3}/_{a}$の祀っていたヒヌカンの灰は嫁の$^{2}/_{b}$に継承されていない。$^{2}/_{b}$はこのことについて「夫の母のヒヌカンは引き継がなくてもよい。自分の母のヒヌカンからだけでよい」と述べた。

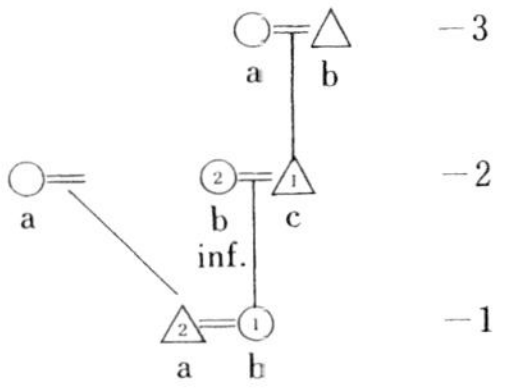

図　9

しかし、$^{2}/_{b}$のヤーウツイに先立って$^{3}/_{a}$の使用していた赤土のカマが崩され、$^{3}/_{a}$の祀っていた香炉と灰もなくなり、その隣りに改良型のカマが作られていたことを考慮せねばならない。カマを崩し更新する際には、灰（古くは三石も）は別にとっておき継続させるのが普通であったが、それが実修されなかったわけで、戦後の復興に急なため無視されたとも考えられる。つまり、カマの改修される段階ですでに灰はなくなっていたので、継承しようにも継承すべきものがなかったということになる。そういう事情であるから、先に2/bの述べた女方の灰のみが継承されるのが当然だという表現は、右の現実を肯定するための後からのこじつけである、とみることができるかもしれない。さらに、次の娘の婚出の際のヒヌカン祭祀を対照すると、そこには説明に一貫性が見出されるのである。

〈婚姻・分家〉

一九六六年（昭和四一）、2/bの長女1/bが婚出した。夫は本島北部の羽地に住み五男で、2/bのヒヌカンから羽地の夫の母2/aのヒヌカンへ移灰した。三年間羽地の夫の親元に住んでいた後、首里に転居しヒヌカンを作る際、羽地から移灰した。

婚出と分家のヒヌカン祭祀で、2/bは「長女が首里に転居して行ったヒヌカンは私のヒヌカンを分けたものです」と語っている。ここに実際の移灰のあり方が夫方からの分与であることと、説明された内容とに食い違いがでてくる。さらに、2/bは《ヒヌカンは女のものだから女方から移す》という見方をつけ加えている。2/b自身が現在祀っているヒヌカンは、氏の母のそれから移灰したものなので、右の説明は適合するが、氏の娘のヒヌカンは新立の際に夫の母からの移灰であって、現象面から見た限りでは右の説明と矛盾する。それが2/bから分けたものとしてごく自然に語られるところに注目しておきたい。

事例　五（図10参照）

4/bの父が分家して現当主2/cで四代目になる（F家とする）。4/bは明治三三年の土地台帳に記されている。4/bの長男3/cは一九一八年（大正七）一七歳の時から船員としての中南米に行き未婚のまま一九六三年（昭和三八）に帰郷し、F家のメーヌヤ（屋敷内の別棟の家）で店を経営し、一九七五年（昭和五〇）に名護の養老院に入った。F

家は$^{4}/_{b}$の死後、$^{3}/_{b}$↓$^{2}/_{c}$と相続されて現在に至っている。将来、$^{2}/_{c}$の次男$^{1}/_{b}$が$^{3}/_{c}$の養子となってF家を相続する予定といわれる。この事例の話者は$^{3}/_{a}$と$^{2}/_{b}$である。

〈婚姻〉

一九二八年（昭和三）、$^{3}/_{a}$は$^{3}/_{b}$と結婚。ニービチの日にカッティに依頼して$^{3}/_{a}$の生家のヒヌカンを拝み、灰を三回とってF家の$^{4}/_{a}$のヒヌカンに入れて拝んだ。$^{4}/_{a}$の生存中は、$^{3}/_{a}$はヒヌカンを祭ることはなかった。

婚入時のヒヌカン祭祀で、$^{3}/_{a}$の現在の説明では生家のヒヌカンで拝んだのは、《F家にもらわせるから、そこで健康で子供をたくさん作らせて下さい》という意味で、F家のヒヌカンに対しては《この家の人になったから、（以下同じ）》ということであった。仏壇に対しても同様の内容であるといわれる。カッティに依頼しているが、それが誰であったのかを$^{3}/_{a}$は記憶しておらず、婚姻の当事者がヒヌカン祭祀に関与しないことを示しているといえよう。

〈年長の夫人死去〉

一九五六年（昭和三一）$^{4}/_{a}$が死亡し、ニガミが葬式の日にヒヌカンを拝し、灰を三回とってアムトゥガミになれといって、野辺送りの時、墓までの途中に捨てた。四十九日後に、

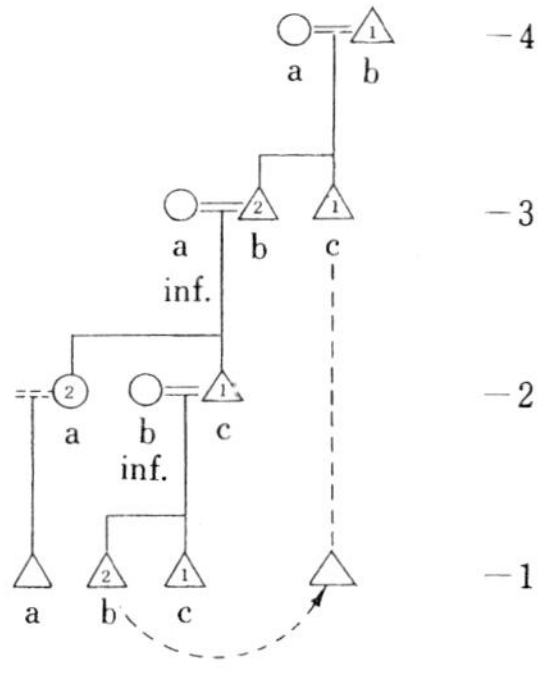

図　10

$^{3}/_{a}$が$^{4}/_{a}$のヒヌカンを引き継いで祀りはじめた。灰を三回とって捨てたことについて、$^{3}/_{a}$はニガミに教えられたこととして、《死んだ人の願った分はその人と一緒に持たせる》と説明された。

〈婚姻・その後〉

一九六〇年（昭和三五）、$^{2}/_{c}$が結婚。$^{2}/_{b}$は本島南部の東風平の出身で、ヤーウツイの時に母親のヒヌカンと仏壇で拝んだ。東風平の母親に従っ

てヒヌカンの移灰はなかった。2/bはF家では夫の母3/aと共にヒヌカンを拝んだ。その後、2/bと3/aの折合が悪く、3/aは一時本土に行き、帰郷後は娘2/aの息子1/a（私生児）と共に、「上部落」近くに家を借りて移り、旧暦の毎月一日と一五日にはF家に出向いてヒヌカンを祭るようになった。2/bは3/aが本土に行った後、3/aが祭っていたヒヌカンをそのまま祭り、3/aの帰郷後も一日と一五日には3/aが祭りに来る前に香を立てて祭っている。3/aが預っている私生児は将来父親に引き取らせる予定なので、F家のヒヌカンを拝ませていない。

ここでは、家庭内の姑と嫁の葛藤のために、一つのヒヌカンを姑と嫁が共に祭る様子がわかる。祭るべき年長の夫人が一時的に他出する場合には、嫁、娘など交代して祭ることがあるが、それは他出の期間中に限定されるのが普通であるのに対し、右の事例は特殊といえるかもしれない。しかし、細かく見ていくと、姑↓嫁という管掌の移動は、それを可能とする条件が揃った時にだけ完遂されるのである。私生児の扱いについては、ヒヌカンを拝ませないということ、すなわち、拝む時に立てた線香の灰が香炉に入って混ざらないということであると考えられ、私生女の婚出に移灰しないこととも関連する。

事例　六　（図11参照）

3/c（一八八五年生）が集落の東方に屋敷を買って分家した（当家をG家とする）。3/cは明治三三年の土地台帳には記されていない。3/cの先妻3/bは一九一八年（大正七）に死亡し、後妻3/dはG家には居住せず、その間に生れた次男2/eは幼死した。ヒヌカンは先妻3/bの死亡後は、後を継いで祭る者がなく、しばらくはそのまま放置されてあった。この事例の話者は2/cである。

〈婚姻〉

2/cは一九三〇年（昭和五）に結婚した。ニービチのヤーウツイの際に、カッティが2/cの生家の母3/aのヒヌカンに母をしたがえて拝み、ヒヌカンの灰を三回とってG家の放置されてあったヒヌカンの香炉に入れて拝んだ。$^{2}/_{c}$自身はそれにしたがって拝んだ後、仏壇を拝んだ。それ以後は$^{2}/_{c}$がヒヌカンを祭り、現在に至っている。

婚姻時のヒヌカン祭祀に「生れの高い」といわれる者が関与している例である。この事例では、G家とは別の「門中」に属し、サンバ（産婆）でもある人に依頼した。$^{2}/_{c}$によれば、実母$^{3}/_{a}$がカミンチュ（神人）であって、普通の人よりもヒヌカン祭祀に厳格であったためにカッティを依頼した。女性神役がこうしたことを依頼されて実修することがあり、それが期待されていることを考慮すると、神役であった$^{3}/_{a}$自身が実修してもよさそうに思われるが、神役の中にも担当できる霊的事柄にランクがあることと関連するかもしれない（最近の神役にみられるランクについて第六章第一節にふれた）。$^{2}/_{c}$の現在の解釈では、右の移灰が行われたのは《ヒヌカンは女のものだから、女方から灰を移した》のである。

〈婚姻・分家〉

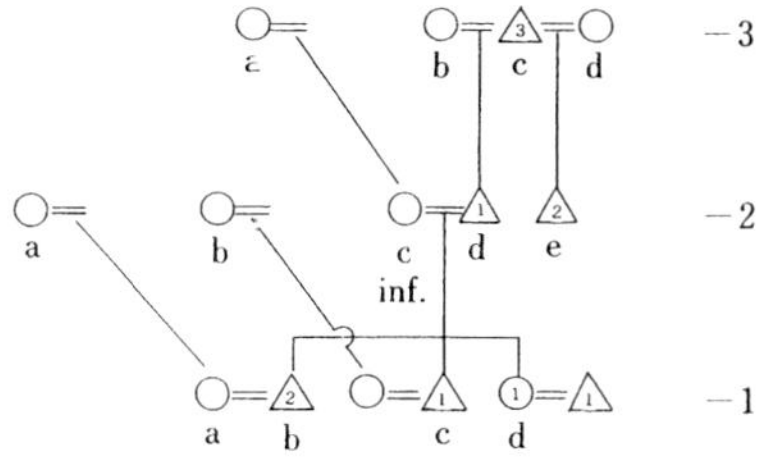

図　11

$^{2}/_{c}$の長女$^{1}/_{d}$は一九五一年（昭和二六）に婚出した。$^{1}/_{d}$の夫の母はカミンチュであったが、ニービチの日に夫の家でニガミに依頼して、ニガミが$^{2}/_{c}$のヒヌカンを拝み灰を三回つまんでとり出して夫の母のヒヌカンに移した。婚家には夫の母がヒヌカンを祭っているので、同居している$^{1}/_{d}$のヒヌカンはない。$^{2}/_{c}$の長男$^{1}/_{c}$は一九六〇年（昭和三五）にウフグファンのみで済ませ、その際は名護の嫁の生家からの移灰はなく、$^{2}/_{c}$は自分の祭るヒヌカンを拝んで長男が結婚したことを告げただけだった。$^{2}/_{c}$の次男$^{1}/_{b}$は一九六五年（昭和四〇）にニービチを済ませて、二年目にG家に居住した。ニービチの際には妻の母$^{2}/_{a}$がG家に移灰したと$^{2}/_{c}$は言うが、$^{2}/_{a}$はすでに死亡して確認できないことと、$^{2}/_{c}$自身はあまりヒヌカン祭祀に熱心ではない

ため、断言はできない。次男$^{1}/_{b}$は一九六七年（昭和四二）に「上部落」に家を新築したため、名護に住み「生れが高い」長男$^{1}/_{c}$の妻の母$^{2}/_{b}$が、$^{2}/_{c}$のヒヌカンと$^{1}/_{b}$の妻の母$^{2}/_{a}$のヒヌカンの双方から灰をとって、$^{1}/_{a}$の祭るヒヌカンを新立した。

いずれも戦後の婚姻と分家の際のヒヌカン祭祀である。長女$^{1}/_{d}$の婚出の場合は、夫の母がカミンチュでありながらニガミに依頼している。ニガミはシマの女性神役のなかでは公的司祭として最高の地位にあり、私的な依頼に対して担当できる霊的事柄も幅広いものがあった。こうした女性神役やカッティに依頼するのは、依頼者側の「信仰心」と関連する。$^{1}/_{c}$は借家に住み続けたので、妻は結局ヒヌカンを祭ることなく死亡した（昭和四九年）。$^{1}/_{a}$が婚入後G家に居住していた二年間はヒヌカンをもたなかったのは、$^{2}/_{c}$によれば《ヤーにヒヌカンは一つでよい》からである。新築後にヒヌカンを新立する時に、長男$^{1}/_{c}$の妻の母$^{2}/_{b}$が関与しているが、この人は辺野古の人ではなく名護在住で、「信仰心」の強い「生れが高い」人であることと、$^{2}/_{c}$があまり関心を持っていないことによっている。夫方と妻方の双方からの移灰によるヒヌカンの新立については、$^{2}/_{a}$と$^{2}/_{b}$は既に死亡しているため、実修した者から意味を聞くことはできなかった。$^{2}/_{c}$はそれに従っただけであった。

各事例ごとに、後半部に筆者の説明をつけ加えながら述べてきた。ヒヌカン祭祀のうち人の一生と分家に関する部分で移灰を伴なうものに限っても、かなり多くの要素が錯綜し、事例を増やせばそれだけ重複する部分が多くなる。そこで先述の移灰のあり方を記述しつくすことができたので、これからまとめてみることにしたい。

二　移灰の解釈

〈婚姻〉の際のヒヌカンの移灰は、夫方のヒヌカンを拝んでから灰を三回つまんでとり出し、妻方へ移すのが事例一・四・五・六に見出せる。移灰は嫁のヤーウツイと同時である（以下、文中の記号は図12と対応する）。夫が「長男」[27]で、夫の家庭でヒヌカンが祭られていれば、それへ移灰（M1）されて年長の夫人が死亡した時に、死者と共に持ち出された灰（アムトゥガミになれと言って捨てられる）の残りを継承（S1）して嫁が祭ることになる。夫が長男であっても、夫の家庭でヒヌカンが祭られていない場合は、嫁の母からの灰に幾らか加えて嫁が祭り始める（S1′）。後者にあっては、嫁は母親のヒヌカンの灰を分与されて自分のヒヌカンを祭ることになるが、夫の母のヒヌカンを継ぐ前者にあっても前項で述べたように、《ヒヌカンは女のもの》という理由で嫁の母親のヒヌカンからの分与であると主張される。

次に、夫が「次男以下」では、嫁のヤーウツイと分家[28]が同時でなく、嫁が夫の家で同居したり、借家でいる場合には、嫁の母のヒヌカンから夫の家庭のヒヌカンへ移灰（M2）が行われる。嫁のヤーウツイと屋敷を求めて分家することが同時であれば、嫁が祭るヒヌカンを新立しそこへ嫁の母のヒヌカンから移灰（S2′）される。後者では、嫁は母親のヒヌカンの灰を分与されて、自分が祭るヒヌカンを新立することになる。ところが、前者では嫁の母親のヒヌカンから、夫の家庭のヒヌカンへと移灰されるのであり、分家の時にはそこから分けるつまり、夫方のヒヌカンからの移灰（P′）になるが、ここでも《ヒヌカンは女のもの》という理由で、嫁の母親のヒヌカンを分与されたと多くの話者は主張するのである。これについては、〈分家〉との関連で今少し詳しく見ることにしたい。

〈分家〉の際の移灰について、筆者が調査の初期に行った各戸調査で把握できたものは次のとおりである。

(1)　夫方から移灰　　一〇例
(2)　妻方から移灰　　二例
(3)　双方から移灰　　三例

(4)　移灰なし　　五例

古くは分家そのものが少ないうえ、移灰の実態は当事者以外はほとんど記憶されていないのが普通であるから、例数としては少ない。

(1)は、前項の事例一・三にみられ、先の〈婚姻〉をまとめたところで述べたように、夫婦が嫁のヤーウツイでそのまま新屋敷に移り住むことにならず、夫の親元や借家に住んでから分家ということになった時に、夫方のヒヌカンから移灰（P′）する。

(2)は、前項の事例二にみられ、嫁がウフグファンの後ヤーウツイせず生家にとどまり、新屋敷を得てから夫婦がそこへ移る場合で、嫁のヤーウツイと同時に、妻方のヒヌカンから移灰（S_2'）する。

(3)は、前項の事例六にみられ、分家が成立した時に夫方・妻方双方から移灰して、ヒヌカンを新立する。本節では一例だけ掲げたが、関与する者がシマ外の「信仰心」の強い人であったり、ユタなどの霊的職能者の指示によっている。

(4)は、前項の事例二にみられ、時期的には最近になって多くなっているものである。

このように、〈婚姻〉と〈分家〉とは、前項でもしばしば連続して記述したように関連が強く、移灰が妻のヤーウツイと同時であることから婚舎の位置と対応するといえる。

〈年長の夫人死亡〉の際は、古くは三石と灰の一部を捨てていたが、最近三石を祀らない家庭では灰の一部を捨てる。いずれの場合でも、残った灰が嫁に継承される（S_1・S_2）。嫁がいなければ娘が継いだり（事例二）、事例にはあげなかったが、女がいない家庭では夫が祭っていることもある。ともかく灰を全部捨ててしまわずに継承されることは、前項の諸事例からも明らかで、それは《ヤーニンジュの念願がこめられているため》である。

移灰について現実の灰の移動をまとめて図示したのが、図12で、図の記号は、〈婚姻〉による移灰＝M、〈分家〉＝P、夫の母からの移灰＝P′、〈年長の夫人死亡〉による移灰＝S、母からの移灰＝S′で示し脇の数字は「長男」と「次男以下」のことである。

さて、図12を用いて、〈婚姻〉〈分家〉の際に現象面では夫方からの移灰であるにもかかわらず、母親からの移灰であると主張されることを記号で示すと、「長男」の嫁となった場合にはM_1＋S_1＝$S_1{}'$、「次男以下」の嫁となって〈分家〉する場合には、M_2＋P′＝$S_2{}'$とあらわせよう。そして、等号は《ヒヌカンは女のもの》という意味で置き換えられる。M′＋S_1およびM_2＋P′という移灰にあっては、夫の母のヒヌカンは「中継地」と見做されている。つまり、M_1とM_2の移灰は夫方のヒヌカンへなされるが、それはS_1とP′の移灰へと連続する前段階なのであり、夫の母が一時預り置くということになる。このようなヒヌカンが母からゆずり受けたものとする考え方は、母の母、あるいはそれ以上まで女系を辿って溯ることはなく当人の母までである。すなわち、女系の継承線は一代ごとに更新されるのである。

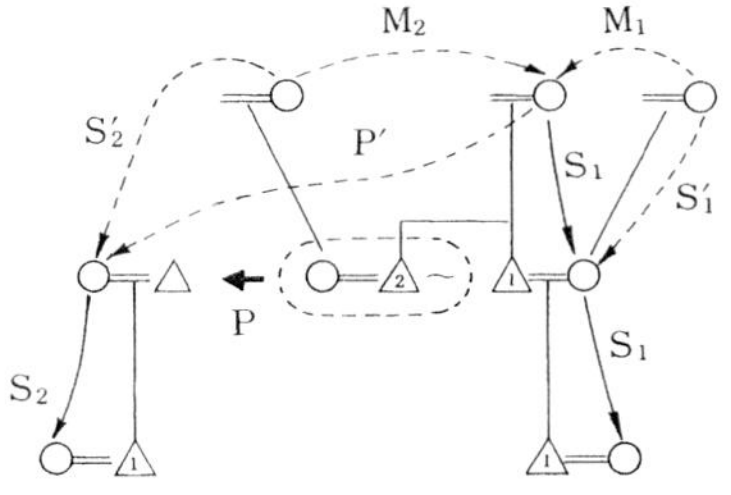

図　12

一方、S_1およびS_2が示すように、男系に沿った継承線がみとめられ、これは《ヤーニンジュの念願がこめられている》との表現に集約される。「長男」の嫁から「長男」の嫁へと移る男系の継承線はイエの男系性と相まって強化されるようである。産育において出生の報告がヒヌカンになされるほか、成長するにしたがい様々な念願が行われてゆくが、話者の説明ではヒヌカンの灰には《生まれてからの念願がこめられている》のであり、その都度立てた線香の灰が香炉の灰と同一視されていく。ヒヌカンの継承者は、そうした意味をもったものとして灰を引き継ぐのである。〈年長の夫人死亡〉の際のヒヌカンの廃棄に、男系を辿って実修する者を選定する例があるのも、死亡後の継承が男系に沿うことと関係があるのかもしれない、これは、〈婚姻〉〈分家〉のヒヌカン祭祀においては、年長の夫人やカッティが実修することと対照的なのである。

以上のように考えると、現象面での移灰と話者の説明のずれが解釈できよう。さて、個々の話者の事例に立ち帰って現実の様態を見てみると、移灰に関する伝承の特性がいくつかあげられる。

まず第一にいえることは、移灰そのものは母親の管轄であり、娘の世代に具体的な様相を伝えることは少ないので、伝承が溯及できにくい。事例三にみられるような遺言によって次の世代へ伝えられるのは珍しいことであり、母から娘へあるいは姑から嫁への伝達はされにくい。〈婚姻〉の場合、当事者は直接移灰に関与せず、母と夫の母が行うか、カッティやニガミなどの女性神役に依頼する。話者が移灰を実修し、調査者が話者にその意味を問えるのは、話者のすぐ下の世代の婚姻に限られてくる。

カッティというのは、祭祀の所作ごとに通じており、これに詳しくない人の代行をする人で、当該村落外のユタやサンジンソーと村人との間の仲介をすることもある。カッティという言葉自体は宗教的な事に秀でた人だけでなく、手先が器用であったり、文章が上手であったりすることなどにも敷衍して用いられる。いわばその道のスペシャリストである。とりわけ信仰面におけるカッティはサーダカマーリー、すなわち「生まれが高い」と言われ、屋敷ウガミなどを家庭の年長の夫人にかわって行ったり、ユタのようなハンジを出す人を含めて、ヒヌカンを旧暦の毎月一日一五日にはとりわけ熱心にまつるなど家庭の祭祀をさかんにやり、一般の村落成員の尊敬をうけている。カッティやニガミらはシマ外の霊的職能者などとの接触を通じて、いろいろな祭祀のやり方や意味づけを導入してくる。その点では、伝承が断絶することと合わせて、移灰の習俗が変化を受け易いのではないかと考えられる。

第二の点として、個々の話者の経験したことを聞いていくと、自らの経験に対する意味づけをその経験に基づいて行う傾向が強い。そこで、個々の話者が置かれた情況により、ヒヌカンの移灰がどのように行われるかがある程度まで規定できる。右に言う情況とは、婚舎のあり方、婚家の家庭の成員構成、夫がイエの相続者か否か、家庭の経済力、家庭成員の信仰心などであるが、それらがからみ合って移灰が決定される。第一の点で述べた霊的職能者の影響も、移灰の決定の一要因にすぎないといえる。とすれば、図12で示した移灰のあり方のうちのいずれか一つが、情況により選択されていると考えた方が無理がない。本章のはじめに引用した仲松論文で、分家の際に辺野古では、夫方から灰を分けてヒヌカンを新たに作るとされていることを紹介したが、右の考えに従えば、仲松は「次男以下」と結婚して、ある期間は夫の家庭もしくは借家などに住み、その後家屋敷を求めて移り住むという情況でヒヌカンを新立する場合を「分家」として、移灰を「夫方から」としたのであり、図12で示せば、P′だけを取りあげている。現実には別の情況でS_2'の移灰が行われており、それを無視することはできない。移灰に関する伝承の特性として、情況によって起こり得る可能性の中から選択がなされると言える。

　次節では家屋内のもう一つの霊的象徴として先祖を祀る仏壇を対比的にとりあげ、移灰を通して明らかになった家庭レベルの火の神の性格をさらに検討したい。

第四節　ユタの判示と伝統的信条

一　ユタと地域社会

沖縄の民間巫者「ユタ」は、地域社会に深く根をおろし、その影響は非常に大きい。住民がどれほどユタを必要としているかについては、多くの側面から証されてきており、依頼の動機をとりあげてみても、生活のすみずみにまで達していることが明らかになっている（桜井　一九七三　二〇〇〜二〇五）。

依頼者側には「ユタがもつ超自然的な霊力によって人々の不運や禍厄が避けられるという潜在意識（同　二〇八）があって、ユタの判示に従って災厄を除こうとするのであり、「ユタのもつコスモロジー・宗教的観念・倫理観・人生観が、住民の生き方に強く貫流する」（同　二一〇）ことになる。しかし、判示に納得がいくまで少なくとも二、三人のユタに問うのが慣例（同　二〇八）というように、ユタの論理をそのまま受け入れず、依頼者側の判断が一方にはあって、ユタの判示を選択する側面のあることも事実である。そうした判示の拾捨は、判示がなされそれに応ずる処置がなされてしばらく経過した後に、はっきりする場合がある。この問題について、大橋英寿は、判示への対応を、受容・無視・葛藤に分けて整理している（大橋　一九七九）。判示が出された時点以後の追跡調査も行われているが、何故受容され、何故無視され、何故葛藤が生ずるかについての依頼者側の論理とユタの論理の対照に関しては、大橋論文の問題設定からはずれるために、扱われなかった。

本節では、多岐にわたる依頼および判示内容のなかで、グァンスグトゥ（元祖事・先祖に関する諸々の事項）にかかわる部分とそれに対する依頼者の対応をとりあげ、ユタの論理がいかに受容され、拒否されるかを、依頼者側の論理と対照させて検討したい。その際第二章第二節に述べたように火神に関する信条が、仏壇と対比的に、あるいは類比して把えられてきたことに注目した。

ここでは二人の研究者の見解を参照しておく。大胡欽一によれば、屋敷内の聖なる場所のうち、祖霊の祭所として仏壇と火神が特に重要で「それは先祖の話や他界及び葬・墓制との関連において祖先の依代と考えられている」（大胡　一九六六　一三七）。この両所は「御先祖様のいる場所」（同）といわれ、出産・婚姻・葬送・死後供養などの通過儀礼、正月一六日祭・清明祭・七夕・盆などの年中行事、あるいは毎月一日一五日の日常的祭祀の諸機会に、先祖祭祀が実修されており、同様のことは竹田旦（一九七六a　一六五）も指摘している。祭所がこのように分化していることは、祖先観の多様性を想起せしめるが、大胡は『民俗学辞典』を参照しつつ、祖霊の生成に関して死霊から祖霊、祖霊からカミへの転化過程における三つの供養儀礼を重要なものとして取りあげている。それは、一、死者の供養＝生霊から死霊への転化過程、二、ハルショーコー（洗骨）＝死霊から祖霊への転化の開始、三、ウフショーコー（最終年忌）＝死霊の祖霊化ないし神化である。この祖霊化の過程を聖所との関連でいうならば、「仏壇は第三過程を経ない個別的霊と、火の神は第三過程以降の個性を消滅した集合体としての祖霊が祭祀されるもの」（大胡　一九七三　一七九～一八〇）である。まとめると、家庭単位の祖霊の祭所として、「仏壇は三十三年忌など最終供養を経ない祖霊であり、火の神に祀られるのはこれを経過し、かつ個性を消滅した祖霊であ」（同　一八三）って、「かかる観念は単に伊平屋島の事例のみでなく多少の変異を有しながらも沖縄本島周辺地域や宮古・八重山でも看取できる」（同）とした。

このように、祖霊と祭祀に視点をおいて、祖霊の生成過程に仏壇と火神を位置づけるのに対し、火神と仏壇を対比的に把え、それぞれ別の信仰対象とする見解がある。仲原善忠は「火の神は（中略）その前に捧げる供物も花米、神酒、線香などで、お嶽神と同じである。祖霊の供物は右のほか、晴れの食物で心からの供え物である。祖霊は供養、火の神は祈願の対象といってもよい」（仲原　一九五九b　一六八）（傍点筆者）、「（祖霊）祭祀は死人のためのもので、生ける人のためではない。祖霊に加護を求めるのは、神に求めるのとは趣を異にする」（同）と述べ、両祭所を対比的にとらえようとしている。仲原は、お嶽神と火神を固有信仰の要素とし、火神は一七世紀以降の孝道を内容とする祖先祭にその位置をゆずったという変遷を考慮している。

ここに取りあげた大胡と仲原の見解は、分析にあたって依拠する事象とその視点が異なるため、仏壇と火神の位置づけに関するそれぞれの結論が対照的なものになっているが、ともに特定の事象においては、それに対応する特定の観念が表出することを前提として論じられてきた。換言すれば、共通の観念が見い出せる複数の事象を取り出して分析の対象としていたといえる。しかし、現実の民俗世界においては、両者が依拠した事象は混在しているのであり、両者が主張する観念も併存し、折にふれて顕在化するのである。本節で検討しようとするユタの判示とそれに対する対応は、如上の相反するがごとき複数の観念が併存しつつ顕在化する場面である。それをまず事例をあげて明らかにしたい。そこに見出される相克のなかに、複数の観念の齟齬を明確にし、依頼者側の判示の受容あるいは、拒絶が、どのような基準によって行われているかといった思考過程にまで立ち入って沖縄の人々の信仰生活を描写することが将来の目標である。本節はそのための予備的報告と試論である。

二　位牌と火の神操作の諸相

次にとりあげる二つの事例は、明治三三年の土地整理の段階から辺野古に居住していた家で、寄留人ではない。また、話者はユタのもとへ行くのを特に好むのではなく、村落内で「信仰心が強い」と言われる人でもない。

事例　一

ここにあげる例を、仮にF家[29]としておく。話者は2_a、3_a、2_bである（図13参照）。

〈概況〉

F家は系譜上、現当主2_bで四代目となっている。二代目の4_bは長男、三代目は3_cが長男、3_bは次男で、四代目の2_bは長男である。3_bは一九二八年（昭和三）に3_aと結婚したが、一九四八年（昭和二三）に漁撈に従事しているとき事故死している。一九六〇年（昭和三五）に3_aの長男2_bが結婚したが、嫁と3_aの相性が合わず、3_aは一時、本土に出て、帰郷後は同じ村落内に借家して住んでいる。したがって、現在、3_aはF家におらず、同村落内の借家に別居し、2_b夫妻と子供たちがF家に同居している（図13の実線枠内）。F家は将来三代目3_cの養子として四代目2_bの次男1_aが入って相続することになっている。

〈位牌祭祀〉

現在、F家の二番座の仏壇には、初代（女）、二代目夫婦、三代目長男の位牌（図13の一点鎖線枠内）、三代目次男の位牌（図13の二点鎖線枠内）が祀られている。前者は仏壇に向かって右側、後者は左側に置かれている。左側に置かれた位牌は、いずれ2_bが分家したときに持ち出され、右側の位牌は1_aが3_cを相続した後に当家で祀っていくことになっている。初代の位牌は女（5_a）だけが祀られており、男（5_b）の位牌はない。これはいわゆるイナグガンス[30]に当たり、いろいろな用件でユタのもとへ行った折に、長男を産んだ母と合祀されていると指摘をうけることがあるといわれる。5_aの位牌自体ユタの判示で二〇年ほど前に他家から持ち込まれたものであり、位牌の移動は今後も起こりうる状況にある。現実の位牌祭祀は、毎月旧暦一日、一五日に3_aが借家から来て、火神を拝したあと、両方の位牌を祀っている。2_aもF家で3_aとは別々に同様の祭祀を行っている。

〈ヒヌカン祭祀〉

F家には、台所にヒヌカンが祭られている。これは、現当主の父の母4_aが、一九五六年（昭和三一）に死亡した後、3_aが継承したものである。具体的な継承のされ方は、4_aの葬式の時に、ニガミが4_aが祭っていたヒヌカンから灰をとって、野辺送りの際に捨てた。四十九日が過ぎてから3_aが残った灰を継承して祭り始めている。一九六〇年（昭和三五）に3_aの長男が結婚したが、嫁2_aと相性が悪く、3_aは他出し、留守の間、2_aがそのまま3_aの祭っ

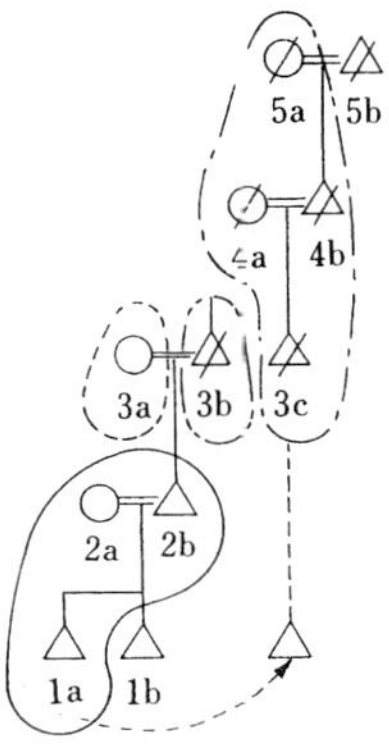

図　13

ていたヒヌカンを祭っていた。帰郷してからも、3_aは別居中の借家にはヒヌカンを設けず、毎月旧暦一日、一五日にはＦ家に戻ってきてヒヌカンと仏壇を拝み、2_aはそれと時間をずらして同じヒヌカンと仏壇を拝んでいる。以下にとりあげる一九七三年（昭和四八）のユタの判示を得た時の状況は、おおむね以上のとおりであった。

〈ユタの判示〉

ここでの依頼者は3_aで、死んだ夫3_bのマブイ（霊魂）に関連する判示が出されている。

3_bは、一九四八年（昭和二三）に漁撈に従事しているとき、事故で死亡している。死後、残された3_bの妻3_aは、夫のマブイが迷っていないかどうかを、四ヵ所のユタを回って聞いた。その結果は、マブイは納まっているとのことだった。事故死の場合は、普通死の場合よりもマブイが遊離していないかどうかに関して、入念にユタを通じて確認されるものであるが、この場合には、四ヵ所回って確かめられたわけである。

ところが、一九七三年（昭和四八）に3_aが名護のユタに別の用件で行ったところ、その判示で、3_bのマブイはまだ納まらずに苦しんでいると示された。その解決策として、ヒヌカンを新たに設ける必要があるとされ、判示を出したユタに依頼しＦ家に来てもらいヒヌカンを新設した。

Ｆ家には先述のように、その当時2_aと3_aが祭るヒヌカンが一つあったのだが、ユタはそのヒヌカンの左側に灰を全く新しくしてヒヌカンを作った。この処理についてのユタの説明は「3_bの死去により、Ｆ家の位牌は3_c、4_a、4_b、5_aをまつる位牌と3_bをまつる位牌の二つになり、ヒヌカンはガンス（元祖・先祖をさしている）と結ばれているから、それに合うようにヒヌカンを一つ増やすべきである」ということであった。そして4_aが祭っていたヒヌカンはその長男3_cの妻がまつるべきものであって、3_bは次男でいずれ位牌を分け、分家するのだから、それに対応するヒヌカンを別に作って、それを3_aがまつるべきである。つまり、ユタが新設したヒヌカンを3_aと2_aはまつり、それまで3_aと2_aが祭っていたヒヌカンは、3_c（実際には3_cは独身で通したことになっているが）の妻が継承し、やがて1aが養入した後に、その妻が継承してまつるべきだというのである。

「ヒヌカンはガンスと結ばれている」というユタの言は、〈火神祭祀は、位牌祭祀と併行して行われるべきである〉と読みかえることができる。F家の二番座にある仏壇の位牌を参照すると図13に示したように、5a、4a、4b、3cの四名分の位牌（一点鎖線の枠内）は、一つの位牌立てにまとめて祀ってある。3bの位牌は、それとは別に、5aらの位牌立てに向かって左側に位牌立てが置かれている。それぞれに香炉、花立も飾られており、位牌祭祀の面では、長男系と次男系が明確に区別されているのであり、この点では、ユタの論理と矛盾することなく祭祀が行われている。新設されたヒヌカンの祭祀がユタの言うままに行われると、位牌祭祀と併行することになるわけである。

以上のようにユタ側の処理と、その意味が明らかにされたのであるが、現実には、新設されたヒヌカンに対しては、2aは一度もまつろうとしなかったのである。3aは疑念をもちながらも、もともとあったヒヌカンとユタが新設したものの双方をまつっていたが、まもなくユタが新設した方は廃棄されてしまった。ユタの判示と処理が、一時的には受け入れられながら、最終的には拒否されたのである。

ユタの論理は二つの点で依頼者側のそれと対立する。まず、第一点はヒヌカンの灰の象徴性に関する。ヒヌカンは、年長の夫人が祭るべきもので、その人が死んだ場合には、灰の一部をとり去ったのち、嫁がその残りを引き継いで祭るのが通例である。F家の場合にも、一九五六年（昭和三一）に4aが死亡した際、ニガミが葬式の日にヒヌカンを拝んでから、その香炉の灰を三回とって、アムトゥガミになれと言って、野辺送りの時、墓まで送る途中に捨てた。そして、四十九日が過ぎた最初の一日または一五日が巡ってきた時に、3aが4aの祭っていたヒヌカンの香炉を継承して祭り始めたのである。灰を全部捨て去らずに、残りを継承するのは、前節にも述べたように灰に「ヤーニンジュの念願がこめられているため」と説明される。依頼者側では、何の脈絡もなくヒヌカンを新設することは考えられないことであった。ユタは、灰を全く新しくしてヒヌカンを新設したが、それは灰にこめられた意味を無視することになり、依頼者の側からすれば受け入れ難いものである。

第二点は、祭祀継承者選定の柔軟性に関する。位牌の継承は、この事例では兄弟を一緒に祀ることをさけるチョーデーカサバイの禁止に見合った位牌分祀がなされていることからも明らかなように、一つの位牌に対しては一人の継承者が明確に規定されている。仏壇右側の位牌のように、継承者が現存しなくとも、位牌祭祀を代わりの者が行いながら、継承されるための相応の準備がなされていて、順当な継承者が生成した場合には、祭祀をすみやかに交替するといえる。これに対し、ヒヌカン祭祀については、祭祀担当者が現存することがまず要請され、継承時点で情況に応じた適任者が選ばれるのである。この事例では、一九五六年（昭和三一）に4_aが死亡した時、同居していた次男の嫁の3_aが継承している。そして、3_aは祭祀の代行者とは見做されないのである。ユタの説明はヒヌカンの継承を位牌継承の論理と同じ枠組みに押し込めようとしたことになり、受容し難くしているのである。

事例　二

ここにあげる例を、H家としておく。話者は2_cである（図14参照）。

〈概況〉

H家には、カミウタナ[31]があり、辺野古の旧家の一つとされているが、一時絶家となり、図の4_bが養子に入って再興されている。4_bが養子に入る前の位牌（図の5_xより上の世代の位牌）は、H家にはない。4_bがM門中から養子入りしていることなどから、H家はM門中に属するといわれるが、家の系譜は記憶に依るかぎりつながっていかない。現在はH家に2_a、2_b夫妻とその子供、および2_bの母親3_aが同居している（図14の点線の枠内）。

〈位牌祭祀〉

仏壇には、4_a、4_b夫妻と、その長男3_cが祀られている（図14の一点鎖線の枠内）。3_cは長男であるが、結婚しないうちに死亡し、系譜上の養子は未だ決まっていない。現在H家に同居中の2_bは四男で、系譜上3_cの養子になって相続が可能と思われるが、そうした操作は行われていない。以上のように、H家では、系譜上の位牌の継承者が未定のまま、3_cの弟（次男）の妻3_aとその四男の家族が同居し、位牌祭祀を行っている。

3_bの長男2_dは、一九三五年（昭和一〇）に2_cと結婚し、夫妻はH家に同居していた。2_dは一九四三年（昭和一九）に戦死している。その位牌は当時、H家の仏壇にあり、向かって右側に4_a、4_b、3_cの位牌、左側に2_dを祀る位牌が置かれた。一九五七年（昭和三二）に2_cは同じ村落内に子供らを連れて分家している。その時、2_dの位牌はH家に置いたままであった。一九六八年（昭和四三）に3_bが死亡したが、位牌はH家に置かれ、2_dを祀った位牌に加えられた。位牌はいわゆる「屛位」[32]の形状をとるもので、3_bと2_dは、上段に組み込まれた。この段階で図14の一点鎖線で囲った部分と、二点鎖線で囲った部分の人々を祀る二つの位牌がH家に併祀される状態になった。つまり、2_dを祀るべき2_cとその子供らは、分家してH家から分かれて住んでいた（図2の実線枠内）が、2_dの位牌祭祀はH家で行われたのである。

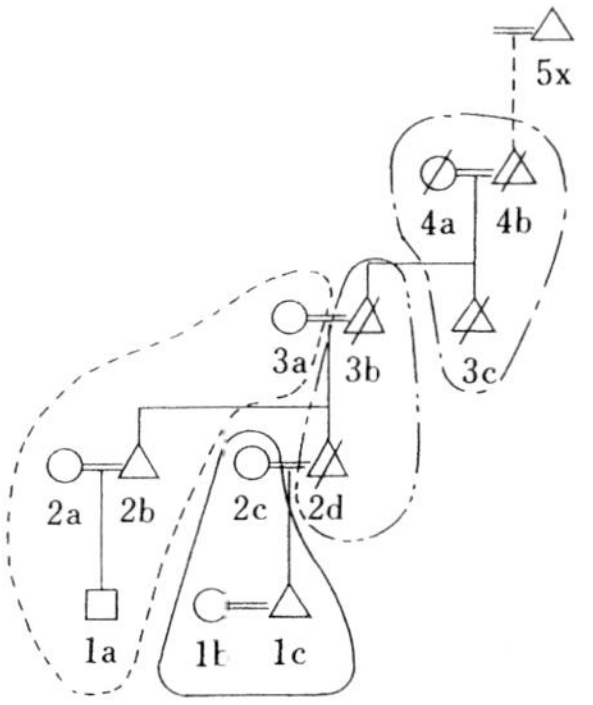

図　14

〈ヒヌカン祭祀〉

次にヒヌカン祭祀について述べておきたい。とくに、前節までに述べたように誕生、婚姻、葬送、分家の際に、ヒヌカンの香炉から灰を少しとり出して移すこと（移灰）と、話者によるその意味づけが重要なので、それに注目しながら記すことにする。

H家のヒヌカンは一九五六年（昭和三一）に4_aが死亡した後に、同居中の3aが継承して祭っていた。その翌年、3bの長男2dが2cと結婚した時には、ヤーウツイ（婚家への移動）の際に2cは親元のヒヌカンを拝んだ後、その灰をとってユウナの葉に包んでH家に持参し、3aが祭っていたヒヌカンの香炉に入れた。

2cは、生後まもなく他家にもらわれていって、そこで成長している。養い親をチカナイウヤ、子をチカナイングヮといい、ナーズキ（名付け）以降すべて、もらわれた家で行われ、生誕の報告もその家のヒヌカンに対してなされ、入籍されている。婚出の時も、実母が祭っているヒヌカンに対して拝むのではなく、育ての親の家のヒヌカンに対してであったことは注意されるべきである。それは、養い親の家で、生後さまざまな願いごとがヒヌカンになされていた、つまり、拝む時に立てた線香の灰が香炉の灰に混入して同一視されたことと関連する。生みの親でなく育ての親のヒヌカンを拝み、婚家への移灰が行われていることは、そうした意味をもった灰でなければならなかったのである。生みの親の家と、育ての親の仏壇双方を拝んでいることと対比するとき、両者の差異が明瞭になる。この文脈においては、2cが盆には生みの親の家と、育ての親の仏壇双方を拝んでいることと対比するとき、両者の差異が明瞭になる。この文脈においては、仲原善忠の指摘する「仏壇は供養、火の神は祈願」の対象という対比がうかがえるのである。

一九五七年（昭和三二）に、2cが子供らを連れて分家した時には、2cが香炉を購入し、移灰することなく新設し、それ以後祭るようになった。この時は、2cの義父3bが健在で、迷信めいたことやユタに行くことを極度に嫌っており、2cはヒヌカンを新設する際の方法を十分に知ることがなかったため、移灰が行われなかった。分家の際に、本家とは全く無関係にヒヌカンを新設することは辺野古では異例といえる。

〈ユタの判示と対応〉

ここでは、一九七一年（昭和四六）に出されたユタの判示とそれに対する対応をとりあげることにしたい。その時点の位牌祭祀とヒヌカン祭祀の概略は、上述のとおりである。

2cが一九七一年に、名護のユタに行き、戦死した夫2dのマブイがおさまっているか否かとたずねたところ、まだ迷っているという判示が出された。

そして、以下の処置をするように指示された。

1　2cの夫と義父（図14の二点鎖線内）がH家で祀られているので、これを分祀しなければならない。

2　2cが一九五七年に分家した時にヒヌカンを作ったが、H家のヒヌカンから灰を分けてもらっていないので、灰を移して新たに作らなければならない。

3　H家で3aが祭っているヒヌカンは、早死した長男3cの相続者の夫人がまつるべきものであり、3aは2cの家のヒヌカンをまつるべきである。

4　H家に義弟夫妻一家が同居しているが、義弟の妻のまつるヒヌカンも新設しなければならない。つまり、同居していても、分家するものとしてヒヌカンを持つべきである。

これらは後日、同じユタに頼んで実修され、屋敷ウガミ、ヒヌカンの移灰、位牌分祀が三日かけて行われた。次に1〜4の判示の各々における操作と、その結果もたらされた祭祀法の変更などについて述べることにしたい。

1の位牌分祀については、ユタの指摘をまつまでもなく、位牌立てはすでに別々になっており、2cもいずれ移さねばならないと考えていたことだった。分けた位牌は2cの家の二番座の仏壇に納められている。この項については、判示が完全に受容されたといってよい。

2の分家のヒヌカンの移灰については、ユタは、「子供が生まれるとすぐヒヌカンに報告するので、分家する者はそのヒヌカンの灰を持ってゆくべきである」と説明し、分家の際は、男方のヒヌカンより移灰して新設するものと告げた。そして、それまで2cが分家で祭っていたヒヌカンを捨て、H家で3aが祭っていたヒヌカンの灰を少しとって、新たに購入した香炉にそれを混ぜて新設した。そして、このヒヌカンは3aがまつるべきものであるとされた。これは、3の判示に関連してくる。つまり、このように操作することによって、H家に残された3aがそれまで祭っていたヒヌカンは、ユタによれば「正当な」祭祀者はいないことになり（早死した長男3cの相続者の夫人がまつるべきものだから）、3aは分家に新設されたヒヌカンをまつらねばならないことになったわけである。2cの家に新設されたヒヌカンは、H家から3aが出向いてまつるわけであるから、2cにとってとくにまつらねばならないヒヌカンはなくなったことになる。

4のヒヌカンの新設も、3aがH家でそれまで祭っていたヒヌカンから移灰して行われた。H家の台所で、3aが祭っていたヒヌカンの左側に、新たに購入した香炉が置かれている。ユタの操作をまとめると、図15のようになる。それぞれのヒヌカンの記号の直上が祭祀の担当者である。ユタの判示は、先祖のマブイを納めることを主眼としながら、位牌の継承法にひきつけてヒヌカンの操作を行ったといえる。事例1にみたユタの「ヒヌカンとガンスは結ばれている」に相当する操作が行われたのである。

ヒヌカンの「守護範囲」というユタの論理から出てくる概念を用いて、この点を今少し検討したい。ユタの操作以前は各家庭に一つずつヒヌカンが祭られていて、各々のヒヌカンの「守護範囲」は、直系、傍系を含む子孫

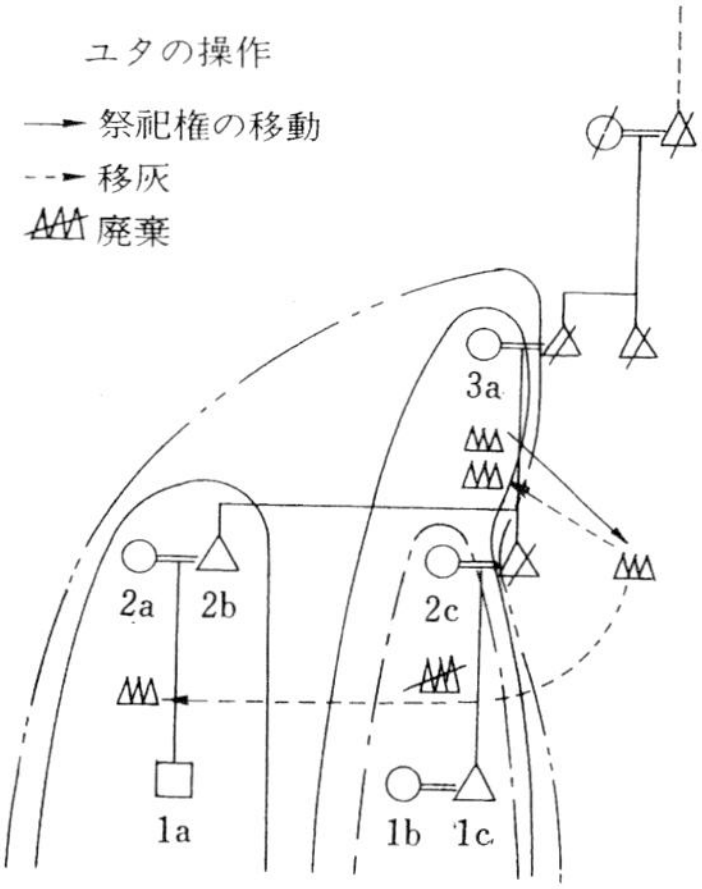

図　15

表4　ユタの操作による火の神の「守護範囲」の変化

	3a	2a	2b	2c	1a	1b	1c	
3aの祭っていた火神	○	○	○	○	○	○	○	ユタの操作以前
2cの祭っていた火神				○		○	○	
3aがまつる火神	○			○		○	○	ユタの操作以後
2aがまつる火神		○	○		○			

たち（図15では省略した部分がある）で、3_aの祭っていたヒヌカンでは、3_a、2_a、2_b、2_c、1_a、1_b、1_cが含まれ（図15の二点鎖線内）、2_cの祭っていたヒヌカンでは2_c、1_b、1_c（図15の一点鎖線内）を含む範囲であった。これがユタの操作後には、ヒヌカンの「守護範囲」は直系の子孫のみを対象とすることになり（図15の実線内）、傍系が除外され、直系の範囲内にはヒヌカンは一つだけで、ヒヌカンの守護が重複しなくなったのである（表4参照）。

以上のような論理によるユタの操作に対する現実の祭祀はどうなったのだろうか？

これらの一連の操作により、3_aはH家のヒヌカンを拝む必要はなく、2_cの家に新設されたヒヌカンを拝めばよいのであるが、現実には、毎月旧暦一日、一五日にH家のヒヌカンと仏壇を拝んだ後、2_cの家へ行ってヒヌカンと仏壇を拝んでいる。また、2_cは新設されたヒヌカンを拝む必要はないのだが、祭祀を継続している。行為の面では、ユタの操作は完全には受け入れられていないといえる。

祭祀行為においてユタの判示に反するのは、3_aがH家のヒヌカンを祭り続けていること、2_cが前に祭っていたヒヌカンが廃棄されたあと、新設されたヒヌカンの祭祀をしていることの二点にまとめられる。

ユタの論理と依頼者側のそれとの対立を明らかにする一つの要点は、ユタ側の論理におけるヒヌカンの「守護範囲」と、依頼者側の「ヤーニンジュの念願がこめられている」という言葉に代表される「ヤーニンジュ」の意味の解明であろう。「守護範囲」が直系のみで傍系を含まないのに対し、「ヤーニンジュ」はその区別をせず、生計を共にする者ばかりか他出した家族成員も含んでおり、文脈によってその範囲も変わり得る。表4の上段は、ユタの操作以前の3_a、2_cのヒヌカンの「ヤーニンジュ」を示しており、ここには〈ヒヌカン祭祀〉でふれたようにチカナイングヮも含み得る。3_aがH家のヒヌカンを祭り続け、2_cが自分の家に新設されたヒヌカンを祭っているのは、ユタの判示と操作によって、「ヤーニンジュ」の範囲が改変される点を受容しなかったためである。

三　依頼者とユタの論理

依頼者とユタの論理に齟齬があり、それが判示の不完全な受容あるいは拒否という行為となってあらわれたことを、事例一、二によって記述してきた。位牌をめぐる先祖祭祀に関しては、おおむね依頼者側においてもユタの論理に近似したものを持っていて、それをユタの力を借りて確認し、その論理は受容され、位牌の移動などにより、行為のうえでもそれを認めていることが例示できたと考える。

両者の対立点は、ユタの「ヒヌカンはガンスと結ばれている」という表現に代表されるように、ユタ側がヒヌカンと位牌祭祀を併行したものとしているのに対し、依頼者側はヒヌカンと位牌祭祀を区別する、それとは別の論理によっている点にある。つまり、ユタと依頼者の論理の対立があり、依頼者内部でヒヌカンと仏壇というまた別の対立があって、いわば対立が分岐しているのである。本節では、事例記述のなかで、これを「まつる」「祭る」「祀る」と表記を区別し、「まつる」はヒヌカンと位牌祭祀を同じ枠組で把えるユタの論理を示した。「祭る」「祀る」は依頼者側の論理にもとづき、「祭る」はヒヌカン祭祀を、「祀る」は位牌祭祀を示した。

ユ　タ⟸⟹依頼者

位　牌══ヒヌカン　　　位　牌⟷ヒヌカン

「まつる」　　　「祀る」　「祭る」

依頼者側の論理は、ヒヌカンの灰の象徴性、「ヤーニンジュ」の意味範囲、祭祀担当者の選定の諸点が、その解明の要点であり、それぞれが柔軟な枠組をもっていることが注目される。

注

（1）本章では、三個の石を「三石《みついし》」、赤土のカマに作りつけの香炉を「カマ付属の香炉」と略記する。

（2）ウブガーは、正月のカーメー（川拝み）などに拝まれる拝泉川のうちの一つで、ウブミズ（正月及び誕生）とアミソージ（湯灌）に使用し、他の用途には使用されない。他の拝泉川との関連は第六章でとりあげている。

（3）グシチは本土のススキのことだと説明する話者もいる。その形状が似ていることだけでなく、十五夜に使われたりすることがグシチの用法とイメージがだぶったためであろうか。グシチにある決まった結び目を作ることをサンに結ぶといい、それによって魔除けになるとされる。清明祭などで供物を持ちはこぶ時にも、草をサンに結んでお盆の上に置いたりしている。

（4）ビンスは銚子に似た焼きものまたは金属製の器のことをいい、ミファナ（米）と合わせてビンス・ミファナと通例用いられる。第四章第一節でビンス・ミファナをニガミヒヌカンに供える基本形と述べたが、家庭レベルでも同様のことがいえる。

（5）正確には軒先から落ちる雨のしずくの落下点で、家屋をとりかこむようにできる霊的な境界線である。この境界線のうちの特定の場所に霊的に家の内と外を結ぶ通路が開いている。そこへイヤを埋めるのである（古家　一九八四）。

（6）ウチナナには「沖縄名」という字をあてることができる。ワラビナともいわれ「童名」をあてる。現在でも老人同士がワラビナで呼び合うのを聞くことができる。今次大戦中に外地に出稼ぎに出ている夫婦が出生を報告してくると、ウチナナを相談して決めて知らせてやったという話を聞けるが、戦後はあまりつけなくなり、筆者が面接した小学生に限っていえば自分のウチナナを知っている者はいなかった。ウチナナに対してヤマトゥナがあり「大和名」をあてることができる。これは戸籍に記された名で、文字の書ける人が依頼されてつけていた。

（7）同じ供物を使って別の祭祀対象を拝むときに、供物の若干をとりかえることで、個々の祭祀対象に対しては、全く新たに供物を作ったのと同一視される。この場合は、ミファナと酒を少量増やし、ウブクをとりかえる。第四章第一節で、ニガミヒヌカンに供えた供物を各拝所に持ち回る例をあげたのと同じ意図による。

（8）チチョーデーは、おおまかに近い親戚をさし、オジオバを含みイトコを含まないといわれる。

（9）久志ではナーズキに際してウチナナを決めた後、ジールの前で母親が生児を抱きコーブシグサ（根が張っていてなかなか引き抜けない雑草の名）の上にすわってハンジャ（海にいる小さな蟹）を児の頭にはわせ、これをクワの枝で作った弓で東に向かって射ていた。蟹はカリーがある、つまり縁起がよいといわれる。このあとトゥハシル（二番座への入口の横木）で拝んでから仏壇を拝んでいた。しかし、辺野古では蟹を使ったということは全く聞くことができなかった。

(10)　筆者が泊めてもらっていたT・Y氏方で、氏の弟（三男）の二男のマンサンが行われた（一九七四年七月二四日）。

(11)　線香を一二本立てることと、十二支の神様と関連づけることとは、先代ニガミの説明にもみられた。シマの外のユタの影響と考えられる。

注(12)の表

年代＼妻の本籍	辺野古	旧久志村	国頭郡	中頭郡	島尻郡	宮古八重山	本土
明治	②	—	—	①	—	—	—
大正	2・⑮	1・①	—	2	1	—	—
昭和1～10年	3・②	1	—	1	1	—	2
昭和11～20年	18・□1	□1	7・①	3・①・□1	—	1	—
昭和21～30年	15・❶	2	3	—	2	—	2
昭和31～40年	12	4・①・□1	8・❶	5	9・①・□1	2	4
昭和41～50年	4	9	12・❶・□1	5	9	1	11

(12)　通婚圏を右の表によって示す。婚姻届出年を年代ごとに示したもので、〇囲いは現在妻のみ生存、白抜きは夫のみ生存、□囲いは後に離婚したことを示す。夫はすべて辺野古本籍で、寄留したものは除いた。資料は名護市久志支所の戸籍簿で、昭和五〇年四月一日現在である。「旧久志村」には東村を分出後、一九七〇年に名護市に合併するまでの辺野古を除く旧久志村の領域内のシマを含めた。詳しい説明は略すが、昭和二〇年代まで辺野古のシマ内婚が主流であったことと、昭和三〇年代以降に旧久志村管内、国頭郡、島尻郡への通婚の広がりをみることはこの表だけからでも判断できよう。

(13)　棺を入れたガンを墓までかついで行く役割につく者をカタミヤシンカといい、妻が妊娠しておらず、死者と同年齢でない青年四人が選ばれた。

(14)　喪家にヒヌカンを象徴する三石が祀られている場合は、それと灰を三回とったものを捨て、石を祀っていない場合は灰を三回とって捨てるか、香炉ごと捨てる。

(15)　アムトゥガミとは何なのか、話者の側では十分な説明が得られない。アムトゥヌシチャ（アムトゥの下）という言葉もあるが、これも今のところよくわからない。渡辺欣雄はアムトゥガミに関する人々の言説は得られないが、アムトゥはある世界と別の世界とを分かつに当たって存在する境界であり、あらゆるものを化生する独自の領域であると解している（渡辺　一九九〇　六三）。しかし、アムトゥの語彙としての指示範囲ははたしてそこまで拡大するか否か、あるいは包括概念として用いるのが適当かどうか、用語法の検討を含めてさらに考究する余地がある。

(16) 文中に図をもって示した供物は、家ごとに違っている場合もある。他の屋敷ウガミなどの供物を参照すると、カッティである者が関与する場合に供物の種類と組合せが複雑になる傾向がある。ヒヌカンでは三つの赤飯を供え、仏壇では一つ除いて二つにするというように、供物の数に対する配慮も巧妙に行われている。こうした点は、それらの意味付けとともに別に論じることにしたい。

(17) ニガミは明治三五年生れで、昭和一八年に四二歳で就任しているので、神役に就いてまもない時期に移灰に介入していることになる。就任以前は全く関与しなかった。この点に関しては少なくとも神役の決定に至る過程と、これに対するムラ人の考え方とが関連してくる。

(18) 仲松は津堅では婚姻の際の移灰はないとしている（仲松　一九六八）。

(19) ヤーニンジュは本文中には「家庭成員」と付記して使ってきたが、その指示範囲は用いられる文脈によって変わってくるのであり、飼犬や猫までそれに含まれることもある。ここでは年長の夫人の祭るヒヌカンの守護する範囲ということで、同一家屋に住み生計をともにする者だけでなく、他出している者も含む。その範囲は毎月一日と一五日にヒヌカンを拝む時の唱え言の内容から知ることもできる。

(20) ブチダンとは拝む対象としての二番座に設けられた先祖を祀る祭壇のことで、これはガンスやウヤファーフジという言葉で示されることもある。

(21) 一番座の床に掛軸をかけてまつってあり、門中の宗家クラスの家にあることが多い。

(22) B家は門中の宗家であり、さらに草分けの家としての伝承ももっており、一番座の最も東側に開発先祖をまつるカミウタナを設置している。

(23) 辺野古の女性神役は村落祭祀を司るだけでなく、マブイグミや屋敷ウガミなどの家庭で行われる呪的行為も依頼されて実修している。むしろ、そうすることが期待されているのである。注(17)のように神役に就任することは、同時に家庭で行われる呪的行為の主宰者の誕生ということにもなり、ユタなどシマの外の霊的職能者とシマの人々との間の仲介者としての性格をもつことにもなっている。

(24) 辺野古では第三章第一節に述べたように村落移動伝承があり現在の「下部落」西方の丘陵南斜面の親里原（上里原《ウイサトバル》ともいわれる）に旧集落があって、そこから「下部落」の位置へ移動したと伝えられている。ナートゥガーは、親里原に先祖がいたころにその人たちが使ったとされ、現在はカーメー（川拝み）などで拝む拝泉となっている。ただし、ヒヌカンの石を拾う場所として選定される理由は、先祖がかつて使っていたことよりも、小さな滝があって誰も踏まぬところで清らかな石を採ることができるということの方がより強調される。

(25) 東の浜はナートゥガーとは方向が正反対で、第四章第一節に述べたようにアブシバレー（畦払い）の時には、ニライカナイを彷彿させるウフアガリジマに向けて畑の害虫をバナナの葉で作った舟にのせて流す。こうした東方の世界との関連でヒヌカンの石が拾われるかどうかについては、話者からの明確な返答は得ていない。むしろ、注(24)と同様に清らかな石を得ることが一方的に強調される。また、事例四で指摘するように、ニガミが特に東の浜を意識した。

(26) 第三章第二節で述べたように、当時山原船による中・南部との交易はさかんに行われており、注(12)の大正期の中頭郡との通婚二例のうちの一例がこれにあたる。

(27) 「長男」に「　」をつけたのは、長男子と社会的に認められた者を指すだけでなく、長男相当の者として親を扶養し家産を経営する者まで含めるためである。夫が次男以下であれ、ヒヌカン祭祀に視点をすえて見るならば、親と同居しておればそこに長男との間の差はないといってよい。ユタの介入によって出生順位は変わり得る。そのため、「長男」「次男以下」という用語を使用しない方がよいかもしれないが、一応は女性の立場にたつということで使っておきたい。

(28) 戦前の辺野古では、分家というのは家、屋敷をかまえて、ヤーヌナ（屋号）とヤーバン（家印）を常会で承認され、自活していくものを指すのだが、ここでもヒヌカン祭祀、特にその設立の時点に注目することにしたい。

(29) 本章第三節の事例五でとりあげたF家と同一である。

(30) 女子を創始者あるいは相続者として位牌に祀ることはイナグガンスといって一般にきらわれている（竹田　一九七六　一七四～五）。F家の位牌祭祀の現状は、本文で述べたように分家したとされる男（5b）の位牌は祀られておらず、女子の分家創設ということになるが、当家の人々は今のところ強いてこの状態を変えようとはしていない。イナグガンスの例は当村落で他にも認められる。

(31) カミウタナは主屋の一番座、もしくは二番座の仏壇に向かって右の隅に設けられた特別な祭壇で、本家筋にあたる家にみられることが多い。当村落の「公的祭祀」を司どる女性神役たちは、旧暦五月、六月のウマチーに出る前に、三ヵ所に分かれてそれぞれに決められたカミウタナを拝むことになっており、その一つがH家にある。この三ヵ所はいずれも旧家といわれ「公的祭祀」でも特定の供物を出すなどしている。

（32）竹田（一九七六a　一六八）は位牌の形状により「屏位」「操りこみ位牌」「一本立ち位牌」に三分類している。辺野古ではほとんど「屏位」の形状をとっており、位牌立ての中央に「帰真」「霊位」と縦書きで、赤地に金文字で書かれている。上段に夫、下段にその妻が組み込まれる。

第五章　シマレベルのヒヌカン祭祀

第一節　ニガミが主宰する祭祀

一　シマの祭祀をになう人々

辺野古の年間の祭りのうち、門中単位あるいは家庭ごとに行われるものを除いて、さまざまな形でシマの人々が関与し、ニガミがニガミヤの火の神を拝しているものを、シマレベルの祭祀としてとりあげる。ここでは通年の行事の構成を検討して、主宰者、供物の提供者、参会者の範囲、行事の意味付けなどからニガミヒヌカンの性格を把握したい。

シマレベルの祭祀を司る男性および女性の神役をカミンチュといい、公的祭祀場のアサギに座る場所が決まっており、それぞれに決まった門中から輩出し、男性神役は特定の家で世襲される。女性神役はニガミ一名とアサギガミまたはトゥヌガミとよばれる数人の人々で、男性神役はアタイガミ、ニーブガミ、ウチワガミ、サグイガミなどがあった。年間二回のウマチーのときだけノロが来て祭祀を主宰した。ニガミは久志と辺野古に一名ずついて、久志のニガミはウマチーにはノロとともに辺野古に来るが、辺野古のニガミは久志のウマチーに加わることはない。一九八五年にニガミは死去して、その後任はまだ決まっていない（「先代ニガミ」はこの人を指す）。このほかに女性は五〇歳くらいになると、一年任期で順にサンナンモーという神役の補助役に就く。

こうした神役のほかに区の行政に携わる人々や、青年会の人々が行事をささえており、これらのかかわりかたに注意しながら以下の記述を進めたい。なお、暦日はその決定の仕方自体が行事の性格を明らかにするものであり、以下の行事の多くは旧暦を基準にして行われているのでそれにならい、新暦で表示する場合にはそれと分かるように記した。各項の前半に昭和一桁から一〇年代の状況を話者の話によって述べ、後半にその後の状況を述べるようにし、筆者の観察はそこに含めた。談話は話者と筆者が対面して話をし、その場にはほかに人がいないところで行われた。調査の初期にあっては、筆者がほぼ聞き手にまわり、話者の方がそれに答える形が多かった。当時の調査ノートを見ると、筆者なりに話者の話を必死に翻訳して書きとめており、単に方言が理解できないというよりも、文化的な背景の乗り越えがたい違いが横たわっていたことが読み取れる。そのため筆者の聞き方も、話者からすれば意表をつくものも多く、手取り足取り教えるといった状況になっており、ある特定の出来事を示すことよりも、話者の作り上げた枠組みをまず与えようとする傾向が認められる。やがて、筆者の方でも実際の行事を見たり、聞いたりするうちに、あの時はどうであったという知識を得て、体験の共有により徐々に記録の取り方が変わってくる。同時に、話者夫婦が同席したり、ウマチーや第六章にとりあげるカーメーのように、複数の人々が混在する場で、相異する見解が飛び交い、同じ話者であっても筆者と対面して話したときとはニュアンスが異なったりすることにも興味を覚えるようになった。一九七五年ころからこうした点で調査ノートの質の変化が生じており、本章では筆者の変化に応じた資料の質の変化を考慮できるよう、調査の時点を注記しておく。話者の話は事実ではなく調査時における、過去あるいは話をした当時の事象に対する評価であり、それを明示するためにも、話者と調査時を限定すべきものはそうした。

二　タキウガミ（嶽拝み）とカーメー（拝泉川）

一月二日には戦前まで、ニガミら神役により御嶽を拝んで回るタキウガミ（嶽拝み）という行事があり、神役であった故城間ツル氏（一九〇四年生まれ）の体験によると一年の念願をしに行き、これに対応する一二月二四日のタキウガミでは一年の感謝を捧げたという。午後からはいわれのある泉川を巡拝するカーメーが引き続き行われた。

神役が行事を始める前に、この日早朝、二二歳以下の青年はシマの全戸から各戸当たり泡盛五勺、大根のなますと供物にするための米少しずつを集めて回り、カーメーで拝んで回る泉川の掃除をしていた(1)。

各戸から集めた米はニガミに届けられ、午前一〇時ころに神役がニガミヤに集まって、ニガミが先導してニガミヒヌカンを拝んだ。女性神役全員と男性神役ではアタイガミだけが参加し、女性神役はシルイショウ（白衣装）を着用し、アタイガミはクンジ（紺地）という紺地に黒の縦模様の入った衣装を着ていた。まずニガミヤに神役が集まるのはシマレベルの行事のいくつかで見られる型通りの振る舞いであるばかりでなく、故城間ツル氏によれば年初にあたってシマの神役を代表するニガミに対するニントゥ（年頭の挨拶）の意味もあった。しかし、アタイガミ以外の男性神役は参加しておらず、一般の人達も加わらなかった。アタイガミが参加するのも先代のことであって、現アタイガミになってからは加わらなくなった。

ニガミヒヌカンに供える供物は、ビンス・ミファナ（瓶・米）という基本形があり、これに行事によってあるものを加える。ここでは朝のうちに青年が集めた米をお盆の真ん中に九合を盛り、ビンス（瓶、ここでは銚子）二本にやはり青年が集めて来た泡盛を注ぎ、それに盃を二個つけた基本形に、この行事ではアレミツ（洗い米）を湯飲み茶碗に入れたものを三つ加え（図1参照）、各拝所ではアレミツが手前になるようにお盆を置き、拝んだ後はこれを持って次の拝所に回る。本来はそれぞれの拝所に一つずつ供え物を用意すべきだが、ウツギフェーシといって供物の一部を取り替えたり、ひっくり返して、新しいものと同等にみなしている。

まず、ニガミヒヌカンに火をつけた線香を供えて拝んでから、メーヌウタキ、クシヌウタキ、ニーヌファヌウタキの順に拝んで回った。唱える内容は日取りを十二支によって述べ、年の初めの拝みであることを告げ、その年の一年間のシマの人々の健康と繁栄を願うものであった。ウタキを拝んでニガミヤに戻ると、ヒケーといって巡拝の終わったことをニガミヒヌカンに報告した。神役はそれぞれ衣装をとって平服になってから、カーメーに参加するために、十七日モー（盆の一七日に集まって踊りを楽しむ広場、モーは草原の意）に向かった。供物のために集めた米は、神役に謝礼として贈られた(2)。

シマの人々は昼近くになると、十七日モーに集まって年の初めの和やかな雰囲気の中で神役たちが来るのを待っていた。ここには青年が朝集め回った泡盛が大きな瓶にまとめて、大根なますと一緒に持って来て置いてあった。神役の到着後、ニガミを先頭にして泉川を拝んで回り、水の恩を謝していた。この行事をカーメーという。

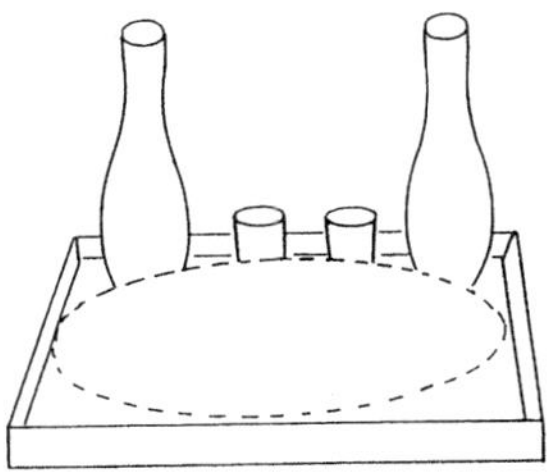

図1　ヒヌカンへの供物（基本形）

供物はタキウガミに使ったものをそのまま利用した。詳しくは第六章に述べるのでここでは省くことにしたい。泉川の巡拝が終わって、人々は出発点の十七日モーに戻ってくる。十七日モーでは、青年が集めた泡盛を大根なますを肴にして飲み、歌踊りに興じた。新年の宴会といった趣であった。

当時の青年会に所属したことのある男性からは、早朝に各戸をまわって泡盛と大根なますを集めたことが体験として聞かれ、それとともにカーメーの巡拝から戻って十七日モーで歌踊りを楽しみ、結婚しても子宝に恵まれない夫をアダヌギのウマに乗せて引き回したことが楽しげに語られる。泡盛を集めたことは覚えていても、それと一緒に米を集めたことはほとんど忘れられており、タキウガミの供物というよりも、泡盛と肴の大根なますがセットになって、新年の宴会と結び付けられているのである。十七日モーで神役が来るのを待っている時には、神役がタキウガミをすませて来ることは了解されていたであろうが、現在はその関連づけは弱まっている。

戦前までのタキウガミはニガミが主宰し、シマの全成員（各戸単位）から集めた供物を用いて、女性神役がニガミヒヌカンから三ヵ所のウタキを拝む年初の行事であった。神役以外の人々にとっては、カーメーの記憶が鮮明で、神役のタキウガミは孤立しつつあるといえよう。

三　トーカウマチー（十日ウマチー）、シマフサラー、アブシバレー（畦払い）

ニガミヒヌカンをニガミと女性神役が拝んでから行事が始まるが、タキウガミと同様にシマの人々はニガミヒヌカンには関与しないのが、ここにあげるトーカウマチー、シマフサラー、アブシバレーである。いずれも区の予算によって供物が準備されている。

トーカウマチーは四月一〇日に行われ、女性神役とサンナンモーがニガミヤに集まり、ウブサー（豆腐と魚を煮たもの）を作った。これをお盆の真ん中においてビンスと盃をつけて供物とし、ニガミヒヌカンに供えて拝んだ後、先代のアタイガミとともにメーヌウタキ、クシヌウタキ、ニーヌファヌウタキを供物をしながら線香を立てて拝んで回り、最後にアサギに来て、南に向かって拝んだ。ここで南というのは、磁石の方位からすれば、約六〇度西に寄っているが、神役をはじめシマの人々はそうとらえている方角である。この行事は「ウマチーの始まり」ともいわれ、アサギでの神行事のうち一年の最初のものといわれる。(3)

シマフサラーは二月と一〇月に日を選んで行われる。先代のニガミは名護や屋部にいるエキシャ（易者）に日を選んでもらっていた。ニガミと女性神役は午前中にニガミヒヌカンを拝んでから、メーヌウタキ、クシヌウタキ、ニーヌファヌウタキを拝んで回った。昼ころに海岸で屠殺した豚をニガミヤで料理して、これを供物としてニガミと女性神役はニガミヒヌカンを拝んでから、潮が引くころにナカモー（辺野古橋から東に広がっていた草の茂る浜で、イリナカ組の前に広がる草原であることからそういわれた）の前の海に出た。そこで足を海水に濡らしてゲーヌ（グシチをサニにしたもの）を海に投げ、「ウフアガリジマに流れて行きよー」と唱えた。シマの人々はナカモーに集まって豚肉の料理を食べた。一九三八年以降は堤防ができてナカモーが狭くなったので、アガリヌハマ（集落の東方に広がる砂浜）に変更された。辺野古への古くからの出入り口とされる辺野古橋のやや上流寄りのところと、クシヌウタキの脇を通っていた大浦崎と結ぶ道の出発点には、シマに悪疫が入って来ないように防ぐため、左縄に豚の肩甲骨をはさんで血を塗り、七五三に藁を出したものを張っていた。戦後は豚は屠殺せず、神役だけで実修している(4)。

アブシバレーは四月末で、先代ニガミは他の女性神役と先代のアタイガミとともにニガミヒヌカンをビンス・ミファナの供物で拝んでから、浜に出て船競争を参観した。戦後はディングヌカミ（龍宮の神）でも拝んだ。ここが海の守り神であるため、船競争を無事に行えるよう祈願したようである(5)。このころは、田の草を刈る時期にあたり、各家庭の主人は田のアブシ（畦）を切って虫を捕り、バナナの葉に竹をさしてフクギの葉を帆にした舟に虫を乗せて、潮が引きはじめるころ、ナカモーで流していた（これも一九三八年以降はアガリヌハマに変更された）。その際「ウフアガリジマに流れて行きよー」と唱えていたが、ウフアガリジマとは何であるかは説明されない。ナカモーではシマの人々が集まり、泡盛を飲んで踊りに興じ、船競争を行った(6)。イリ、イリナカ、アガリ、アガリナカの四組による競争であるが、アブシバレーと結合しているところが注目される。現在はアガリヌハマで行われ、久志でもアブシバレーに船競争を行っている。(7) 一九七五年に筆者が参加したときには、神役がディングヌカミに拝んでから、船競争が始まった。

ここに述べた三つの行事ではいずれもニガミが女性神役をしたがえて主宰し、供物はムラヤで準備し、戦後は区で予算化されて区の事務所で用意したものを用い、ニガミヒヌカンにこの供物を供えて、ニガミと女性神役(先代のアタイガミが存命中はこれに加わる)が拝んだ。とくに、アブシバレーでは一般の人々の船競争と連動し、ディングヌカミへ神役が拝んでから始まった。

四　タキウガミ

六月二五日には昼過ぎにタキウガミを行った。これはニガミヤから一月二日と同じ経路で行われたが、ニーヌファヌウタキには直径三〇センチメートル、長さ六〇センチメートルくらいの藁の束を二つ供えた。神役のN・Sさんらによると、この数ほどシマの人々が増え、シマが繁栄するようにとの意味であった。このあとユガフウフジー、ミーミーメ、ウシデークが引き続き行われていた(第三節参照)。一九八二年には新暦八月一四日がこれに当たり、体が弱っていたニガミにかわって、N・Sさんが他の女性神役をニガミヤに集め、サンナンモーから届けられた供物(米九合)をビンス・ミファナとともに盆に整え、ニガミら四名の神役とウタキを回っていたが、藁束の供物はなかった。

五　ハチガチウマチー

八月一〇日の昼ころニガミヤに女性神役が集まり、一月二日と同様の順序でタキウガミをした。シマの人々の健康を祈願するためといわれる。この日は家庭で機織りが終わらなかった場合には、アジ（糸をつめるために用いる道具）を門に下げたとされ、宮城真治（一九五四　三一〜四六）のいうように、この日が年の切り替えにあたり、ハチガチウマチーはそのための拝みの意味があったのかもしれない。

一九七五年は新暦九月一五日が八月一〇日にあたり、ニガミヤをはじめシマの家々では前日のうちに屋敷の四隅にグシチ（薄）をサニにして挿してあった。一〇時ころにN・Sさん、M・Mさんがニガミヤに集まり、サニにして挿したのはマジムン（魔物）を家に入れないためと説明された。ビンス・ミファナ（九合）とカガンウデー（餅）三つ重ね三組とアレミツを三個茶碗に入れたものを盆にのせて、ニガミヒヌカンに供え、ニガミと三人で拝んだ。この後、メーヌウタキ、クシヌウタキ、ニーヌファヌウタキ、アサギの順に拝んで回り、シマの人々の健康を祈ったという。最後にニガミヤに戻ってヒケー（報告）をした。

六　ミ　カ　ニ

九月に行われ、朝のうちにアタイガミがニーヌファヌウタキの木を三回切りつけると、それを合図に昼ころまでシマの老若男女が三ヵ所のウタキに入って枯れ木を手で取り出していた。ウタキに入れるのは年にこの日だけだった。

夕方に、ニガミと他の女性神役がニガミヤに集まってニガミヒヌカンを拝んでから、シルイショウを着てニーヌファヌウタキに向かい、シマの人々は各家庭で庭に出たり、ウタキの近くの空き地に集まって、ニーヌファヌウタキの方に向かって座り、待っていた。すると神役の歌うウムイの途中から鐘の音が聞こえはじめ、やがて小さくなって聞こえなくなった。(8) これは天から神が白馬に乗って降りてくる音であるとか、馬の鈴の音だといわれる。鐘は神役がたたいていたらしいが、音が聞こえはじめると頭を下げていなければならず、神の来るのを感じたという話は、体験した多くの話者から聞かれる。戦争中に鐘が無くなり、戦後は行われていない。先々代のニガミが就任した大正なかごろにニーヌファヌウタキからクシヌウタキで行うようになり、それまで九月中に日を選んでいたものを九日に固定した。(9) ニーヌファヌウタキで行ったのは一時期であったといわれ、そこに変更におよんだある種の政治的な力を想定することができる（第六章参照）。供物はニガミヤでは米九合、ビンス・ミファナ、アレミツ三個をお盆にのせたもので、ウタキではさらにカーカシユ（頭付きの焼き魚）と豆腐ウブサーをのせたお盆が加わっていた。これらは青年が準備していた。

第二節　ヌルが主宰する祭祀

一　ヌルニントゥーとウガミエー

ヌルニントゥーとウガミエーの二つの行事では、ニガミヒヌカンをニガミと女性神役と婦人が拝み、いずれも辺野古から久志に、女性神役と婦人たちが出向く。

ヌルニントゥーは一月の最初のヌルの生まれ年に行い、先般亡くなったヌルは巳年の生まれであったから、最初の巳の日に行った。戦後しばらくして五日に固定して行うようになった。辺野古のニガミヤの前庭に石三個を鼎状に並べて臨時の炉を作り、各家庭から年長の夫人が肉四〇匁、昆布一枚、大根一本、薪二本を持ち寄って料理した。料理ができると皿に盛ってお盆の真ん中に置き、これにビンス（銚子）と盃を二個ずつ置いて供え物とし、ニガミヒヌカンに供えてニガミを先頭にして女性神役と婦人たちが拝んだ。年の初めにニガミヤに集まり、ヌルのニントゥーの行事を行うことを告げ、シマの人々の健康と繁栄を祈るものであった、と現在現役の女性神役は説明している。故比嘉正松氏から一九七四年三月九日に聞いたときには、ニガミヤでは婦人たちが料理をして、まず神役に対して感謝の意を表することが強調されていた。これが一般のシマの人の見方を代表するものとはいえないが、ここに述べた神役の見方とは異なるものといえる。(10) それから皆で会食した後、料理を重箱に詰めて久志のヌルドゥンチに向かった。そこではヌルヒヌカンに重箱を供え、ヌルが辺野古からもって来た線香を立てて、辺野古のニガミら神役と参加した婦人らをしたがえて拝んだ。辺野古からはヌルの生年を祝い感謝の気持ちを伝え、ヌルは辺野古のシマの人々の安寧を祈るといわれる。ヌルが拝んだ後、辺野古の前年のサンナンモーと新たに任につく婦人がヌルヒヌカンに線香を立て、その交代を告げた。戦後は材料を持ち寄るのはやめにして、ニガミヤに各家庭からお金をもって来て、神役の一人がノートに記帳し、それで材料を買い整えて料理するようになった。カーメーの後の十七日モーでの集まりが、老若男女の自由な参加で楽しんだのに対し、これは年長の夫人たちの新年の集まりであり、会食は年配の婦人たちの顔合わせの場でもあった。

一九八八年に筆者はこの行事に立ち会うことができた。午前中に、各家庭から年長の夫人がサカテ（会費）として二〇〇円ずつニガミヤに持って集まり、これを最年長の神役のM・Mさんが屋号で記帳していた。数軒分まとめてもって来る人もいるが、いずれも五〇歳以上にみえ、届けてすぐに帰る人もそのまま座って話し込む人もいた。ヌルニントゥーのほかに一月・四月のウガミエーでも同様にサカテを二〇〇円ずつ集めている（復帰前は一〇セントだった）。神役の一人（O・Mさん）が豚の三枚肉を煮てもって来たのを、ニガミヤで切って砂糖醤油で味をつけ、買って来た豆腐を切って塩をまぶして揚げ、魚と野菜のテンプラ、黒砂糖のカステラの五品を準備していた。この時のサンナンモーは、ずるけているから次の人も決まらない、と神役や年長の婦人たちから非難され、当人はまじめに務めると約束して殊勝にニガミヤの調理場で料理をしていた。午前一一時すぎに区長がニガミヤにカレンダーをもって来て、その年度の行事計画について確認し、とくに日程のせまっているムラシーミーの日取りを神役に打診していた。このときの区長はそのようにして行事執行に関する打診に来るというので、神役のうけがよかった。昼ころに携帯用電蓄でカジヤデフーをかけ、神役やサンナンモーと集まっていた婦人たちが踊って楽しみ、ニガミヒヌカンに準備した供物を供えてM・MさんとN・Sさんを先頭にして拝み、料理を食べながら談笑した。それから久志のヌルドゥンチに出発したが、神役とサンナンモーのほかにはかなり年配の婦人が同行するだけで、ヌルドゥンチでは久志のサンナンモーが応対した。久志にはヌルの死亡後、後継者がいないため、ヌルヒヌカンに供物をして辺野古の神役が拝むだけである。

ここでは供物が金銭による負担になっているが、各家庭でヒヌカンを祭る年長の夫人がニガミヤに持ち寄り、それで用意した供物を供えてニガミヒヌカンを拝むことから、戦前からのやりかたが継承されているといえよう。カジヤデフーを舞うところなどは、婦人たちの年初の顔合わせ、新年会の雰囲気を髣髴とさせている。この時はニガミはすでに死亡していたが、年配の神役が中心になって行事を進めている。

ウガミエーは一月と四月の一八日に行われ、昼ころに各家庭の年長の夫人が、豆腐、サータムーチー（黒砂糖入りの餅）などをトゥカキ（一〇切れ）持ってニガミヤに集まった。これらを取り合わせてお盆の中央にのせ、ビンスと盃を二個ずつつけた供え物をニガミヒヌカンに供え、ニガミを先頭にして女性神役と集まった婦人たちが順に拝んだ。婦人たちはこの時めいめい線香を一二本（二ひら）ずつニガミヒヌカンの香炉に立て、健康と子孫の繁栄を願った。しばらくニガミヤで会食した後、サンナンモーが料理を重箱にとりまとめて持ち、久志のウガンジュに向かった。ウガンジュにはこんもりとした森の中央に一〇メートル四方くらいの広場があり、中にはいると木々に取り囲まれて、緑の中にとっぷりと浸り切った気分になる。その北側に小さな小屋（瓦葺きになってからはカワラヤとよばれている）があって香炉が並べられており、ここで香炉に向かうと、真北の方向に拝むことになる。辺野古の女性たちはウガンジュに近づいていくと、北のほうに回り込んでいく細い通路を通って、香炉を置いた小屋のちょっと東側にある入り口（ウガンジュの北側の入り口）から広場に入って、東側に座る。久志の婦人たちはヌル、久志のニガミほかの女性神役とともに、ウガンジュの南側の入り口から入り香炉を置いた小屋の西側に座る。このように辺野古の婦人が東側に、久志の婦人が西側に向かい合わせに座り、北側には小屋を背にして中央にヌルが座り、その左手（東側）にニガミほかの辺野古の神役、その右手（西側）にニガミほかの久志の神役が座った。婦人たちはそれぞれだいたい年齢の順に神役に近い方から座っていた。

まず、ヌルが小屋の中にあるいくつかの香炉に火をつけない線香をのせて拝み、続いて久志のニガミと神役と婦人が順に線香を供えて拝んだ。久志の人々が終わるとヌルと辺野古のニガミほかの神役が一緒に線香を供えて拝み、引き続き辺野古の婦人が順に線香を供えて拝んだ。辺野古からの参加者に聞くと、ヌルは久志と辺野古の女性の健康と繁栄を祈るといわれる。行事に参加したことはないが、H・S氏（一九〇〇年生まれ）はウガンジュには久志と辺野古のヒヌカンがありそれを拝みに行っていたと述べ（一九七四年三月九日、四月一一日に聞く）、ウガンジュで拝む対象を火の神とみなしている。(11) こうして皆が拝んだ後は、両方の集落の婦人が太鼓をたたき、サンシン（三味線）をひいて、広場で歌踊りに興じた。

四月の方も内容は似たり寄ったりである。しかし、違っているのは辺野古から持ち寄る料理の中にイギミムーチー（麦餅）が入ることだ、といわれる。ちょうど麦の収穫期であったため、各家庭からそのとき取れたものを持ちよって、ニガミヤで鍋で焼き臼で挽いて粉にし、芋をまぜて握って作ったものである。これをウブサー（豆腐や昆布の煮付け）と一緒にニガミヒヌカンに供えてニガミを先頭にして拝み、会食してから久志のウガンジュに持って来た。現在はユーヌク（麦の粉）を買って来てイギミムーチーを作っている。故比嘉マスさん（一九〇二年生まれ）は久志ではこれを作ってこなかったことから、ヌルに対する辺野古の上納納めのしきたりの名残ではないか、といわれたり、米のなかったころの麦に対する恩として行っているのだ、という説明をしていた（一九七五年三月二二日に聞く）。

一九八八年のニントゥーの調査のとき、婦人たちの雑談の中で、数年前のウガミエーの時に区の書記をしていた女性が、事務所で肉、昆布、大根の煮物を作ってニガミヤに届けたところ、サンナンモーが作るべきなのになぜ区でやるのか、といって神役に叱られたという話が出ていた。これはこの行事の性格を考えるうえで重要な見方を含んでいる。区から供物を出そうとするのに拒否反応がみられることから、少なくとも神役にはこれを区の行事とは独立した女性たちの行事とする見方があることがうかがえる。そうした見解に対し、区の女性の書記は注意を払わず、神役に叱責されていることから、とりわけ神役のしかもその中核をなす数人の神役がこの見解に強いこだわりをもっていることが明らかとなる。このように区の行事とは独立した女性の行事としてはっきり態度を示されるのは、これにヌルニントゥーを加えた三つだけであるが、このほかに区の行事として参加する場合でも、区の側の意向とは異なるものを秘めている。その点はカーメーを取り上げて考察したい（第六章参照）。

筆者が参加した一九七五年の四月のウガミエー（新暦五月二八日）では、久志の婦人たちと行動を共にしてみた。午後三時から始まる旨、区事務所から放送され、三時すぎに三々五々婦人がウガンジュに集まり、三時半ころにヌルが区で準備した重箱の供物と太鼓を持ったサンナンモーと一緒にウガンジュに着いた。一般の婦人たちも集まると、ヌルは火をつけない線香を香炉に供えて拝み、それに一般の婦人たちも続いた。午後四時には二九人の婦人が参集し、新たに子供、とくに男の子が生まれたり、新築が成ったり、新たに分家を出した場合には、ヌルから順にビールをすすめてそのことを告げて回っていた。サンナンモーは区事務所で用意した重箱から一片ずつ配って回った。やがて辺野古からニガミと神役（N・SさんとM・Tさん）と婦人六人が着き、ヌルを先頭に拝み、それから久志のサンナンモーがたたく太鼓にあわせて踊りと歌に興じた。筆者は砂糖入りの甘いビールを御馳走になり、少しだけ踊って満場の歓声のなか辞去した。男性はウガンジュには入れないことになっており、婦人たちはかつて男性の会計担当が供物を持たされてなかに入り、踊りを強要されて逃げて行ったというような話をしながら楽しんでいた。この間、辺野古のニガミヤでは神役のM・Mさんが留守を預かり、久志に行かなかった婦人たちと会食していた。

久志の婦人は各人が小さな重箱に料理を詰め、ヌルヒヌカンやニガミヒヌカンに供えることなく、直接ウガンジュにもって集まる。ヌルが供える分は区の事務所で用意しているのに対し、辺野古ではニガミヤで集まりまとめて調理し、ニガミヒヌカンに供えてから一括して持ち寄るという違いがある。久志のある話者（男性）は久志の婦人は弁当を各自で作って行き、辺野古は区の予算で作ってくる、と受け取っている。(12) 確かにヌルドゥンチに立ち寄る人はなかった。このことについては十分な説明は得られないが、ニガミヒヌカンについては辺野古と久志それぞれの集落における位置付けの差が、その事情を説明するものとして指摘できる。辺野古ではニガミヒヌカンが置かれているニガミヤは、シマの所有であり、ニガミはそこに住むものではなく、行事のたびにここに通ってくるものとされる。久志ではニガミはウエナカシ（屋号）の娘が継ぐものであり、ニガミヒヌカンはウエナカシにあって、他のシマの人々がこれを拝む機会はない。久志では供物の重箱は区で用意され、ウガンジュでこれを供えてヌルが拝んだ後は、サンナンモーが参会者に一片ずつ配って回っていた。辺野古では区の介入を避けていたのに対して、久志では区の行事を記した『諸御願例帳』にも記されていて、予算化されていることでも対比される。(13)

ヌルニントゥーとウガミエーでは、辺野古のニガミヒヌカンに対する供物は年長の夫人たちが拠出し、とくに女性神役の一部に区の介入を避けようとする意識がみられ、女性神役と参加した女性がニガミヒヌカンを拝む。久志に赴くとヌルが主宰し、ヌルヒヌカンあるいはウガンジュの香炉を祭祀対象とする、とまとめておきたい。

二　グンガチウマチー

久志からヌルとニガミを辺野古に迎えて行うのが、五月のグンガチウマチーと六月のロクガチウマチーである。グンガチウマチーは一三日から一六日に行われ、[14] 戦前までこの期間はヤマドゥミ（山留め）といい山に入って仕事をしてはならないし、畑では肥やしを使ってはならず、家庭では女性の針仕事もいけないとされた。ウマチーに付随してこのような一定の行為を忌み控えることが、特に年配の話者から強調された。一三日をウタカビといい、ニガミら女性神役がニガミヒヌカンにビンス・ミファナを供えて拝んだ。それからメーヌウタキ、クシヌウタキ、ニーヌファヌウタキを拝んで回り、ニガミヤに戻った。ニガミヤではウタキを拝んできたことをヒヌカンにヒケー（報告）し、これを確認したアタイガミは久志のヌルにもヒケーするため供物にする米三合と泡盛と線香を持って、久志のヌルドゥンチに行き、ヌルにそれらを渡して、ヌルヒヌカンに拝んでもらっていた。ヌルは久志のアタイガミからも同様の供物を渡され、辺野古のものとは別に久志のウタカビの拝みを行っていた。このときの供物は正月のタキウガミとカーメーの時と同じように二一歳以下の青年が集めて回っていたが、カーメーとは異なり、戸数割でなく人頭割りで、一人当たりいくらかずつの米を集めていた。昭和初期から金納に変わった。一四日には特に行事はない。四つの組ではそれぞれで米を砕いたものを煮て発酵させミキを作っていた。アサギには四、五人でようやく持てるくらいの桶を置いて、ここにミキを入れておき、翌日のウマチーでは男性神役の一人であるニーブガミが柄杓でくみ出していた。

一五日は朝早く、二二歳以下の青年が辺野古と久志との境界までヌルが往来に使うヌルミチ（ヌル道）の掃除をした。アタイガミはニーヌファヌウタキで木の枝を切り、これを合図に一五歳くらいのアサギヌヘーという準備係が小枝を集めてアサギにもって行って床に敷き、その上にムゥース（七島藺の莫蓙）を敷いて座を整えた。アタイガミはウフカヨウ、トゥンチ、ウフジョーアガリの管理するミフーダ（苗代田）で三本ずつ、合計九本の穂を取ってきた。この三枚のミフーダは第二章で述べたように苗代田の最上部にあたっていたが、戦後基地が設置されて水田が接収され、苗代田も宅地化されて消滅した。稲穂はヌルがアサギで行う儀礼で用いた後、トゥンチ、ニガミヤ、アタイヤに三本ずつ届けられ、トゥンチでは年長の夫人がカミウタナに、ニガミヤではニガミがニガミヒヌカンに、アタイヤでは年長の夫人が家庭のヒヌカンにそれぞれ供え、豊作であるように祈った。(15)

昼過ぎになると、ヌルを迎えるためにサンナンモーと久志のニガミの衣装をのせる駕籠をかついだ二人が久志にでかけた。行くときにはヌルミチでなく、通常の道を通っていった。(16)ヌルと久志のニガミは、辺野古に着くとトゥンチの東側にあるカミウジョー（神御門）からはいり、休憩して着替え、カミガグムイで手足を洗ってアサギに入ったという。カミガグムイで洗ったことは、かつてはそうしたらしいという話で、それを見たという人には筆者はあっていない。ニガミ以外の辺野古の女性神役は各人がカミヒヌカンまたはカミウタナを拝んでからアサギに出て来ていた。

トゥンチから出てくると、アサギでは南側の中央にヌルがすわり、その右手（東側）に辺野古のニガミ、左手（西側）に久志のニガミがすわり、その周囲に辺野古の女性神役が各自の決まった座にすわった。はじめに、アタイガミが朝のうちにミフーダから取って来た稲穂と水を入れたユヌシ（椀）をのせたお盆をヌルの前に置き、ヌルはアズィカ（蔓草の一種）とグシチ（薄）を束ねたものでお盆の上を三回左にまわした。その際ヌルが一人でうたうウムイがあったといわれる。この後、稲穂は先に述べた三ヵ所に持って行かれ、ユヌシは久志のニガミ、辺野古のニガミ、他の神役に回された。次に、トゥンチで作った料理とユヌシをのせたお盆をヌル、久志、辺野古のニガミの前に置き、それぞれに対面してウチワガミ、トゥンチの主人、アタイガミが座ってユヌシをやりとりし、ユヌシを他の神役にまわした。

次に、トゥンチから魚と豆腐のウブサーとミキの入ったユヌシをのせたお盆を三人の前に置き、同じく対座した者との間でユヌシのやりとりをして、他の神役にまわした。筆者がまだ実際にウマチーを見たことがなかったころ、故城間ツルさん（一九〇四年生まれ）から、その時のアサギでの所作と意味を聞いたところ、「女の神様には男が酒を注いで拝む。ミキを拝み村中の人間のお願いをして、ヌル、ニガミに今後も栄えるようにお願いする」と説明された（一九七四年三月一九日に聞く）。氏自身も神役としてアサギに座った体験があり、これを話題としたときには氏がニガミの母の跡継ぎとして神役になったことなどを聞いているので、話の流れからして神役の立場に立って述べられたものとして、この部分は次のように解されよう。「女性神役は神とみなされ、男性神役は神に酒を注いで拝み、ミキの入ったユヌシを両手に持っていただくときには、自分よりも上位の神であるヌル、ニガミに村中の人々の繁栄を祈願する」。ここに神役が神役を神とみなし、そこにランクを設けてさらに上位の神（神役）に祈願する、という一般のシマの人々がうかがえない構図がみとめられる。(17) アサギの周辺に集まっていた人達に料理が配られてアサギでの儀礼は終了し、久志から来たヌル、ニガミ、サンナンモーはトゥンチの庭にあるウロカヤーという小さな家に泊まって、翌日久志に帰った。戦後は自動車を利用し、泊まらずに帰っていた。五月ウマチーではウムイは一切歌わなくなっている。

筆者が参加できた一九七四年は新暦七月二日がウタカビにあたり、ニガミヤで雑談していると、区の事務所から会計が米一升と泡盛二合と線香を届けた。線香は折れていたので近くの店で買い直し、ニガミが一人で供物を供えてニガミヒヌカンを拝んでいた。翌年は新暦六月二二日にあたり、同様にして拝んでいた。ニガミによると天と地にいる十二支の神様に、二日後にウマチーが行われることを案内するために拝むのである。

一九七四年の新暦七月四日には筆者は区の事務所とニガミヤとアサギを見て回った。午後一時ころから区の事務所では豆腐のウブサーや肉の煮付けを区の職員（会計）が作りはじめ、午後二時半ころに久志から電話が入り、サンナンモーにヌルの迎えにくるようにとのことであった。書記がニガミヤに伝えに行き、そこにいた神役が探しに行くとサンナンモーは運よく家にいたが、その日がウマチーであることを知らなかったといい、車は先方にあるからともかく早く行くようにとせかされて出発した。アサギでは二、三十代の青年三人でダンボールの上に茣蓙を敷いて準備し、午後三時過ぎにヌル（この時は那覇に住んでいる久志のニガミは台風が近づき悪天候のため来られず、衣装が持って来てあった）が到着し、辺野古の神役が待つトゥンチに入った。三時二〇分ころに神役はアサギに行ってそれぞれの座に着いた（久志のニガミの座にはその衣装が置いてあった）が、アタイガミがまだ来ていないので、事務所の書記が探しに行き、アサギではサンナンモーがアディカとグシチを取りに行くのだが、違うものを取って来てしまい、神役に叱られながら三回探しに行き直していた。四時過ぎにようやくアタイガミが現れ、普段は五時ころからやっているのに、と苦情とも弁解ともつかぬことをいいながら座につき、やっと始められるところまで来た。ここで神役は一斉にシロイショウと鉢巻きを着用し、外向きに座り直して合掌して拝み、内側に向いて座り直した。筆者はアサギの隅に座っていたが、女性神役がシロイショウを一斉に着るのを目にしたところで思わず鳥肌が立ってしまった。それくらい初めて見るウマチーの様子には神々しいものがあった。

まず、アタイガミがヌルの前に、アディカとグシチの束とユヌシののったお盆を置き、ヌルは束を右手に持ってユヌシのまわりをゆっくり左回りに三回まわした。稲穂は用意されていなかった。ユヌシはヌルからニガミ、女性神役のN・Sさん、M・Mさん、アタイガミ、故比嘉清範氏（トゥンチの主人）、書記、辺野古のサンナンモー、久志のサンナンモー、M・Tさんに、アサギの中を時計と反対回りに回された。次にユヌシののったお盆をヌル、ニガミの前に置き（欠席した久志のニガミの分も出された）、アタイガミとの間でユヌシのやり取りがされ、その後ユヌシはヌルからM・Tさん、久志のサンナンモー、辺野古のサンナンモーに、ニガミからN・Sさん、M・Mさんに回された。次にお盆を豆腐のウブサーと泡盛を注いだコップをのせたものに替えて同様のやり取りをした。ここまで十分あまりで終わり、そのころ区長も来てアサギのアタイガミの隣に座った。この後、ウブサーをお盆からおろしてアサギに集まった人達で食べながら談笑した（故比嘉久雄氏も遅れて加わった。この時点の出席者を図2に示した）。アタイガミはこの行事は区の費用で行われていることを強調し、区の職員でもないのになぜ奉仕しなければならないのかと異議を申し立てていたが、女性神役はこれを却下し、たしなめていた。四時半ころにアサギにいた人達全員がウロカヤーに移り、サンナンモーが世話をしながらヌルが始めに口をつけた泡盛のコップをまわし、魚を食べながら談笑した。かつてのウマチーのありかたについての思い出話と、祭りの費用の負担の仕方などが話題になり、五時すぎにヌルは久志に帰り、辺野古の神役も解散した。その翌日は台風のため外に出られないくらい大荒れの天候になった。

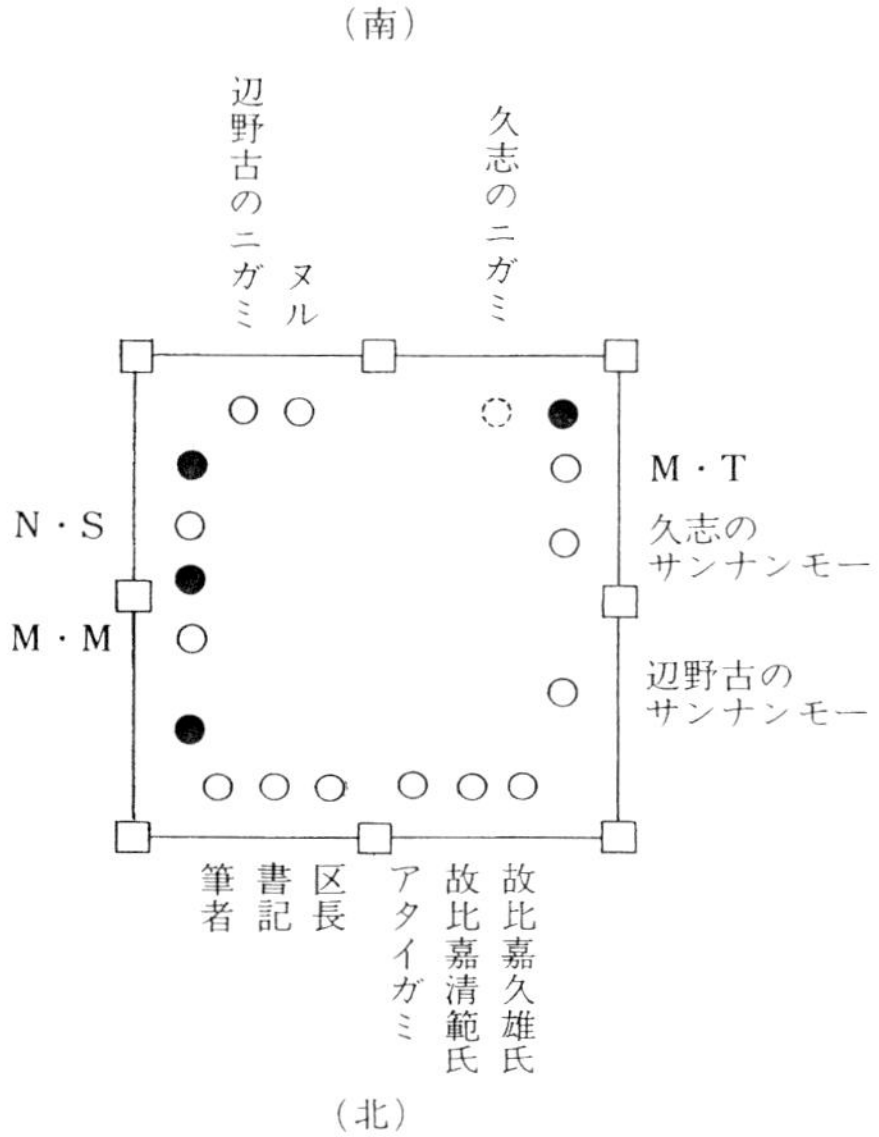

図2　1974年のグンガチウマチー（久志のニガミは衣装のみ）
○は参加者，●は欠席および欠員

アタイガミのH・M氏（一九一七年生まれ）にはウマチーの直前（一九七四年七月一日）に話を聞いたが、氏は戦後祖父の跡を継いで就任しただけなので、なぜこの役を果たさなければならないのか、と世襲自体を疑問視していた。さらに、区の予算が組まれているのに、区からの依頼はなく、祖父のころには行事もしっかりしていたはずだが、今はかなり変わっている。辺野古には今は田はなく供物も他から買わねばならず、猪もとっていないので猪猟を内容とするウムイを歌っても現状にそぐわない。だから筆者が辺野古を調査しても意味がない、とのことであった。ここには行事を継続している人々のなかの一つの見解と、当時の筆者がどう見られていたのか、といった点が示されている。

一九七五年の五月一五日に当たる新暦六月二四日には、筆者は久志のマチハマヤの門中レベルで行うグンガチウマチーを見てからヌルドゥンチに行ってヌルの話を聞いていた。午後三時ころに辺野古のサンナンモーがヌルドゥンチにヌルを迎えにきた。そこへ久志のニガミが生家（ウエナカシ）のニガミヒヌカンを拝んでからやって来て、ヌルヒヌカンを拝んでアタイガミとヌルの息子と一緒に泉川の巡拝にでかけた[18]。それからニガミが戻ると、ヌルとニガミはアサギの決められた座についた[19]。五時ころにはアサギの儀礼は終了して白衣装を脱ぎ、車で辺野古に移動し、五時一五分ころトゥンチに着いて一番座で休んだ。

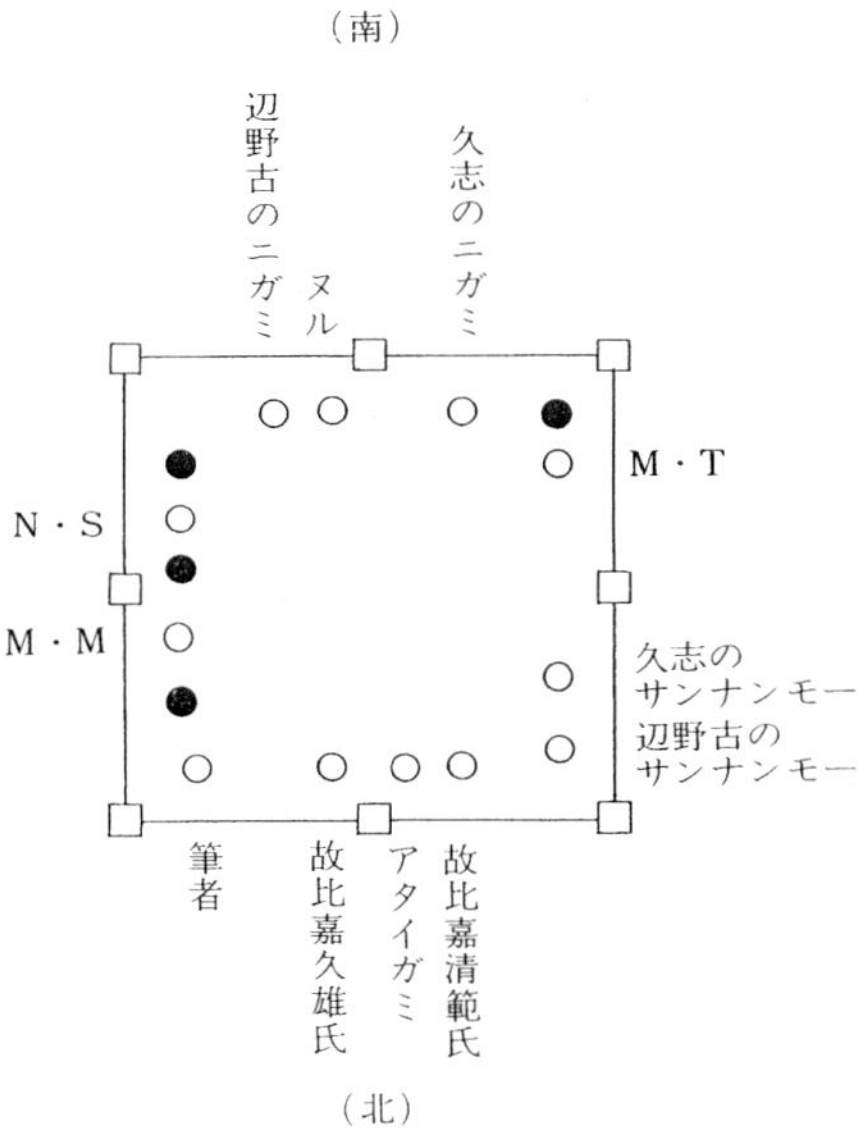

図3　1975年のグンガチウマチー
○は参加者，●は欠席および欠員

辺野古の神役はヌルが休んでいる間に、一足先にアサギの座について待っていた。ニガミはニガミヒヌカンを拝み、他の神役もそれぞれ出身門中の宗家のカミヒヌカンを拝んできていた。ニガミがニガミヒヌカンを拝んでアサギに出たことについて、他の神役の見解ではニガミもカミヒヌカンを拝んで出るべきであり、そうなるとウフジョーアガリのカミヒヌカンを拝むことになる。女性神役の見解にはニガミヒヌカンを門中レベルのカミヒヌカンと区別し、シマレベルの祭祀に対応させようとする意図が見られる。五時半にヌル、久志のニガミも座についてはじめようとしたときに、まだアタイガミが来ておらず、探し当てるまで待たねばならなかった。六時をちょっと過ぎるころに故比嘉久雄氏がアディカとグスキを三本ずつ取ってきてしばり、ヌルの前にユヌシと一緒にお盆にのせて出し、ヌルはアディカとグスキの束を取って三回ユヌシの上を左に回した。ユヌシはヌルから久志のニガミ、辺野古のニガミ、N・Sさん、M・Mさん、故比嘉久雄氏、アタイガミ、故比嘉清範氏（トゥンチの主人）、久志のサンナンモーの順に回された（この時点の人々の座を図3に示した）。アディカとグスキの束はアタイガミがアサギのヌルの上あたりの屋根裏に挿した。それからユヌシをのせたお盆をヌル、久志のニガミ、辺野古のニガミの前に置き、アタイガミ、故比嘉久雄氏、故比嘉清範氏（トゥンチの主人）が対座してユヌシのやり取りをし、次にお盆を豆腐のウブサーと泡盛を注いだコップをのせたものに替えて同様のやり取りをした。以上で六時一五分くらいには終了し、この後、参会者がお盆からおろしたウブサーを食べながら談笑した。ヌル、久志のニガミ、サンナンモーはトゥンチで着替えて帰った。

グンガチウマチーはヌルが主宰し、辺野古のニガミヒヌカンに対する供物は人頭割によるシマの全成員からの徴収によってまかなわれた。ニガミヒヌカンにはウタカビにニガミと女性神役（先代のアタイガミを含む）、ウマチーにはニガミが拝み、アサギで行われる行事にはシマの全成員が参集した。

三　ロクガチウマチー

ロクガチウマチーはグンガチウマチーの一ヵ月後の六月一三日から一六日に行われる。一三日はウタカビといい、グンガチウマチーと同じように、ニガミヤに女性神役が集まりニガミヒヌカンを拝んでから、三ヵ所のウタキを拝み、アタイガミが久志のヌルドゥンチに供物をもって行った。一五日はグンガチウマチーの時と同様にアサギの準備を行い、ミフーダを管理するウフジョーアガリ、ウフカヨウ、トゥンチではミフーダから収穫した米でカシチー（蒸しご飯）を作り、お盆に盛ってユウナの葉を十数枚かぶせ、粟の茎を一四本立てたものを、トゥンチのカミウタナに供えていた。(20) 一四本というのはナナヌカミに由来するという。二二歳までの青年がウミシドゥーやアサギヌへーという役割についてアサギに出す食品すべてを準備し、女性は一切ふれなかった。ヌルを迎えにいく同行者はグンガチウマチーと同じで、辺野古の神役は同じくそれぞれのカミヒヌカンやカミウタナを拝んで集まった。ナリスンチャーでヌルの一行を迎えるが、そこではナリスンチャーウムイというヌルを迎えるウムイを歌っていた。(21) ヌル、ニガミはトゥンチで休んでから着替えてアサギに入った。

アサギでは神役が所定の座に着いた後、はじめに水の入ったユヌシのお盆とカシチーを盛ったお盆三つをヌルの前に置き、ヌルはアズィカとグシチを束ねたものでそれらの上を三回左回りにまわした。ヌルはユヌシの水を少し口に含んでから、久志のニガミに渡し、同様に少しずつ飲みながら辺野古のニガミ、他の神役へと回された。カシチーのお盆はサンナンモーがアサギからさげて、ユウナの葉に包んでトゥンチ、ニガミヤ、アタイヤに持って行った。それぞれの家ではグンガチウマチーの稲穂と同じように供えて、収穫の感謝を捧げる。次に、ミキの入ったユヌシのお盆がヌル、久志のニガミ、辺野古のニガミの前に置かれ、ウチワガミ、トゥンチの主人、アタイガミがそれぞれに対座してユヌシのやり取りをし、ユヌシは他の神役に回された。故比嘉久雄氏によると、やり取りをするときにはニーブガミがミキを注いでノロに返す。それを「神に返す」と表現していた。

次いでトゥンチから魚と豆腐のウブサーとミキの入ったユヌシをのせたお盆が三者の前に置かれ、対座したものとの間でやり取りをして、他の神役に回された。ウブサーのお盆はそのままサンナンモーが下げ、その後に米九合の上にユウナの葉にのせた魚を置いたお盆が三者の前に置かれ、対座したものとの間でやり取りが行われた(22)。以上で久志から来たヌルらはトゥンチのオロカヤーに行って休み、残った辺野古の神役はまずアサギの北側で綱を手に持って、東に向かって魚をとるウムイを歌った。次にアサギの内部で、槍で猪をとるウムイであるヤマシウムイと、国頭で作った山原船を那覇まで運んで行くウムイであるフナウムイを歌い、オロカヤーにはいってオロカウムイを歌ってすべて終了し、シロイショウを脱ぎ、ヌルらと談笑した。この他に水のウムイがあり、前のニガミが存命のうちは行っていたが、忘れられて現在まで行っていない(23)。ヌルの一行はオロカヤーに一泊して、カミアシビーといって庭に筵を敷いて老人から青年まで集まり、夜遅くまで遊んで翌日帰っていたが、戦後は交通の便もよくなっているので泊まらなくなっている。

筆者が参加できた一九七四年には新暦七月三一日がウタカビにあたり、ニガミヤではニガミがニガミヒヌカンに米三合とビンス・ミファナの供物をして拝んでいた。他の神役は一緒ではなかったが、三々五々ニガミヤに集まってウムイの練習をしていた。二日後の新暦八月二日には昼ごろから区の事務所で会計がウブサーを作り、午後二時半ころ神役はニガミヤに集まり、金武から来た人達と話し、四時ころにトゥンチに向かった。トゥンチのカミウタナにはヌルとウナザラの香炉の前にそれぞれの衣装(紅型で戦後まもなく購入したもの)と芭蕉の団扇が置いてあり、その前にウフジョーアガリ、トゥンチ、ウフカヨウからのカシチーのお盆が置いてあった。午後五時ころにアサギに書記が莫蓙を敷き、準備ができたころになって、まだヌルを呼びに行っていないことが分かり、サンナンモーが急いで久志に行き、五時半ころにヌルと久志のニガミらが到着した。ナリスンチャーでヌルの一行を迎えていたことが省略され、ナリスンチャーウムイも歌われなくなり、ニーヌファヌウタキからアサギの座を整えるため木の枝を拾って来ることもしなくなっている。男性神役のうちニーブガミとウチワガミはほとんど参加していない。

まもなくアサギに神役が入り、ヌルの前に水の入ったユヌシをのせたお盆と三家からのカシチーのお盆が並べられ、グシチ、アズィカ、タツマキカズラの束を持ってヌルはこの上を三回まわした。ユヌシを久志のニガミ、辺野古のニガミ、金武から来た女性、N・Sさん、M・Mさん、筆者、故比嘉正松氏、アタイガミ、故比嘉清範氏、故比嘉久雄氏、久志のサンナンモー、辺野古のサンナンモー、M・Tさん、書記、近くにいた青年に回された。グシチなどの束はアタイガミが辺野古のニガミの座っている上の屋根裏に挿した。次に泡盛のはいったユヌシのお盆を、辺野古のニガミ、ヌル、久志のニガミの前に置き、アタイガミ、故比嘉正松氏、故比嘉久雄氏が対座し、ユヌシのやり取りをして辺野古のニガミの分だけを先程と同じ順序で参加者に回した。ここでヌルは首にかけた曲玉をはずしてニガミらと集まった人達に見せた。筆者がロクガチウマチーを初めて見たのはこのときだったが、この年の春に故比嘉久雄氏はロクガツウマチーではヌルが曲玉をつけるから見ることができると話し、尚真王時代にヌルの制度ができたので、曲玉はそのころのもので、さらにウマチーでうたわれるウムイも当時のものだろうと述べた（一九七四年二月一五日に聞く）(24)。故比嘉久雄氏がサンナンモーにバナナの葉に小分けしたカシチーをトゥンチ、ニガミヤ、アタイヤに持って行くように指示し、それからウブサーののったお盆を三者の前に置いて泡盛のはいったコップを同様のやり取りの後、辺野古のニガミのものはN・Sさんの方へ、久志のニガミのものはM・Tさんの方にまわされた。次に米九合の上にユウナの葉を置き、そのうえに揚げた魚を置いたお盆が出され、泡盛のはいったコップを同様のやり取りの後、まわされた。この後、金武の人がヌルの前に進み出て、泡盛を入れたコップをやり取りし、両ニガミにも同様にしてまわりの人にもまわされた。

午後七時にヌルらはウロカヤーに移り、アサギではニガミが南西の隅に太鼓をつるしてこれを打ってリズムをとりながら、女性神役が「どまぬあじと　へいへいへい　……」のウムイをうたう。それからちょっと休んで「なぎだむとぅ　しぎだむぅとぅ　……」ではじまるウムイをうたう。これは魚をとるウムイである。次にアサギの北寄りに青年三人が泡盛のユヌシを置いたお盆を前にして座り、槍に見立てた棒を三本を置いて、「むかしぬ　ほーいへーい　ゆまーゆまー」ではじまるウムイが始まる。青年は途中でユヌシの水を飲んでアサギの外に出し、「うりさい」という声が入ると立ち上がって、そのたびに右手を突き上げ、ウムイが終わって太鼓が乱打されるとアサギの中の南西の隅を棒で突く。これらの動作は犬を連れてハヨウガマに猪を追い立てて槍で突いて、血を流したところを、押さえ付ける、というウムイの内容を演じて見せていることになる。[25] 次にアサギの中央に東西に三本のロープをわたして青年がわきに立ち、「きゆぬゆかるひに……」ではじまるウムイが始まり、途中で青年は両手で掬い出すような動作をする。終わると太鼓の乱打とともに青年一人をロープでしばってカミガグムイに下ろした。これは航海安全のためのウムイで、船に入って来た水をかき出す所作を演じているというのがだいたい一致した見解である。神役は衣装はそのままでウロカヤーに移った。ヌルと久志のニガミはすでに衣装を脱いでおり、ヌル、両ニガミとアタイガミとの間にコップの泡盛のやり取りがあり、それから辺野古の神役が「おろかやぬうみやに……」ではじまるオロカウムイをうたった。そこで辺野古の神役も衣装をとり、ウマチーの行事を終了した。

一九七五年は新暦八月一五日がウタカビにあたり、久志のヌルに聞くと、かつてはこの日から久志の神役がヌルドゥンチに集まってウムイの練習をし、ヌルは久志と辺野古を代表してヌルヒヌカンからウトゥーシをするということであった。辺野古では午後三時半ころに区の事務所から米一升くらいと泡盛二合と線香がニガミヤに届けられ、ニガミを先頭にして女性神役四名でニガミヒヌカンに拝んだ。二日後の新暦八月一七日は久志の区事務所からヌルを迎えに来るよう電話が入り、午後五時半ころに辺野古のサンナンモーが久志に向かった[26]。ヌル一行の車は六時過ぎに辺野古のアサギに着き、ヌルとニガミはカミウジョーから入ってトゥンチの一番座で衣装を着けた。一番座にあるカミウタナなどは一切拝まない。アサギでは青年がダンボールを敷いて、その上に茣蓙を広げて座りやすくしていた。六時半近くになって、神役がアサギのそれぞれの座についてシロイショウを着用し行事が始まった[27]。

　はじめに水の入ったユヌシのお盆とカシチーを盛ったお盆、次に、ミキの入ったユヌシのお盆、次いでトゥンチから魚と豆腐のウブサーとミキの入ったユヌシをのせたお盆、その後に米九合の上にユウナの葉にのせた魚を置いたお盆が出され、ヌルや他の神役の所作は上述のとおりである。男性神役がアタイガミだけで、もっぱらこの人が中心になってアサギの中のやりとりが進んでいた。神役は私用で行事の途中アサギから出て行くときには、シロイショウを脱いでその場に置き、戻って来て着用していた。そこに公私の使い分けがうかがえるところである。

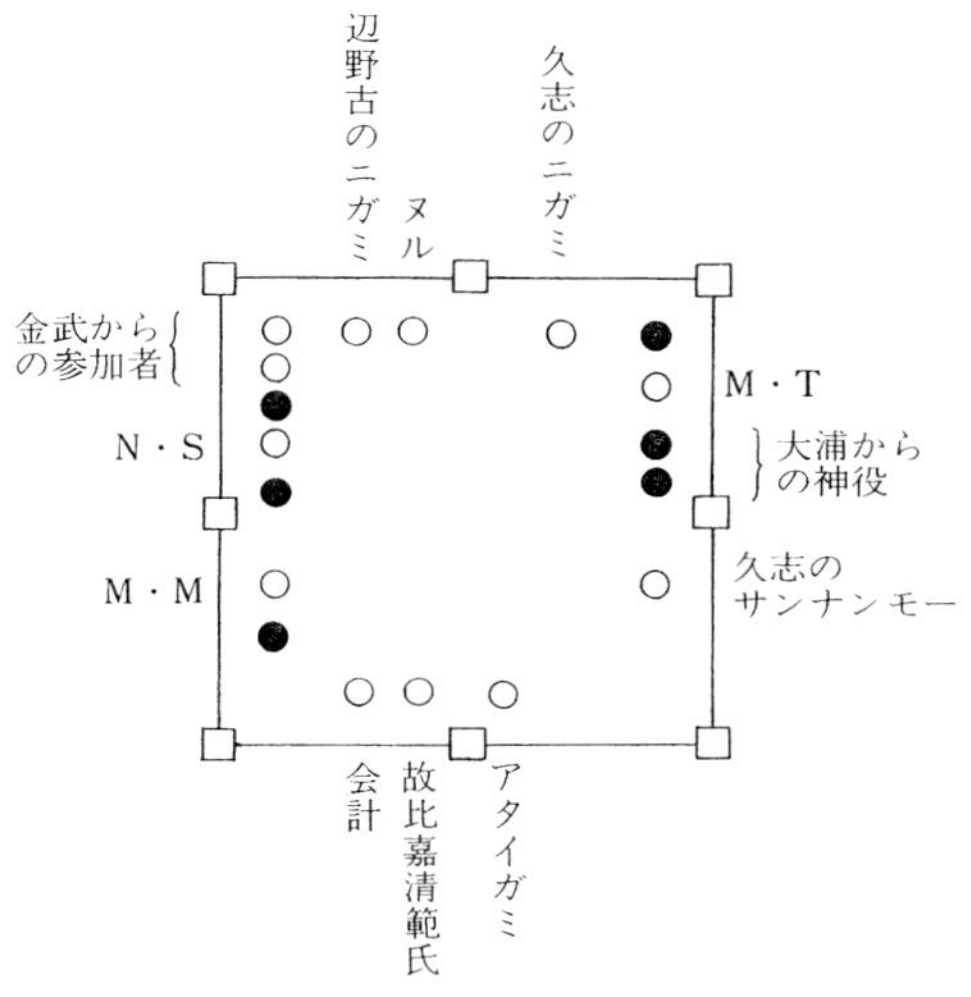

図4　1975年のロクガチウマチー

○は参加者，●は欠席および欠員

　午後七時ころにヌル、久志のニガミ、サンナンモーはオロカヤーに移り、アサギでは南西の隅に太鼓をつるしてリズムをとりながら、ウム

図５　1975年のロクガチウマチー
上＝中央のヌルが束をもって三家から出されたカシチーの上を３回まわす．中＝ユヌシのやりとり．下＝Ｔ・Ｕさんもウムイをうたう．

イをうたう。以下、一九七四年の記述と同様である。ウムイの練習は通例ニガミヤで一〇日から始めているが、この時には一四日と一五日に少ししただけだったので、神役でないＴ・Ｕさんに応援を頼み、アサギの南西の隅で神役と一緒に普段着のままで歌っていた。ニガミヤでの練習には神役以外の婦人も集まっており、ウムイは神役の占有ではないことがわかる。

神役はオロカヤーに移り、午後八時前にオロカウムイを歌い、シロイショウを脱いだ。アサギで用いたものから肴が運ばれていて、アタイガミがヌル、ニガミに泡盛をすすめ、ヌルが飲んでコップをアタイガミに渡し、これを飲んでヌルに返し、それを飲んでトゥンチの主人にというように、順に回していった。ニガミも同様にして

いた。(28)

ロクガチウマチーもヌルが主宰し、ニガミヒヌカンへの供物や拝むときの参加者はグンガチウマチーと共通する。

第三節　ニガミが参加する祭祀

一　彼岸とアザシーミー（清明祭）

彼岸とアザシーミーの二つの行事では、ニガミヒヌカンを拝むのはニガミだけで、白衣装は着ずに平服のまま参加する。先代のニガミは、これらは仏教関係の行事だからヒヌカンは拝まないといい、これらに参加するためにニガミヤを出るときには、それをニガミヒヌカンに告げるだけだといっていた。「拝む」と「告げる」の区別がなされているのである。

彼岸には、彼岸節の初日にニガミは供物を供えず、線香を立てるだけでニガミヒヌカンにこの日の行事を告げ、平服のままトゥンチに向かった。ここには区長と有志会の人々と他の女性神役が集まっており、一番座のウタナ（祭壇）の前に、ニガミとトゥンチの主人と夫人の三人がウタナに近い最前列に座り、そのうしろに神役と他の人々が並んだ。まず、トゥンチの夫人がアジとウナザラ（アジとその妻）あるいはウミキィ・ウミナイガミ（兄弟神）を祭るといわれるウタナに供物の重箱を供え、香炉に線香一二本（二ひら）と一五本（二ひら半）を立て、ウチカビを焼いて拝んだ。他の人もそれに合わせて合掌していた。供物は二段重ねの重箱の上段に肉と魚などを入れ、供えたときに祭る側から見て左寄りに海の産物、右寄りに山の産物となるように置き、下段には餅を並べ、各種奇数になるように配慮したもので、ムラヤ（区の役所）で作ってトゥンチにもって来た。ムラヤではアザシーミーでも同じように用意している(29)。

筆者が参加できた一九七四年は新暦三月一八日が彼岸節の初日で、午後五時半過ぎにニガミはニガミヒヌカンを拝んでトゥンチに行ったが、すでにトゥンチの年長の夫人が向かって右側のウタナに供え物をして拝み始めており、左側を拝む際にニガミが線香を立てていた。区長らは遅刻せずに来ており、すでに始まっていたことからニガミの参加は不可欠のものとはなっていないと考えられる。

アザシーミーでは清明節の初日に、ニガミは供えものをせずにニガミヒヌカンにこの日の行事を告げ平服のままトゥンチに向かい、他の神役と区長と有志会の人々がそろってから出発するが、一番座のウタナは拝まなかった。まずシマの東方のデンデンバカに行き、次に引き返して辺野古橋を渡ってアジのウナザラの墓、アジバカの順に拝んでまわった(30)。各墓では香炉に向かって右側にニガミ、左側にトゥンチの夫人が座ってそれぞれの供物を置き、他の神役と区長らはそのうしろに座っていた。先代のニガミは、各墓ではシマの人々の健康と繁栄を祈っている、と言っていた。アジバカを拝んだ後は、近くの浜で供物の重箱の料理を食べながら談笑した。供物はニガミらとトゥンチが供えるのは別々であって、ニガミら神役が供える分をムラヤで作り、トゥンチが供える分はトゥンチで作った。

筆者が参加できた一九七四年は新暦四月五日に行われ、午後三時ころにニガミはニガミヒヌカンを拝んでから、平服で区の事務所に行きウチカビを打った。これは幅一〇センチメートルほどの細長い黄色みがかった紙を三回折りたたみ正方形にして、銭を象った円形を金づちでたたいて打ち出したもので、一枚の方形に縦横五個ずつ打ってある。神様あるいは先祖のお金とされ、墓やウタナの前で拝むときに焼いた。故城間ツルさんは、辺野古のある人が戦後しばらくは紙が買えずにウチカビを焼かないでいたところ、「おまえたちがお金をくれないからジュースも買えなくて飲めない」と先祖が伝えている、とユタにいわれたという話をしていた。ウチカビは名護で買って来て、正方形に縦横五個ずつ銭の形を打ち、これを焼かないと先祖が受け取れない（一九七四年四月一五日に聞く）[31]。この年は合流する前にトゥンチの一行は先に行ってしまったので、午後五時ころにニガミ、神役のM・MさんとN・Sさん、区長、会計、書記、シマの男性一人の七名で、はじめにデンデンバカに行って、区の事務所で準備したビンス・ミファナのお盆と重箱を並べ、ニガミを真ん中にして神役三名が前に並び、火のついた線香をたてて拝み、ウチカビを焼いた。次にシマの西方のアジのウナザラの墓に行こうとしたが、潮が満ちてきて近寄れず、浜に供物を並べ海に向かって線香をたててウトゥーシし、ウチカビを焼いた。アジバカへは神役を書記が背負って潮が満ちている波打ち際を横切り、香炉に向かって供物を並べ線香をたてて拝み、ウチカビを焼いた。この後、近くの浜辺で重箱を広げ談笑してから流れ解散した。

供物の準備を区の事務所で行い区長らが参加し、重箱も拝む方向に向かって左に蒲鉾や魚のテンプラを入れ、右側に豆腐を揚げたものやサータームーチー（黒砂糖の餅）を入れ、下段にカガンウデーという餅を二七個並べていた。これらは戦前のやり方にしたがっている。ウナザラの墓に行けず、ウトゥーシをしたのは同行した人々にとっても、筆者にとっても予期しない出来事であった。ウトゥーシすなわち遙拝の意味からすれば、固定された拝所あるいはヒヌカンからのウトゥーシに限らず、どこからでもよいのである。ウトゥーシはタンカ（目的の方向）をとって、遙拝の対象に向かってなすものといわれている。この時、ニガミは海に向かって拝んでおり方向は全く違っている。それを後で聞いた故比嘉久雄氏と一足先に行っていたトゥンチの故比嘉マスさん、およびアザシーミーに同行してそれを見た青年T・Y氏は、いずれもニガミが海に向かって拝んだのは初めてではないかと、意外な様子であった。ニガミ本人は拝んだ直後に、ウナザラに対するウトゥーシであると筆者に語っており、唱え言もそれに見合うものであった。アザシーミーの四日後にニガミに聞いてみると、ウナザラの前に行くつもりだったが、行けないのでタンカをとって拝んだ、という。唱え言のあらましは「今日は寅年の旧暦三月一三日でシーミーの入り日にあたり、潮の関係で前まで行けないので前の白浜で拝みます。今やって来たのは区長、会計、書記、区政員の方々で、健康に過ごせ、男も女も毎年拝ませてください。神様のお金も上げますから、少ないといわず受け取ってください」というものである。ウチカビを翻訳したものが「神様のお金」で、これを焼くことによって煙とともに届ける、と考えられている。

トゥンチが先に行ったのは潮の満ちる前に、と考えてのことだったらしいが、ニガミはじめ神役と区長らは結局トゥンチのウタナを拝まずにすませてしまった。このことから、ウタナを拝むことはトゥンチの年長の夫人の主導によるもので、ニガミらはそれにしたがうものと位置付けられるであろう。(32)

彼岸とアザシーミーではニガミはトゥンチの年長の夫人とともに祭祀を主宰するようにみえるが、ニガミヒヌカンに対しては供物もなく、他の参拝者もない。トゥンチの比重が大きく、それによって区長はじめ区政員が加担する構図を取る。

二　綱引き

ロクガチウマチーが終わり、翌一七日から集落の中央のガジュマルの木のあったところに、青年が一人当たり九〇尋ずつの縄をなって持ちより、ヤーマという道具で大綱になった。ガジュマルは戦後の道路拡張のために切られたが、ちょうどこの地点が綱引きのメーグミとクシグミの境界にあたり、雄綱と雌綱をつなぐカネチボウが置かれた。

六月二四日の夕刻になると、ガジュマルの周辺にシマの人々が集まり、イリとイリナカの境界の道路に綱を置いて、メーグミとクシグミに分かれて気勢を上げた。境界のところでカネチボウで綱をつないで、合図とともに引き合った。雄綱の上に男装して鎌を持った人、雌綱の上には女装して稲を持った人が乗り、メーグミが勝つと翌年は豊作になり、クシグミが勝つと凶作になるといわれた。終了後は綱で土俵とまわりの席を作って相撲をし、夜はモーアシビをしていた。一九四四年の一〇月空襲以後は家が焼け、青年は伊江島飛行場建設に徴用されていなくなり、行事はしばらく中断した。

ニガミは、ニガミヒヌカンに供物はなしで拝んでから綱引きに出て、他の女性神役とともにワラサージ（藁の鉢巻き）をしてカネチボウが置かれた付近で踊っていた。(33)

一九七五年には小学校からロープを借りて行い、ガジュマルのあった位置に櫓を組んで、その上で青年がガーク（笛の一種）を吹き、太鼓をたたいて、はじめに子供達の綱引き、次に大人の綱引きをした。ロープは細いのでこの上に仮装した人が乗ることはできない。青年会の主催で、カニマタという飾り物を上につけた棒に「豊年祭」と書かれた幟をつけてふり、女性神役たちが歌いながら踊っていた。ニガミに聞くと、ニガミヒヌカンにシマの人々が豊年祭で喜んでいるので見てほしい、と告げて出てきたという。一九八二年には六月二四日に「下部落」で七五年の子供の綱引きまでを行い、翌二五日に「上部落」でかつての綱引きを再現し、綱に男装女装の人が綱に乗り気勢を上げた。しかし、縄をなう期間中に雨が降り、縄を濡らしたために、引き始めてすぐに切れた。藁を購入して、青年時代にかつての綱引きを経験した人々が総出で準備したのに残念なことであった。(34)

三　ユガフウフジー、ミーミーメー、ウシデーク

六月二五日にはタキウガミに引き続きミーミーメーという行事があり、アサギの中央に北に向かって壮年の男性が三人すわり、それぞれの前にユヌシをのせたお盆を置き、ユヌシにミキが注がれて三人が飲もうとすると、それぞれの後ろに立っている他の三人が耳を引っ張り飲ませないようにした。その際、「アカワン、ムリワル、ユガフスンド」とアタイガミが歌い、耳を引っ張られて飲めない男性は「ハラセ、ハラセ」といった。これも豊作の祝いと祈願が込められていた、と考えられる。昭和一〇年ころ（一九三五年ころ）に中止されたといわれるので、だいたい次に述べるユガフウフジーの中止になったのと同じころである。

夕闇のせまるころアサギでは、ユガフウフジーといわれる老人が杖をつき、そのうしろを精米用の臼をかついだ初老の人が付き添い、そのあとに子供が二人ついて、アサギのまわりを左に七回まわっていた。大人は二人ともアガリヌフィキの人で、初老の人と子供がついて回るのは、代々子孫が栄えることを象徴し、臼をかつぐことで豊作を祈願していたといわれる。昭和初期に臼が重いために回りながら落としてしまい、見物人にけが人が出たため中止された。ユガフウフジーというのは行事の名称ではなく、ここに登場する老人の名であるが、行事名称が聞けなかったために、これをあげることにした。ユガフは豊年、ウフジーはおじいさんの意味である。

この後、婦人たちはウシデークをしていたというが、明治末期に中止された。(35) この日、青年は来るべき七月の盆踊りの準備のために会合を開いていた。

ここではタキウガミとその後のユガフウフジー、ミーミーメー、ウシデークとの関連がよく分からないが、稲の在来種ではロクガチウマチーに刈り入れを始め、このころ収穫が完了する時期であり、前日の綱引きに続き、

稲の収穫にともなう一連の行事であったと考えられる。ニガミはタキウガミ終了後、平服になってこれらに加わっていたようである。

四　盆

盆の期間は七月一三日から一五日であるが、この間にニガミヤでヒヌカンを拝むことはない。ただし、一六日はソーニチといい青年が棒踊りの衣装でヒラマツヤ、ニガミヤ、トゥンチをまわったので、ニガミヤでは青年をしたがえてニガミがニガミヒヌカンを拝み、ユガフと当日の踊りが無事にすむように願ったという。トゥンチとヒラマツヤでは年長の夫人がウタナに対して拝んだ。青年は十七日モーに行って棒踊りをしてから、舞台で村芝居をした。芝居の終了後、衣装を箱に収めてからジョウノヤに行き、ガンスを拝んでカニマタと一緒に収めた。一七日はワカレアシビーといい、青年は前日と同じ順路でまわり、夜明けまで踊りを楽しんだ。

第四節　ニガミヒヌカンの性格

一　年間の行事

前節までに述べた一年間の行事を、主宰者と区の経費としての予算化の有無（一九七〇年の予算による）についてまとめると以下の通りである。

表　ニガミが関与する一年間の行事

ニガミ主宰	ヌル主宰	ニガミ参加	予算化	行事名	日程
○			○	タキウガミ	1月 2日
○			○	カーメー	1月 2日
	○		×	ヌルニントゥー	1月
	○		×	ウガミエー	1月18日
		○	○	彼　岸	2月
○			○	シマフサラー	2月
		○	○	アザシーミー	4月
○			○	トーカウマチー	4月10日
	○		×	ウガミエー	4月18日
○			○	アブシバレー	4月末
	○		○	グンガチウマチー	5月13～15日
	○		○	ロクガチウマチー	6月13～15日
		○	○	綱引き	6月24日
○			○	タキウガミ	6月25日
		○	記載なし	ユガフウフジー	6月25日
		○	記載なし	ミーミーメ	6月25日
		○	記載なし	ウシデーク	6月25日
		○	○	盆	7月13～17日
○			○	ハチガチウマチー	8月10日
		○	○	彼　岸	8月
○			記載なし	ミカニ	9月
○			×	タキウガミ	12月

注　予算化については計上されていないものは×とし，行事が行われていないものを「記載なし」とした。

ここで注意すべきことは、シマの人々はここにまとめたような形では通年の行事を整序しておらず、行事に対する立場によって、役割によって、あるいは体験によって、異なったとらえかたをし、文脈に応じて関連づけていることである。区の行政に携わる人々は予算化されたものがすなわち区の年間の行事なのであって、それ以外は区のレベルの行事ではない、とする。ところがそこにも微妙な食い違いがあり、予算化されていないウガミエーで区の書記（女性）が事務所から供物を届けて、神役がそれを叱責した。これは書記としての役割よりも、ウガミエーに対する女性としての立場によったものかもしれないが、神役の考え方とはずれていて、神事の文脈上神役の見解が支持されていた。また、一月のタキウガミにはそれを実施した神役と、供物を集めながらカーメーに関心が集まった青年たちの体験の差が現れていて、かつての青年達からはタキウガミは孤立しつつある。

さらに、一月から一二月までの暦日どおりにこれらの行事が相互に関係づけられてもいない。四月のトーカウマチーは「ウマチーの始まり」といわれ、アサギで行われることから五月のグンガチウマチーと六月のロクガチウマチーに関連づけられ、一月のタキウガミは一二月のそれに年初と年末の御嶽への巡拝として関連づけられる。もし、民俗学が地元の人々の思考を重視するならば、それらに注目し、文脈を明らかにしながらの記述の仕方が採られるべきであろう。そこに手をつける前に、上述の一覧表を示したのは筆者が「全体から細部へ」という思考に親しんでいることから採ったものであり、シマの外部のものとして、地元の人々の行事の大枠をつかんでおくためである。主宰者による区分は儀礼の執行にあたってのそれであり、ニガミヒヌカンに対しては、常にニガミが先導する。しかし、以下に述べるように、そこから見ていくとニガミヒヌカンに対する人々の性格づけが明らかになるのである。

二　ニガミヒヌカンの孤立性

ニガミヒヌカンにニガミが区の用意した供物を供え神役をしたがえて拝むのが、第一節に述べた行事である。そのうち現行のものでなく詳細の不明なミカニを除くと、カーメーとアブシバレーが一般のシマの人々とニガミら神役とが儀礼の場を共有する。他のタキウガミ（一月、六月、一二月）、シマフサラー（年二回）とトーカウマチー、ハチガツウマチーではニガミと神役のみで執行し、一般の人々はそれを目にしており、行われていることは知っているが、ニガミらと体験を共有することはない。これらには御嶽の巡拝が組み込まれ、神役からすれば年初と年末の区切りをなすなどの意味を持ったが、シマの人々からすれば戦前まで御嶽の森への立ち入りが厳しく制限され、戦後も神役と同道することは考えられないことであって、(36)いはば隔離された領域での儀礼行為であり、他の行事に比べると相対的に人々の関心がこれに向けられることは少なかった。御嶽巡拝の前後にニガミヒヌカンに対して拝むのも、その一環であることから同様に隔離された領域とみなされたようである。現在は御嶽の禁忌はほぼ消滅しているが、これらがあらためて人々の側に何らかの意味をもって取り込まれることもなく、それだけで孤立している。(37)男性はこれらには全く関与せず、先代のアタイガミですら御嶽の巡拝には同行していなかったといわれる。

御嶽巡拝のないアブシバレーでは、神役以外の人々が自らの行為と関連づけて神役のそれを意味付けている。個々に害虫を祓い、神役が浜に来てから船競争が始まっていた。戦後は船の安全をディングヌカミに拝んでから船競争が始まる、というように神役の儀礼との意味連関を強め、その行為と連動している。船競争はアガリヌハマで行われるようになってから盛んになり、戦後のディングヌカミの創設とともにそこでの神役の祈願と関連づけられ、今日ではそれが人々の間で分かちがたいものになっている。カーメーに関しては次章でとりあげることにしたい。

ニガミが主宰する祭祀はこのように性格づけられるが、いずれもニガミヒヌカンを拝むところに注目すると、その行為を体験するのはニガミと神役に限定されており、他の人々はニガミヤで行われていることに直接触れることはない。供物を届ける人々、とりわけ青年は、手渡すとすぐにニガミヤを立ち去った。今日、話を聞く中で強いてニガミヤでのことに触れれば、神役の行為について内容の詳しさに差はあっても言及されるので、人々は知識としては知っている。神役を交えた日常の会話でも、ときに話題となるから、伝聞あるいは伝聞の伝聞で知ることになり、それらに興味をもって調べて博識な人もいる。しかし、次に述べるヌルニントゥーとウガミエーに比すれば、人々の、とくに女性の生活からは関連づけられておらず孤立している。

三　女性の象徴としてのニガミヒヌカン

第二節に述べたヌルが主宰する祭祀のうち、ヌルニントゥーとウガミエーは辺野古の領域内ではニガミが主宰し、ヌルドゥンチあるいはウガンジュに移るとヌルの主宰するところとなる。どちらの行事にも家庭のヒヌカンを祭る年長の夫人が供物を持参して、ニガミヒヌカンに直接線香を立て、あるいはニガミを先頭にして神役とともにニガミヒヌカンを拝む。参加するのは嫁に家政をゆだねた婦人が多く、分家は借家にいる間は認められず屋敷を構えて家庭のヒヌカンを祭っている者でなければならなかった。現実には次三男の嫁の場合は、ヒヌカンを祭っていても戦前は山からの薪の切り出しや家事に忙しく供物をニガミヤに持参するだけで、ウガンジュやヌルドゥンチには行けなかった。また、最近ではサンナンモーを経験するほどの年齢にならないと、ニガミヤに出向かず、供物代を代わりに持参してもらうものもある。ウガミエーは参加者の中で前回のウガミエー以降に出生したり、分家を出したりしたものが、それをシマの婦人たちに伝える機会である[38]。第四章に述べたように、家庭のヒヌカンには《ヤーニンジュの念願がこめられている》との表現に集約される男系に沿った継承線が認められ、分家や特に男児の出生を伝えるのは、そうした側面と関連し、ニガミヒヌカンに子孫の繁栄を願うのである。一方、この行事が区の予算化の枠外であり、区から供物が提供されようとしたときにも拒否され、区の行事からは独立した女性たちのものとする見方が神役には強く、儀礼の文脈において婦人たちにも認められていた。家庭のヒヌカンにみられた《ヒヌカンは女のもの》とするもう一つの側面が、これと関連する。婦人たちは神事における神役の無誤謬性を認め、神役が率先して後者の強調につとめていることから、婦人の意向もそれに偏る傾向にある。定例の行事で一般の婦人がニガミヒヌカンに直接線香を立てて拝む唯一の機会であり、参加する五〇歳代くらい以上の婦人にとっては神役の後押しによってニガミヒヌカンの位置を確かめ、それぞれが家庭でまつるヒヌカンの女のものとする面とも連関させる行事である。

これに対し、シマの男性はこれら女性たちの行事にほとんど関心を示さない。一九八八年のニントゥーのときに区長がニガミヤに来た（ニントゥーには関係がない用件であったが）のは、それだけで前代未聞のできごとだった。筆者が話者宅を訪ねて、夫人からニントゥーあるいはウガミエーについて聞いていると、それにつられて夫のほうが夫人にあれこれ聞き始めたりするのはよい方で、知ろうとする気持ちすら持たない人もいたし、席をはずしてしまう場合もあった。久志のウガンジュやヌルドゥンチでの所作になると、男性の話の内容はかなり茫漠としたものになる。そうしたなかにあってウガンジュでもヒヌカンを拝んでいる、と類推する話者もあり、ヒヌカンが女性の象徴としてとらえられているのがうかがえる。

四　霊性の象徴としてのニガミヒヌカン

グンガチウマチーとロクガチウマチーでは、ウタカビにニガミと神役がニガミヒヌカンを拝む。ロクガチウマチーではニガミヤでウムイの練習が行われ、関心のある婦人たちが三々五々集まって来て茶飲み話をしながら加わっているので、一緒にニガミヒヌカンを拝むこともある。神役の御嶽巡拝後のニガミヒヌカンへの報告を確認して、アタイガミが久志のヌルドゥンチに供物を持って行くことで、ヌルの主宰する行事であることが示される。アサギで行われる儀礼で、グンガチウマチーではミフーダから採った初穂が使われ、ロクガチウマチーではそこから採った新穀で炊いたカシチーが使われた後、それぞれ一部がニガミヒヌカンに供えられた。初穂とカシチーはウフカヨウ、トゥンチ、ウフジョーアガリが提供したもので、ヌルが行うアサギの儀礼を通過して、トゥンチ、ニガミヤ、アタイヤに再分配されたのである。ミフーダは苗代田を意味するが、三家のものは最上部にあって、そこで採れる初穂と新穀は辺野古のシマ全体を代表している。そこの実質的な所有関係は地割制の終焉をまたずに確立していたようで、政治的・経済的な背景によって今日話者が語る三家に落ち着いた。再分配先のニガミヤでは届けられた初穂をニガミヒヌカンに供えて豊作を祈り、カシチーを供えて収穫を感謝した。アタイガミを代々世襲で送り出すアタイヤと対比するとネガミヤはシマの司祭であるニガミの祭場であり、いずれも霊的な面が強調される。アサギの儀礼を境にして、政治的・経済的な側面から、霊的な側面へと転換されるのである。(39)故比嘉久雄氏は初穂やカシチーがどこから出され、アサギを通過してどこに届けられるかを明快に説明し、アタイガミやニガミはアサギで儀礼の進行中にどこに届けるべきかをサンナンモーや青年に指示していた。アサギの周辺に集まってウマチーを見物していたシマの人々もそれは知っており、青年の幾人かは届ける役目を果たしている。初穂とカシチーを出す家々の政治的・経済的側面との対比によって、衆目の目の前でニガミヤとニガミヒヌカンの霊的な面が認識されるといえよう。(40)

五　告知の対象としてのニガミヒヌカン

第三節の行事のうち、ニガミ自身は彼岸とシーミーを仏教関係であるからヒヌカンには「告げる」だけとして他の行事と区別していた。これは余人にはうかがえない部分ともいえるが、シマの人々も先祖を祭ることとヒヌカンの祭りとの距離は感じており、明確には聞けなかったが、ニガミがこれらの行事にしていた区別は奇異なこととはみなさない。綱引きにも「告げる」だけといい、これらには供物がなく、ニガミが単独でニガミヒヌカンに対している。先代のニガミによれば、行事を述べて見てもらうことを告げたのである。その対象は明らかにはできない。ユガフウフジー、ミーミーメー、ウシデークについては、それらが行われていたころには先代ニガミはまだ就任しておらず、それについてのニガミの話も聞けなかった。シマの人々はニガミのこうした行為を目にすることはほとんど無いが、これらの行事でニガミがそうしていることを暗黙のうちに認めているようで、それはニガミがシマレベルの司祭としてニガミヤに居住し、行事がシマレベルのものであることと関連する。さらに、とりわけ彼岸とシーミーからは家庭レベルのヒヌカンと仏壇の対比に対応するシマレベルでの区別がみられ、ニガミヒヌカンとトゥンチのウタナの対比がこれに対応するといえる。

注

（1）辺野古のニンセーズリ（青年会）には、普通一五歳になって学校を卒業すると同時に加入し、ここで米と泡盛を集めて回った二二歳までをウットゥカタ（年下の人）といい、三〇歳になるまでをシージャカタ（年上の人）、それから四〇歳までをサンジョーインといった。サンジョーインは盆踊りだけ若い青年達と一緒に行動するだけで、シージャカタの人がウットゥカタに対して指導的な役割を果たしていた。

（2）男性神役で唯一参加していたアタイガミは父から子へと継承されるが、先代アタイガミの存命中の一九二一年（大正一〇）に継承すべき男子が死去したため、現在のアタイガミは戦後、祖父から孫に継承された。タキウガミについては一九七四年三月一九日に神役だが、そのころ既に老齢のため活動を止めていた故城間ツルさんから神役として体験したこととして聞いた。故城間ツルさんはマブイグミも行え（N・Sさんから一九八二年八月一六日に聞く）、神役の中でも霊的なランクが高いとも考えられる人だった。一九七四年七月二五日には現役の神役N・Sさんからも聞いたが、N・Sさんは戦後の就任であるから戦前のタキウガミには参加していないので、伝聞によるものである。神役のみ参加するためか、一般のシマの人々は記憶にすらないようで、故比嘉久雄氏（一九〇五年生まれ）は自宅がメーヌウタキへ通じる道路に面していたため、シルイショウをつけた神役が通りかかるのを目にしたというくらいの印象である。そうした中にあって、故比嘉正松氏（一九〇七年生まれ）とH・Mさん（一九一五年生まれ）夫妻は、一九七五年三月二九日にタキウガミの模様を話してくれた。本文に述べた神役の衣装はそこで聞いたもので、先代のアタイガミはH・Mさんの祖父であり、娘時代に祖父のつとめた容姿として記憶されていた。

（3） トゥンチの故比嘉マスさん（一九〇二年生まれ）はアサギに隣接して住んでいたため、そこで行われる行事を目にする機会が多く、「ウマチーの始まり」とするのは氏の表現である（一九七四年七月二九日に聞く）。この行事の意味はシマの人々の健康の祈願としか聞かれない。

（4） 島袋正敏は、悪霊や疫病などが海や他の土地から侵入しないように行うシマフサラーの行事では、もともとは牛を屠殺していたが、王府から牛馬の屠殺禁止の通達があったことや、明治期以降は経費の問題もあって豚や山羊に変わってきた、と考えている（島袋　一九八九　二六～七）。辺野古で聞いた限りでは、牛や山羊をシマフサラーで犠牲にしたことは確認できなかった。H・S氏（一九〇〇年生まれ）は、豚の血、左縄、七五三に藁を出すこと、道の出入り口、引き潮、女性、ニガミヤ、厄祓い、の諸要素をシマフサラーの説明であげている（一九七四年三月一九日に聞く）。厄祓いというのは筆者に対して翻訳されたものである。

（5） ニガミヤで拝んで浜に出て、ディングヌカミを拝むというのは、故城間ツルさんの体験として聞いた。ディングヌカミはかつてはなく、戦後に作られたものである（一九七四年四月一五日に聞く）。一九〇〇年生まれのH・S氏の記憶でも、戦後に新たに祭られるようになった。ここが戦前から拝所としてあったという人もあり、第二章でふれたように、親里原と関連づけた空間意識とともに、定着する傾向にある。

（6） 故比嘉久雄氏によればナカモーでアブシバレーをしていたころは船競争は今ほど盛んには行わなかった。アブシバレーがアガリヌハマに移ってから船競争と相撲をだんだん盛んにやるようになり、当時はティンマーという伝馬船で行っていて、戦後サバニーというくり舟（故比嘉久雄氏の表現のまま）が多くなってからはそれでやるようになった。ティンマーは松材を用いて作った運搬船で、長さは大きいものでも四尋ほどで、積み荷は三〇〇〇斤くらいになった。五月四日に糸満、名護、今帰仁、本部ではハーリーを行っているが、辺野古ではそれとは無関係にアブシバレーでだけ行っていた（一九七四年三月一五日に聞く）。ニガミらが三ヵ所拝んでまわることも、このときに聞いた。ハーリーという言葉も糸満のようにサバニーで行う形式をさして使われていたようである。サバニーは漁に使われ、一本の材木をくりぬいて作る刳舟が古く、その発展型の構造船で板を張り合わせたハギ舟といわれるものがある。辺野古でみられるサバニーはすべて後者であるため、故比嘉久雄氏の表現は正確ではないが、その原型を言い当てている。伝馬船はハギ舟のうちの龍骨のあるもので、物資の運搬に使い、これが大型化したものが山原船であるともいわれる。北見俊夫は南洋系統そのまま、ないし中国系統が折衷されたもので、康熙年間末期（一八世紀初頭）に「馬艦造」の技術が導入される以前の初期的構造船や独木舟を「地船」とする。山原地方の集落では地船で交易し、これに用いる帆がクバの葉から木綿に改良された時期と、交易の中核となった集落単位の共同店が開かれた時期（明治末から大正初期）が一致し、沖縄の経済上の転期ともなっていたことを指摘している（北見　一九七三　五四五〜五六二）。サバニーはその形態からして物資の輸送には全く適さず、交易に使われたのはティンマーの方であり、辺野古ではこれを戦前のアブシバレーで船競争に用いたのである。故比嘉久雄氏の話の背景には、広く山原に共通する暮らしぶりがうかがえる。

（7）　馬渕東一は沖縄本島の国頭地方の西北海岸では盆の後の亥の日、八重山では豊年祭とシツ（節）に船競争を行う例などをあげ、五月四日に行う糸満から転移されたものと別系統の船競争の存在を注意している。前者にあっては悪霊や無縁仏への配慮・対策も考慮されるべきであると指摘している（馬渕　一九七四〔一九六四〕　四一一〜四）。霊的世界とのかかわりでは、シマフサラーで投げたゲーヌと、アブシバレーで舟に乗せた畔の虫の流れ着く先としてのウファアガリジマが問題となる。漢字を当てると「大東島」となるが、東方海上のかなたにある浄化作用を担う世界であるといえよう。渡辺欣雄は本島北部の東村川田の稲の収穫感謝祭では、迎神儀礼で東方海上の神郷ウファアガリジマから海神が神舟に乗って人間界に来ると述べている（渡辺　一九九〇〔一九八六〕　四五）。辺野古のウファアガリジマにはこうした意味付けは伴っておらず、川田の迎神儀礼に対応する儀礼もない。

（8）　この時のウムイは全く忘れられている。ウムイがいったん終わって、また始まり、最後に鐘の音がしたといわれる。これと同様の行事が久志でも九月一八日にも行われており、女性はウガミの中に入り、男性はその外側で神役の歌うウムイを聞きながら頭を下げていると、馬の足音のような鐘の音がしていたという（一九七九年八月二二日、久志のウエナカシにて聞く）。

（9）　故島袋欣秀氏（大正四年生まれ）のように、物心ついたころにはクシヌウタキで行われていた人々は、そこで行うものと断言し、この前日だけウタキに入って枯れ枝をとって掃除することができたと言っている（一九七四年三月一三日に聞く）。

（10）　ニントゥーは「年頭」の字を当てるように、年の初めの意であるが、年初の親戚への挨拶回りもさす言葉であるため、ヌルニントゥーの意味を問うときに、文脈上ニントゥーに力点をおいて質問すると、ヌルへの挨拶の方に比重をかけた回答が得られる。

（11）　一九七四年八月一九日に観察した時には小屋のなかには一〇個の香炉が並んでいた。火の神を象徴する三つの石はなく、通例火の神には火のついた線香を供えるのに対し、ここでは火をつけない線香を供える点で火の神とは考えにくい。これらの香炉はかなり頻繁に新設と破壊が繰り返されており、ユタがそのようにしているという人もいる。久志の観音堂とともにユタの巡拝の経路に入っているため、小屋のなかにはかなりの線香の残骸があり、小屋の裏には壊された香炉の破片もあった。

(12) 久志の故比嘉久雄氏より一九七五年三月一七日に聞いた。ウガンジュでの重箱の持ち寄り方を見ていると、そのようにとらえても当然なのだが、実態は区の予算化という点では逆であり、女性しか入れないところの様子がこのように受け止められ辺野古と対比されていることは興味深い。

(13) 久志区事務所にある『諸御願例帳』は、一九五〇年二月二七日の常会で決定した区の行事と区で負担する経費を記したもので、そのなかに「一、正月御神祝　酒一合　魚二斤半　御香一結　参弗　六弗」と、「一、旧四月御拝　酒一合　魚二斤　御香一結　一弗参拾五仙　六弗」とあるのがウガミエーを示すものである。経費のうち後のほうは、一九七〇年六月九日の常会で物価上昇のため改定した金額である。

(14) 故比嘉久雄氏はウマチーの日の取り方に関して、「昔は久志と打ち合わせて日を決め、そのためにアタイガミが久志に行ってヌルと相談していたが、大正の末ころに首里、那覇が一五日だからというので、一五日にやるように決まった」と述べていた（一九七四年三月一五日に聞く）。

(15) 久志でも同じように初穂を供える。久志のアタイガミが任意の田から穂を九本取ってきて、ヌルドゥンチ、ウエナカシ（ニガミを輩出する家）、アタイヤに三本ずつ配り、ヌルヒヌカン、ニガミヒヌカン、アタイヤの家庭のヒヌカンに供えられていた。以前は穂を取ってくる特定の田が決まっていたというが、その位置や管理者は現在の伝承では分からない。

(16) 久志のアサギには辺野古のサンナンモーがすわる座が設けてあって、そこで久志のウマチーが終わるのを待った。久志では後に述べる辺野古のアサギで行われるのと同様の行事が行われていた。久志からはヌル、ニガミ、久志のサンナンモーが同行し、久志の駕籠にヌルの衣装をいれて来た。以前はヌルは馬に乗っていたが、落馬して負傷してからは駕籠に乗ってくるようになり、大正期ころからは衣装だけのせるようになっていた。大正四年生まれの故島袋欣秀氏の子供のころには駕籠に衣装をのせ、ヌルは歩いて来ていた（一九七四年三月一三日に聞く）というので、大正一〇年代にはすでにそのようになっていたと推測される。故比嘉久雄氏によると、ヌルミチは親里原の方を通っており、ヌルはその山道を通っていたが、一九四五年には戦争が激しくなってウマチーは取りやめになり、戦後も数年は米軍の統制が厳しく行わなかった。再開されたときにはヌルは車に乗って来るようになっていた（一九七四年三月一五日に聞く）。大正初期までは馬を引く係のウマヌクチバドゥイ（馬の口取り）も来ていたが、当人が死亡してからはその役の後継者がない。久志のアサギの脇から北にのびる道を通ってウガミに行き、ここで久志の神役がヌルに別れを告げるウムイを歌い、一行はヌルミチを通って辺野古に向かった。現在の辺野古橋よりも上流のナリスンチャーというところを渡って、湿地との境をなす集落の北のはずれの道を通ってトゥンチに向かった。

(17)　筆者が実際のウマチーを見てから聞き直せば、細かい所作の意味を聞けたかもしれないが、氏はまもなく亡くなり聞けなかった。筆者が聞く前年に倒れて体の自由が利かないなかで話されたもので、ウマチーの細部の描写ではなく、過去のある事柄を氏の抱く枠組みに沿って話されたものと考えられる。

(18)　筆者はその巡拝に同行し、まずイチミチガーという泉川を拝み、次にウガミの近くにあるカーナンバの下という泉川を拝んだ。いずれも火をつけない線香を一ひら置いて、供物の小箱に入ったミファナ（米）と泡盛をこぼしていた。久志のニガミは木の小箱にビンス・ミファナと線香が収納でき、携帯に便利な供物箱を持参していた。久志、辺野古の婦人に聞くと、それは首里、那覇で普及しているものである。久志のニガミは一八歳ころから那覇に住んでいて、行事のときだけ久志に帰って来る生活をしていた。南部のいはば都会の風であり、第二章で述べたように、お盆にのせて供物を持参することを田舎の風であると対比してとらえられている。ヌルによると氏は高齢で歩けないので加わらなかったが、かつてはこの二ヵ所では裸になって水を浴びて清めたそうである。ニガミに聞くと、氏はカーナンバの下ではウガミにナナヌカミの霊がいるのでそれに対するウトゥーシをしたといい、確かにウガミに向かって拝んでいた。それから観音堂に行き、火をつけない線香を一ひら供えて拝み、付近の草原からアディカを三本とグスキを三本と名称不明の葛（ヌルによればその永く腐らない性質から永遠に健康でいることをそれとなく示し、アサギで頭にかぶることもあった）をとった。次に久志の若按司の墓に行って線香一ひらに火をつけて立て拝んだ。ここで午後四時を過ぎており、一行はヌルドゥンチに戻り、ニガミはヌルヒヌカンを拝んで泉川を回って来たことを報告し、白衣装を着て黒っぽい鉢巻きをした。ここで二ヵ所の泉川を回ってかつては水浴していたことには、辺野古でアサギに出る前にカミガグムイで手足を洗ったことが対応する。

(19)　久志のアサギではアタイガミがアディカとグスキと葛を束ねたものをのせたお盆をヌルの前に置き、さらにユヌシ二個とコップをのせたお盆をヌルとニガミの前に置いた（この時点のアサギの人々の配置を図に示した）。これとは別に初穂をのせたお盆も準備され、穂先を東に向けてヌルの前に置いた。ヌルはまずアディカなどの束でユヌシの上を左まわりに三回まわし、ユヌシとコップを口にしてニガミ、アタイガミ、ヌルの長男、床屋の主人、区長、会計、ヌルの息子、ニガミの生家の主人などアサギの中に集まった人にまわした。稲穂はヌルドゥンチ、ウエナカシ（ニガミの生家）、アタイヤに届けられ、それぞれのヒヌカンに供えて拝むことになる。アディカなどの束はアサギの南東隅の屋根裏にはさんだ。アサギの西側にはかつては大木があり広い庭がほどよい日陰になって、シマの人々が集まってアサギの儀礼を見ていた。

ニガミによれば、東側に座らなかったのは、神役よりも上に座ってはいけない、と考えられたためである。

(20) 一九二五年ころから台湾より導入したタイチュウ六五号が普及し、六月ウマチーのころには完全に収穫が終わるようになった。故比嘉久雄氏によれば台湾でホウライマイ（蓬莱米）とよばれた品種で、それ以前の在来種ではロクガチウマチーが収穫に取り掛かるころにあたった（一九七四年三月二〇日に聞く）。

(21) H・S氏はナレスンチャーウムイは久志のヌルの到着があまりにも遅いので、辺野古の神役がここで葛を頭にかぶって、久志の神役を叱る内容であるという（一九七四年三月一九日に聞く）。そのウムイは神役ならば分かるはずといわれたが、ウムイそのものは現在伝えられていない。

(22) アサギのまわりでウマチーを見ていた一般のシマの人々にここでミキが振る舞われ、ミキを飲みながら神役がうたう

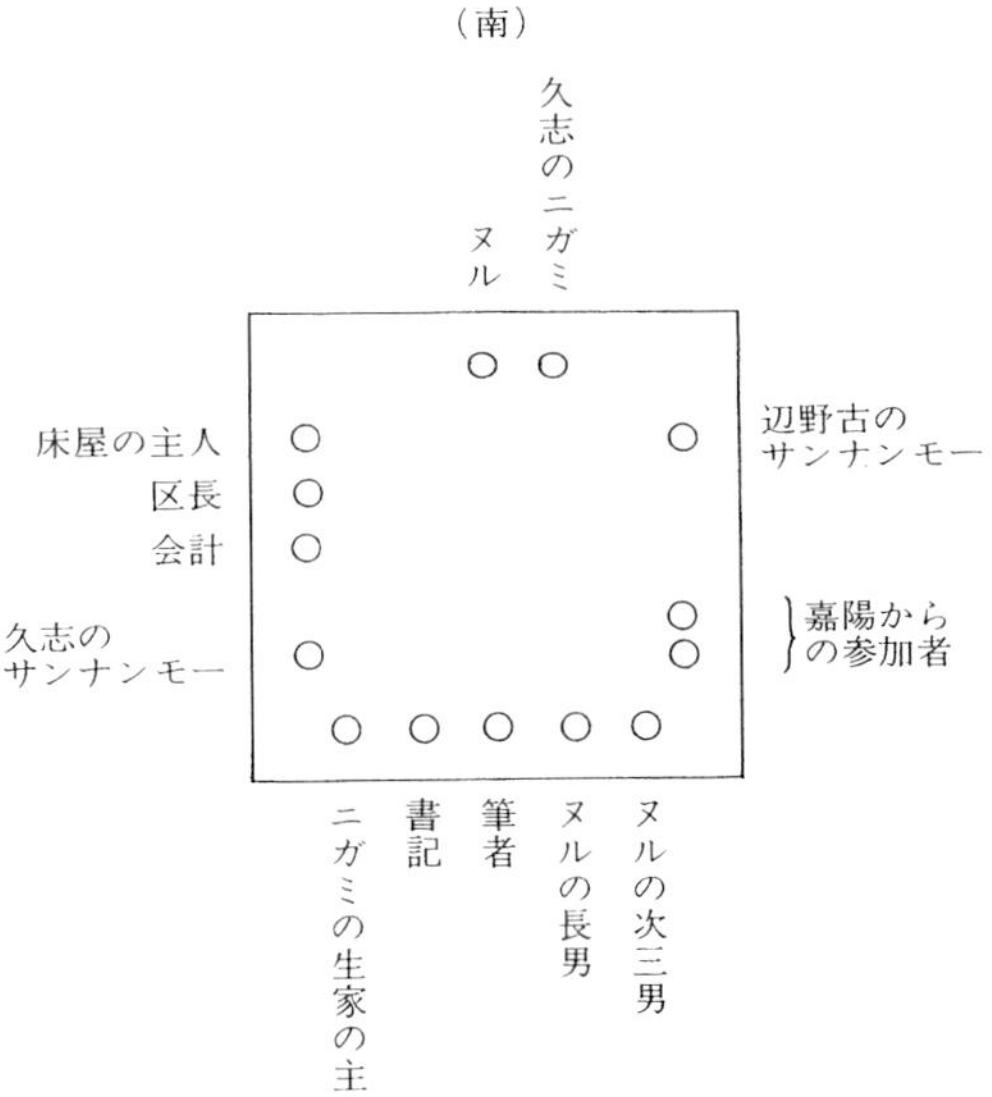

注(19)の図　1975年のロクガチウマチー（久志のアサギ）

ウムイを聞いた。H・S氏はウマチーの記憶にそのことを付け加えている。ミキはニーブ神が命じて各家で作らせ、アサギの桶に集めて神役が捧げた、と説明された（一九七四年三月一九日に聞く）。氏は縄で船の形を作るウムイがあるなど、ウムイのひとつひとつに見られる所作を参照しながら内容の説明をしてくれるが、それぞれに最も注意を引く所作の印象が大きな部分を占めており、アサギのまわりでウマチーに参加した人々のひとつのウマチー像を示すものといえよう。

(23) 先代ニガミの前の二代のニガミは就任してからほどなく死去し、その理由として出自が正しくなかったからともいわれるが、ここでいう「前のニガミ」というのは短命であった二代のニガミをとばしてその前のニガミをさす。

(24) 氏は琉球史に関心を持っていて、ウロカヤーで集まった人達が談笑しながらウマチーと関連した歴史的背景に触れるときには、故比嘉久雄氏がよく知っているというので、他の人はそれぞれの意見を言うのを差し控える雰囲気もあった。

(25) T・J氏は自身では狩りをしたことはないが、と断って次のように話していた。猪をヤマシシといい、耕地に侵入しないようにカキバとかイヌガチという高さ一メートルくらいの猪除けの塀をサンゴを積み上げて作っていた。猪をとるには二メートル弱の幅で深さ二メートル以上の穴を掘って、ここに追いつめて槍で刺した。辺野古では鉄砲を用いてとる人がいて、とった猪の下顎の骨を竃のそばに下げておき、一〇〇個になると祭りをしていた（一九七三年八月二四日に安田宗生氏の調査に同席して聞いたもの。氏の関心の一つが狩猟にあった）。故比嘉久雄氏（一九〇五年生まれ）の子供のころまでは、複数の犬に猪を追わせて槍で突いてとる人がいて、猟に出ると必ずといってよいくらいとってきていた。猪が入りやすいところに畑を持つ人は腐らせた肉を畑の中にいれて猪の害を防ごうとした。イルカの肉はかたいので徐々に腐り効果が長く続いたという。戦後は罠でとり、その後は鉄砲でもとっていた（一九七四年三月一五日に聞く）。しかし、筆者が調査を始めたころには全く狩猟は行われておらず、第二節のグンガチウマチーの記述の最後に述べたアタイガミの見解の背景につながっている。

(26) サンナンモーはヌルドゥンチに到着すると、供物を供えてノロヒヌカンを拝んだ。この時にはすでに久志のアサギでのウマチーの行事は終わって、ヌル、ウヤヌル、ニガミ、アタイガミと区長たちが談笑していた。まもなく、ヌル、ニガミとサンナンモーが会計の運転する自家用車に乗って辺野古に出発した。

(27) アサギの南側にヌルを中央にしてニガミが座り、辺野古のニガミの右（東）には金武から数年おきに来る女性二名（アサギに来る前にニガミヒヌカンとメーウフヤグァのヒヌカンを拝んで来ていた）、メーカヨウに婚出した女性神役

（故人）、N・Sさん、城間ツル（故人）、M・Mさん、ナカジョーの娘（故人）が並んだ。久志のニガミの左（西）には、ミージョグァの娘（与那原に婚出しキリスト教徒のため神役になることを拒否）、M・Tさん、大浦から来ていた神役（二人で戦後も来ていたが、死亡してからは来ていない）、久志のサンナンモーの順に座った。ヌルに対してはアタイガミ、久志のニガミに対してはトゥンチの主人、辺野古のニガミに対しては書記がそれぞれ対座した。トゥンチの故比嘉マスさん（一九〇二年生まれ）は金武の人から聞いたこととして、昔、辺野古の神を分けて行ったので、金武からアサギに拝みに来る、と語っていた（一九七四年七月二日聞く）。故比嘉久雄氏によれば、辺野古の四つの門中（トゥンチ、アガリ、マツニ、ウフヤ）は大正期の中頃まで合同で南部の聖地を巡拝するアガリマーイをしており、金武のナカダ、アラカワの二門中も一緒に行っていた。辺野古から金武に婿入りしたことから合同で行ったのではないか、と門中の理念からすればおかしな理由づけをされていたが、これらと六月ウマチーにこの二門中から代表者が数年に一度参加していることが関連づけられていた。アガリマーイには松田からも明治期まで一緒に行くものがあったとされ、隣村の久志とは合同でやらなかったことも含め、その契機については検討の余地がある（一九七四年三月八日聞く）。

(28) 一九七七年のロクガチウマチーではウチワガミがアサギのアタイガミの隣に座って参加していた。女性神役は不参加を非難しているが、皆勤ではないが参加することはあることがこれによって分かる。

(29) 戦前の区の会計簿は残っていないため、戦後ではあるが、本土復帰後の影響を被る前の状況を示す一九七〇年度の会計簿から、年中行事への支出の記録を示しておきたい。彼岸とシーミーには、春彼岸・三ドル九〇セント、秋彼岸・三ドル九九セント、シーミー・九ドル三五セントを支出しており、本文に述べたムラヤで供物を作ることが戦後のこの時期に経費の点で裏付けられていることが分かる。この他にはカーメー（新年宴会費を含む）・一二ドル七八セント、キリシタン（一年以内に生まれた子供の祝い）・八四ドル一四セント、生年祝い・七九ドル、アブシバレー・八八ドル五四セント、綱引き・一〇ドル、その他の祈願費として二三ドル七一セント（これには四月一〇日、グンガチウマチー、ロクガチウマチー、六月二五日のタキウガミ、ウムイ練習中のお茶代、八月、九月の祈願、シマフサラーの経費が含まれる）となっている。このなかでは本章第二節で述べたヌルニントゥーとウガミエーへの支出が見られないことも注意しておきたい。H・S氏（一九〇〇年生まれ）の話では、彼岸の入りの日には、今もトゥンチに区長ら行政に携わる幹部が集まり、神棚に祭りを行っている（一九七四年三月九日に聞く）とされ、そこにニガミが関与することは全くふれられなかった。筆者はその時点ではまだ彼岸の実際を見ておらず、話題にするのも初めてで、ニガミの関与について聞きただきなかったが、氏の話し方はまず大づかみな特色を述べる傾向があることから、入りの日にトゥンチで行う行事を区のそれと同一視しているとみてよい。

(30) デンデンバカはシマの東方の崖をくり抜いて作ってあり、海食洞を利用したものと思われる。さらに東のほうにある共同墓の性格をもつミーバカが続く墓地地帯の一画にある。かつては神役が死ぬとここに葬られたという。アジバカはシマの西方にあり、辺野古橋を渡って浜に降りて砂浜を歩いていくと、まずM門中だけが使うタカバカという海食洞を利用した墓地があり、その先に位置している。ウナザラの墓はこれに隣接してある。辺野古の墓がシマの東西に分かれていることについて、故比嘉久雄氏は他のシマでは西のほうにあるが、辺野古では東のほうには水が出ないからその方を墓地にした、と水がなく比較的乾燥していることと墓地の立地とを関連づけている。おもしろいことは、文脈からいって、墓地は西にあるべきもの、とする理念がうかがえることである。このことからさらに、M門中が西側のアジバカ近くの海食洞を利用していることは、M門中が早く辺野古に定住していち早く理念にかなう西方に墓を持った、という推測に向かっている（一九七四年三月一五日に聞く）。

(31) 久志では戦後しばらくまではウチカビを盛んに用い、まとめて買い置きするものでないと言われていたため、七月の盆の一五日には店はこれを求める人で大変賑わった（一九七九年九月四日、故比嘉久雄氏に聞く）。

(32) アザシーミーに続いて行われる各家のシーミーは区で日を決めて、事務所のサジェという係がふれてまわった。現在は事務所のスピーカーで放送し、一九七四年には四月九日に「区民の皆様にシーミーについてお知らせします。辺野古では一般の清明は来る一五日としますのでお知らせいたします」と放送した。当日はそれぞれの家族墓に重箱をもって集まり、集落の中にはほとんど人がいなくなるほどであった。

(33) カネチボウ（あるいはカンヌキ）は長さ七尺、太さ一尺で、樫で作ってあり、ムラヤ（区の事務所）に保管してあった。女性神役らが歌う歌は「さあ、辺野古みやらび、よいしよいし、さあ、いきの重さや、はいるれはらや、いきの重さや」で、「辺野古みやらび」の部分を代えながら続け気勢を上げた。本文の綱引きの内容は多くはH・S氏（一九〇〇年生まれ）によるが、同席していたT・Y氏も異論はなく、誰が綱の上にのっていたかという具体的な話を付け加えていた（一九七四年三月一九日に聞く）。ここに体験を共通に持つ者同士が過去を振り返って話すときの特徴が見られる。彼らは話題になっている事柄の大枠は了解したうえで、個々具体的な出来事に言及するのであり、体験を共有しない者に対しては、まず、輪郭を与えようとする。

(34) この時期には盆のエイサー、村芝居の復活とあわせて、戦後途絶えていた行事が再興されており、綱引きもその一環である。

(35) H・S氏の母親はウシデークに出ていたというが、これが行われたことは氏の記憶には残っておらず、長じてこの日の青年の盆踊りの話し合いを体験している（一九七四年三月一九日に聞く）。故比嘉マスさんの母はこれに出ていて、氏自身も幼いころに確かにやっていたのを記憶している（一九七四年七月二日聞く）。二人の記憶にはずれがあるが、明治四〇年前後には中止されたとしてよさそうである。さらに故比嘉久雄氏はこれは女性ばかりがアサギの前の広場で行っていた行事で、はっきり分からない、と述べている（一九七四年三月二〇日に聞く）ことと、H・S氏の記憶に残っていないこととあわせると、もっぱら女性が担っていた行事であったと思われる。

(36) 筆者の調査を始めたころは神役が御嶽に入って行くのに同行するのも許され、神役以外の婦人も同行していた。そればかりか、クシヌウタキの一画には消防庫や子供の遊び場が作られ、八〇年代後半になると森の樹木が伐採されて、こんもりとした木々の奥にあった拝所が目に触れるようになっている。これらからすでに御嶽の禁忌は崩れて、三〇歳代以降になるとほとんど意識されなくなり、戦前に体験した人々から厳しい禁忌が課されていたという記憶が語られるだけである。

(37) 家庭のヒヌカンが年末に天に昇り、年初に戻ってくるという話が辺野古でも聞かれる。これと日程的にはほぼ対応する年初と年末に神役がニガミヒヌカンを拝みタキウガミを行うこととは関連するかどうか、幾人か婦人に問うてみたが、特に意識されてはいない。ニガミヒヌカンも昇天しシマの出来事を報告するのではないか、と問うてみると、そうかもしれない、という答えが返ってくる。むしろ、ヒヌカンの昇天の伝承との関連からみると、家庭のヒヌカンとニガミヒヌカンとは連動しておらず、異質とする見方が強いようである。

(38) このほかに出生や分家を伝える機会は、シーミーと門中のグンガチウマチーがある。シーミーでは村墓に集まっていたころには伝える範囲が村墓に集まらないM門中などを除く範囲に広がっていたが、近年の家族墓になると相互に行き来する範囲に限定される。門中レベルでのグンガチウマチーを辺野古で行うのはK門中だけで、門中の人々に伝達される。

(39) トゥンチはミフーダから初穂とカシチーを出し、アサギの儀礼の後にそれらが再分配されることから、政治経済的な側面と霊的な側面とを合わせ持つといえる。トゥンチが一時無住になったことなど周囲の状況からは、前者の面がシマの象徴として再構築されたこともうかがえる。初穂とカシチーを出す残り二戸のうち一戸は、第二章第二節第三項に述べた「士族」の家柄とされる寄留者であることも政治的な色合いを感じさせる。

(40)　一八世紀はじめに編纂された『琉球国由来記』の「各処祭祀篇」には、当時の年中祭祀が記載してある。編纂の経緯について伊波普猷は、当時王府に設けられた臨時の役所が「四十いくつかの番所――間切役場のことで属島では蔵元と云つた――に命じて、管轄内の各村の旧事、もしくは由来などを調査せしめ、その報告書を取捨し、按排して、各処祭祀を編纂した」（伊波　一九七二〔一九四〇〕四）もので、「わけても、祭祀に関しては、多くは、当時、中央部で行はれたものを標準として諮問されたものに応じて、答申したのであるから、一二の例外を除いては、殆んど一般的のものだけを採録して提出したものと見てい、」（同　五）と述べている。伊波に対しては、津波高志の批判があり、このように質問と報告と記載内容を実証的に関連づけることは困難であると考えられている（津波　一九八一）。記載内容だけを検討すると沖縄本島部では祭祀場ごとに、村落、祭祀名、供物、供物の供出者、祭祀者の順に列挙され、離島・先島部では間切あるいはそれより上または下のレベルで一括して暦順で記載されていることは、両者に地域差を意識した異なる質問がなされた結果と推測されることまでは指摘されている（同　一九八八）。辺野古の神アサギにおける久志ヌルの祭祀として「稲二祭之時、供物上同。（自辺野古地頭）」とあるのが、ここで取り上げているグンガチウマチーとロクガチウマチーをさす部分である。以下に『琉球国由来記』巻一五の、久志と辺野古に関する記載を引用したい（東恩納他編　一九七二〔一九四〇〕四八九）。

年中祭祀

久志巫火神　　久志村

毎年、三八月、四度御物参之時、有祈願也。

稲二祭三日崇、且、年浴・柴指之時、仙香、花米五合完、五水四合完、神酒五器完（久志・辺野古、二ケ村百姓）供之。久志巫、祭祀也。

神アシアゲ　　同村

稲二祭之時、五水四合完（惣地頭）シロマシ二器、神酒二完、花米九合完、肴四器完（百姓。大祭之時ハ、赤飯一器供之也）

年浴・柴指之時、神酒二完、肴四器完（百姓）供之。

久志巫、祭祀也。

神アシアゲ　　　辺野古村

稲二祭之時、供物上同。（自辺野古地頭）

年浴・柴指之時、供物上同。（百姓）

久志巫、祭祀也。

本文と関連する部分は、五月六月ウマチーのウタカビには久志、辺野古の百姓からヌル（ドゥンチに祭られている）火神に供物が出され、ウマチーには久志のアサギでは惣地頭と百姓から、辺野古のアサギでは地頭から供物が出され、いずれも久志ヌルが祭祀を行う、と解せられる。現在と比べてみると、ウタカビにアタイガミが辺野古から久志のヌルドゥンチに米三合と泡盛と線香を届ける点は、供物の内容を除くと、記載内容と符合する。辺野古のアサギでの供物をトゥンチで用意していたことが、地頭が出すことに対応するかもしれない。そうすると、アサギに出す供物にみられた政治性がここにもうかがえるのである。第二章に述べたように、御嶽に関しては『琉球国由来記』の記載内容と現在の様態は全く比定できないが、祭祀に関しては右のような対応をみることを研究者側から読み込んでいくと興味深い。しかし、シマの人々は字誌の編纂委員を除くと、かつての祭祀を記録したこのほとんど唯一の文献の記載内容を、知識として持っていない。このことから三〇〇年ほど前に記された内容が、現在の祭祀の執行や意味付け、あるいはその維持に影響しているとは考えられないため、『琉球国由来記』の記載内容については、ここでは考慮しないことにしておきたい。

第六章　水の信仰

――カーメー儀礼の一考察――

第一節　カーメーの周辺

一　泉川とカーメー

沖縄では先祖から用いた水に対する恩恵に感謝するとともに、健康を願い人々の繁栄を祈るために、特定の泉や川を巡拝する行事が見られ、それをカーメーと称している。ここでとりあげるのはこの行事であって、分布、主宰者、祭日と目的についてまとめると次のようになろう。

沖縄方言では川はカーラと称して、井泉のカーと区別し、カーメーはこのうち井泉を拝むこととされる(1)が、実際には川も対象になっており、シマ（村落）レベルの年中行事または数年ごとに門中祭祀として行われる。沖縄本島と周辺の離島で行われ、人の通過儀礼に関連して産水や死水を汲んだり正月の若水を汲んでくるウブガー（産井）や、先祖が飲み水に用いたというわれのある水場を拝んでいる。シマレベルではノロやニガミといった女性神役が主宰し、旧暦一月二日または三日、あるいは旧暦九月に行い、門中レベルではクディーなどといわれる門中の女性神役が主宰し、旧暦三月または旧暦八月に行う。それぞれシマの人々あるいは門中の成員の、健康、繁栄を祈願する。シマレベルでみた場合には、すべてで行われているわけではなく、いわゆるハルヤーといわれる士族の帰農や開墾によってできたところでは、祈願の対象となるいわれのある川や泉がなかったり、シマレベルの女性神役がいないために、カーメーは行わないのが普通である。(2) しかし、同じ士族でも寄留者として古くからのシマに共住している者は、先祖の代から他のシマの人々と同じように使用する水の恩があるために、シマレベルの行事には参加し、一緒に祈願している。

カーメーに辞書的な解説を与えるとこのようにまとめられ、ここに述べたうちのシマレベルのカーメーをとりあげる。次に研究史をふりかえってみたい。カーメーそのものに関しては、産井の継承を扱った小川徹（小川一九七二）が、地域的にも本章との関わりが大きい。ここでは集落における泉川の歴史地理的位置付け、および水の信仰的側面に注目した二つの流れにまとめて述べることにしたい。

二　泉川と水に関する研究

泉川に関しては、それを単独にでなく御嶽とその司祭者を出す草分けの家とともに一括してとらえ、村落の成立時点にさかのぼって考察しようとする流れがある。宮城栄昌は後世の村にあたるマキョの成立時点にさかのぼって言及し、(3)

マキョ成立の諸条件のうち、部落の守護神たる御嶽の神とその司祭者の存在は最も重要なる社会的・宗教的（時に政治的）要件であった。もちろん水は人間生活上の不可欠なるものであるが、マキョでは御嶽付近に寒水《すんがー》または清水《そうじ》といわれる井泉があり、さもなければ清流があって水が得られた。これらの水は単に飲料乃至灌漑用のものでなく、部落民の「指撫で水」あるいは「すで水」であったから、その点井泉は部落民の信仰の対象であり、したがって水もマキョ成立の自然的要素であったばかりでなく宗教的要素であった。と述べ、村落の成立条件のひとつであり、信仰の対象ともなったとして泉川に言及している（宮城　一九七九　五六）。ここで御嶽の神につづいて述べられた司祭者は草分けの家の系譜に連なる根神をさし、これらと泉川の三者が関連付けられているのである。さらに、この三者の村落における空間配置にも言及し、「草分けの家は御嶽に最も接近して位置し、その前面に分家群が展開している例が多い。（中略）村落の成立とその発展過程からみて必然的な展開形態である」（宮城　一九七九　六二）と述べている。(4) ここでは泉川にはふれていないが、前の引用部分と合わせると、村落の成立にさかのぼって、御嶽、草分けの家（に連なる根神）と泉川の三者が関連付けられ、それらが空間的にも特別な位置付けがなされる。(5)

仲松弥秀のこれと関係する部分をまとめると次のようになる。一般的に沖縄の村落は背後に山や丘を控え、それに腰を掛けたような立地をし、草分けの家が最も背後に位置して、分家群を後ろから見守っているような配置になっており、丘の斜面や上にグスク（古代におけるその村落の祖先の葬所）があり、草分けの家がこれと最も接した位置にある（仲松　一九七七　四〇）。やがてグスクが拝所となり、首里方面から「御嶽」という呼称が流布して、現在は御嶽という呼称が一般化している（同　四二）。これらの拝所と泉川の管理と、祭祀の中心となってきたのは数人の神女で、「これら旧家血縁から出自した神女たちを率いる村最高の神女を「根神」と称し、この神女は村の創始家と目されている直系の家か、あるいは近縁に当たる分家から出自している」（仲松　一九九〇　二二九）と述べている。特に仲松は、御嶽や泉川の位置によって村落の歴史地理的過程が明らかとなるとし、移動のできない泉川の存在を重視している（同　九八）。

これらは直接にカーメーとの関連にふれるものではなく、またその点が学説史の上で検討されねばならない問題でもあるが、ここでは根神との系譜上の関連がある草分けの家、御嶽および泉川の三者の社会的、宗教的なつながりを持つことと、集落内における空間配置についても分家群の背後に位置しているという見解が提示されているととらえておきたい。

もう一つの流れとして水の信仰的側面については、八重山の仮面仮装儀礼を検討した吉成直樹が、スデル（脱皮などして生まれ変わる）ための水が儀礼と密接に結び付いており、神々が再生するばかりでなく世界の再生のための水も想定されているとし、さらに神々には蛇のイメージが投影されていると考えることによって脱皮することによって生まれ変わる意味、そのために水を必要とする意味などが理解できるとしている（吉成　一九八七）。折口信夫はすでに、生まれ出た後に卵や殻を残す生まれかたを、母胎から生まれるのと区別してスデルといったことと、スデルには若返るという意味もあり、本島にもその用例があったと述べている（折口　一九七五〔一九二九〕一二〇）が、そこでは資料は琉歌と先島の若水の由来伝承によっており、儀礼行為とのかかわりにはふれておらず、本島におけるカーメーに関しては示唆を受けるにとどまる。村落レベルの泉川を含む儀礼を対象にしたものとして、吉成には久高島の八月の儀礼ソールイマッカネーの分析があり、男性神人のソールイが身を清めるミーガーは人の生死に深いかかわりを持つことなどから、儀礼要素に「死と再生」および「水」との関連があるとし、この儀礼が水による世界の再生を意図して行われたものであることを示している（吉成　一九八九）。前項で見たようにカーメーの目的として水に対する謝恩があり、とくにウブガー（産井）にはその背後にこうした水の信仰的側面のあることが考慮されなければならないであろう。さらに、小川徹の沖縄本島北部の名護市真喜屋の事例は興味深い。真喜屋にはかつては数個の井戸が利用されており、日常的に地域ごとに汲むところが決まっており、正月、五月に拝むところもヒキごとに決まっていた。子は父のカーを産水とし、分家は本家のカーを産水にするが、長女だけは母の産井を引き継いでいた。このため長女だけはカーメーのときも兄弟や他の姉妹とは別のカーを拝んでいたという。沖縄本島では拝所ないしそれへの帰属は父系により規制されるのが原則になっているなかで、女系を辿ることが注意された（小川　一九七一　三九〜四四）。長女だけが母の産井を継承する理由やそのいわれは話者も説明できず不明とされているが、別の泉川でなく特に人の生死に関わる産井への帰属が系譜認識によって決められていることに加えて、真喜屋以外ではそうしたことは見られない、つまり複数の泉川のあるところならば必ずそうなるとは限らないと読みとるならば、カーをめぐる諸要素の結び付きを見ていくうえで考慮すべきことである。

ここでは以上の研究史で問題とされてきたことに加えて、第一章で検討した、調査で得た資料を処理あるいは操作する過程で消えていってしまった「自分の体験していることについては実にくわしく話してくれた」個々の人々に光をあてることによってあきらかとなるいくつかの点を、カーメー儀礼を取り上げて具体的に記述する。筆者の調査は短い期間ではあったが、調査を継続することによって得た資料により、人々の間に潜在する考え方の違いを、その行為とあわせて明らかにしたい。さらに、「いろいろの祭礼関係の役目」については、それらを体験した人々の社会文化的背景との関連でとらえたい。同時に、調査は筆者の体験でもあるので、一九七三年に辺野古に初めてうかがって以来のそれも取り入れることにする。

これをもって民俗事象の全般にわたる一般性を求めるのではなく、このような問題意識をもって具体的な記述を行い、これまでの資料処理においてあまり注目されなかった視角を提起し、将来こうした点から比較をおこなって個々の特異性や相互の関連性を見いだしたい。

三　話　者

カーメーにおいて役割あるいは立場の異なった人々の、行事の現状に対する説明だけでなく、過去のある時期にさかのぼって復元したものへの説明にも注意するため、立場が相違し、さらに年齢がある程度離れた次の四名の話者について主として検討する。

故比嘉久雄氏は一九〇五年（明治三八）に辺野古に生まれ、久志尋常高等小学校を一九一八年（大正七）の辺野古の大火のため中退して、父親を助けて農業に励み、一六歳で青年会に入会している。第三章に述べた郡道の建設工事についてもしばしば言及していた。一九二二年（大正一一）からは羽地村（現名護市）真喜屋の工場で働き家に仕送りし、二年間の兵役（福岡）の後、辺野古に戻って生活し、戦後の一時期区長を勤めた。カーメーには青年会の一員として、それから区の事務所の一員としても参加し、神役ではないが、一九七〇年代には欠席した一部の男性神役を代行する形でウマチーにはアサギの席につき、ノロ、ニガミと相対して座り応対していたのを筆者は見ている（第四章参照）。先年亡くなったが、女性神役の一人N・Sさんによれば「信仰心の強い人」であり、神事についても分かっていたのではないかと評価された。

N・Sさんは一九二一年（大正一〇）生まれで、戦前、第三章で述べたように多くの出稼ぎ者が出ていった中の一人として、一時関西方面に出て製糸工場や製靴工場で働き、今次大戦が激しさを増す前に戻って来た。一九五〇年（昭和二五）にシマレベルの女性神役となり、現在六名の女性神役の中では二番目の就任順位（戦後に就任したものの中では最も早く最年長）で、戦前に就いていたM・Mさんとともに中心になって諸行事を実修している。シマレベルの行事以外にも、他家の屋敷ウガミやマブイグミなども行っている。一九七八年（昭和五三）に神役に就いたO・Mさんは、自身では他家の屋敷ウガミはできても、マブイグミはまだできないといい、関与できる霊的な事柄に段階があることを示唆しており、このことからすれば、就任の遅かった神役からみてN・Sさんは霊的に高いランクにあるとみなされているといえよう。(6)

H・S氏は一九〇〇年（明治三三）生まれで、一九三八年（昭和一三）に当時一年任期で順に指名されていたムラヤー（区事務所）の会計になったが、経済上の理由を申し立てて辞任し、大東島の軍飛行場工事にでかけ、戦後戻って来た。当時は経済状態が悪くハワイ、ブラジルへの移民や出稼ぎが多く、出稼ぎ先からの送金がそうした家々の経済を支えていた。一八九九年（明治三二）の土地整理では、その年の七月までに生まれたものには土地の配当があったが、本人は翌年の生まれであったために持てなかったという。元区長のS・K氏によれば、行事の時にはあまりアサギにも出て来なかったといい、女性神役のN・Sさんによれば、あまり神事には熱心ではないということで、故比嘉久雄氏と同年代でありながら、神事に関する評価は反対になっている。

S・K氏は一九四八年（昭和二三）生まれで、若くして区事務所の書記、区長を勤めた。その後字誌の編纂委員として勤務している。ここで見ていく話者のなかでは最年長のH・S氏より約半世紀後に生まれ、カーメーにはまず青年会員として、その後区事務所の一員として参加している。

さらにここで話者として筆者自身を加えるのはおかしいが、現在までのいくつかの機会に当地で得た資料をまとめて提示したものがあり、それは筆者なりの把握であって、その時々に現地の人々が話をしたのと、同様の位置付けができると考えられる。また、筆者の体験としても述べることから、当地とのかかわりを記しておく必要があろう。筆者は一九五二年（昭和二七）に生まれ、年齢的には元区長のS・K氏に最も近い。第二章にも述べたように、辺野古にはじめて行ったのは沖縄の本土復帰の翌年、一九七三年（昭和四八）の、学部学生二年の夏のことで、当時は右も左も分からず、翌年になってヤーヌナ（屋号）を聞き終えたころに、話がいくぶん聞き取れるようになった。火の神信仰に関して卒業論文を、その延長上で修士論文をまとめたが、調査はモノグラフが書けるようにと心掛けた。神事についてあれこれ聞き回ったためか、ニガミヤでウムイの練習中の女性神役から「何か夢を見ることはないか」と聞かれたことがあるが、反対に「いつも犬みたいについて回る」とうるさがられたこともある。

第二節　カーメーの「全体」とその変化

一　旧暦一月二日の行事（大正期末から戦前まで）

辺野古では旧暦一月二日には、神役による御嶽に対する新年の祈願と一般の人々も参加するカーメーが連続して行われていた。それらを一括してとりあげることにし、まず筆者が聞いた話で溯りうる範囲で復元した旧暦一月二日の行事を述べたい。時期は大正期の末から戦前の状況を示すものである。

この日、朝早く二二歳以下の青年が全戸から酒（泡盛）、大根のなます、供え物に用いる米少しを集め回りニガミに届け、泉川の掃除を行った。午前一〇時ころ女性神役は全員がシルイショウ（白衣装）を着用し、タキウガミ（嶽拝み）のためニガミヤに集合し、ニガミを先頭にしてニガミヒヌカンを拝んだ。タキウガミについては第四章に述べたとおりである。御嶽を拝んだ後、ニガミヤに戻り、ヒケー（控え）といってニガミヒヌカンに巡拝の終了を報告し、神役はシルイショウを脱いで平服になってから、カーメーに参加するために十七日モー（盆の一七日に集まって歌踊りを楽しむ広場、モーは草原の意）に向かった。御嶽の巡拝については女性神役から聞いたものであり、一般のシマの人はタキウガミがあったことを記憶していないことも多い。

カーメーにはシマの人々は男も女も区別なく参加していた。人々は昼近くになると十七日モーに集まって神役を待ち、その到着後、神役を先頭に、太鼓を紐で棒にさげ男二人で担いでたたきながら拝所を回った。アガリヌカー（サーガー、アガリムティヌカーともいう）、マツンギャミヤー[7]、ヤマガー（イリムティヌカー）の三ヵ所で、これにウブガーを加える人もあり、順序は東のアガリヌカーから西のヤマガーへ拝んだというのと、その逆コースであったという二通りが聞かれる。各泉川ではニガミを先頭に他の神役とシマの人々がしたがい、タキウガミに用いたお盆の供え物をそのまま使い、線香は火をつけずに置いた。字の行政員は他のシマの人々よりも前に位置しており、神役たちと並び、泉川を拝していた。供え物はサンナンモー（シマの女性が一人ずつ年齢順に担当する神役の補助者）、または結婚後なかなか子供に恵まれない女性が持ち運んだ。これに参加して泉川の水を飲めば、どんなに子供に恵まれない女性でも子を授かるといい、同じ理由でその夫は再び十七日モーに集まったところで、アダヌギ（アダン）を二本交差させたウマに乗せられ、シマの人が四人で担ぎモーを七回まわっていた。あるいはマツンギャミャーで水を飲ませてから、十七日モーまでは担いで移動していたという話も聞かれた。そこでは、朝のうちに青年達が集めた酒を大根なますを肴にして飲み、歌踊りに興じた。この行事には、もともと辺野古に住んでいたといわれる家々だけでなく、南部の与那原などから寄留した人々も自由に参加した。

二　戦後の情況（一九七四年まで）

今次大戦により字の家の大半が焼失し、一九四五年（昭和二〇）後半には避難民の一時居留地になるなど混乱が続いたため行事は中止されていたが、一九五七年（昭和三二）に軍用地の貸地契約が結ばれるころまでには混乱も落ち着き、再開された。

戦後も、行事はほぼ上に述べた内容で行われていたが、戦後いつ頃からか巡拝する泉川の数が七ヵ所になって、順路も異なってきている。不思議なことだが、誰に問うてもいつ頃七ヵ所になったのかは分からない。新たに加わったのはカミガグムイ（カミガー）、ヤマシグムイ、ナートゥガー、カミクサイ（タキグサイ）で、マツンギャミャーを拝まなくなっている。戦前に巡拝していた泉川がウブガーを含めて四ヵ所であったとすると、それに四ヵ所増やして一ヵ所減らした結果、合計七ヵ所となる。巡拝の対象となる泉川といわれについては、話者による相違を考慮しながら後で検討する。そのほかの変化として供え物に関するものなどがある。その一つは青年が早朝に集めていた供え物にする米と酒で、それらは一九五七年ころから区の予算から出されることになって、各戸からは徴収しなくなった。隣接して開設された米軍基地に関連した仕事をする人々が周辺地域から集まり、人口が急増して各戸からの徴収が難しくなり、軍用地料の収入によって区の財政が豊かになり経費がまかなえたことと、田が接収され米が生産できなくなったことにもよるであろう。カーメーの各泉川にもって行く盆に載せた供物には、カガンウデー（平たい餅、三つ重ねたもの）三組が新たに追加されている。さらに十七日モーが手狭になり、区民を収容できる公民館が落成したことから、カーメーの最後に十七日モーに集まり酒を飲み歌踊りに興じていた部分を、川を拝す前に新年宴会として公民館に集まってすませてしまうことになった。十七日モーではかつての名残を示すかのように、簡単に歌踊りを楽しむだけになったことも、それらと関連する二次的な変化である。

これまでの記述で、年初の行事として、かつての各戸からの米あるいは酒の徴収、近年の区費からの出費という供え物と費用の負担の仕方、十七日モーあるいは公民館という場の使用、区の行政員および女性神役の主導、シマの人々のすべての参加、といった観察可能な点から判断すると、旧暦一月二日の行事はシマレベルの公的色彩の濃い行事であるといえる。これらが相俟って公的祭祀としての調和がとれていたのである。そして、おそらくは参加したシマの人々の間では、泉川を巡拝する際に、新年を迎えて先祖から使って来た水に感謝し、その年の平安を祈るという気持ちを、程度の差はあっても保持していたと考えられる。

三　新暦一月二日の行事（一九七五年〜一九九〇年）

それまで旧暦一月二日に行われていた行事は、一九七五年（昭和五〇）から日程が変更されて新暦の一月二日に行われるようになった。この変更についての発議は、区政員会（村議一名を含む一五名で組織し、戦後は立候補により選挙で決定）で行われ常会に報告承認する形をとったが、実質的には区政員会の決定である。背景には戦後の新生活運動による生活合理化があって、一九六一年に個々の家で行っていた生年祝いを合同で行うようになったこともその流れの一つにあげられる。(8) 正月も一九六二年から新暦で行うことになっていたが、当時は新正月という名称だけで、人々は旧暦で祝っており、一九七〇年までは生年祝いも合同ではあっても旧暦のままで行われていた。一九七五年には学校や公官庁業務の正月休みと合わせて、新正月を行うこととし、一二月八日のムーチー（鬼餅）からカーメーまでは正月の一連の行事であるとして、一括して新暦に移行したのである。新正月をヤマトショウグァチ（大和正月）ともいうが、この言葉は単に新暦の正月というだけでなく、本土的な種々の正月の要素を包みこんでいる。S・K氏は一九七五年当時区事務所の書記を勤めており、区長とともに区の正月行事に本土的な「凧揚げ大会」を導入し、後述するように「新年宴会」での唱歌（「年の始め」）の斉唱もその流れに沿うものといえる。一方、旧暦の一月二日には神役らがカーメーを継続したため、毎年新暦と旧暦の一月二日にそれぞれ行事が行われることになり、一九九〇年（平成二）までその状態が続いた。

まず新暦で行われる行事を、筆者が参加できた一九八六年（昭和六一）の例によって再現してみよう。

新暦の一月二日には、午前中に公民館で新年宴会が催され、会食に引き続いてカーメーが行われた。この日は早朝から公民館の前では区長（話者S・K氏の後任）自ら包丁をふるい、水炊きの材料を用意をしていた。午前一〇時をまわるころになると、公民館の新年宴会に世帯主の男性がほとんど集まり、女性は女性神役と料理の手伝いをする婦人数名だけで、公民館の出入り口付近の下座に当たるところに集まって座っていた。まず、区長らの挨拶、唱歌（「年の始め」）の斉唱を行い、それから鍋の料理を食べながらの雑談になった。筆者も御馳走になって、知った顔を見つけると新年の挨拶をしながら過ごしたが、まず「年の始め」の合唱になった時にはいささか驚いた記憶がある。もっと沖縄らしい何かが行われるのではないか、という期待があったのだが、それがヤマトショウグァチというものなのである。

一九七五年以降の新暦のカーメーには女性神役の中ではニガミだけが参加していた。ニガミには新暦のカーメーに参加するよう区から依頼し、元区長のS・K氏の話ではそれに快く応じたとのことである。ニガミは一九八五年一二月に亡くなり、まだ後継者が決まっておらず、他の女性神役に対して区から儀式を実修するように要請したとのことである。以後は、就任の早い、経験の豊富な者が中心になって参加するようになり、実修している。一九八六年は高齢で病弱の一名を除き四名が参加した。

公民館での食事が一段落した午後一時すぎに一同はカーメーに出発した。公民館からの順序は、午後一時三五分にカミガグムイ（カミガー）、五〇分にヤマガー（イリムティヌカー）、二時八分にナートゥガー、一八分にカミクサイ（タキグサイ）、二八分にクシカヨウヌカー、三二分にウブガー、三八分にアガリヌカー（アガリムティヌカー）、五〇分に十七日モーに到着し、一時間あまりで巡拝したことになる。各拝所では供え物を置いて女性神役と区長が先頭に並んで拝んだ。ただし、唱えごとは女性神役がほとんど聞き取れない声であげており、それがすんで線香が手渡されると区長はただそれをうけとっておしいただき、女性神役に戻して、半紙の上に載せ香炉に供えられるのに従うだけであった。供え物はお盆に米三合を盛り、焼酎の瓶二本と盃二個を並べたもので、公民館で書記が準備し、巡拝にも書記がそれを持ってしたがった。拝所はカミガーを除いて川を溯った狭い土手や

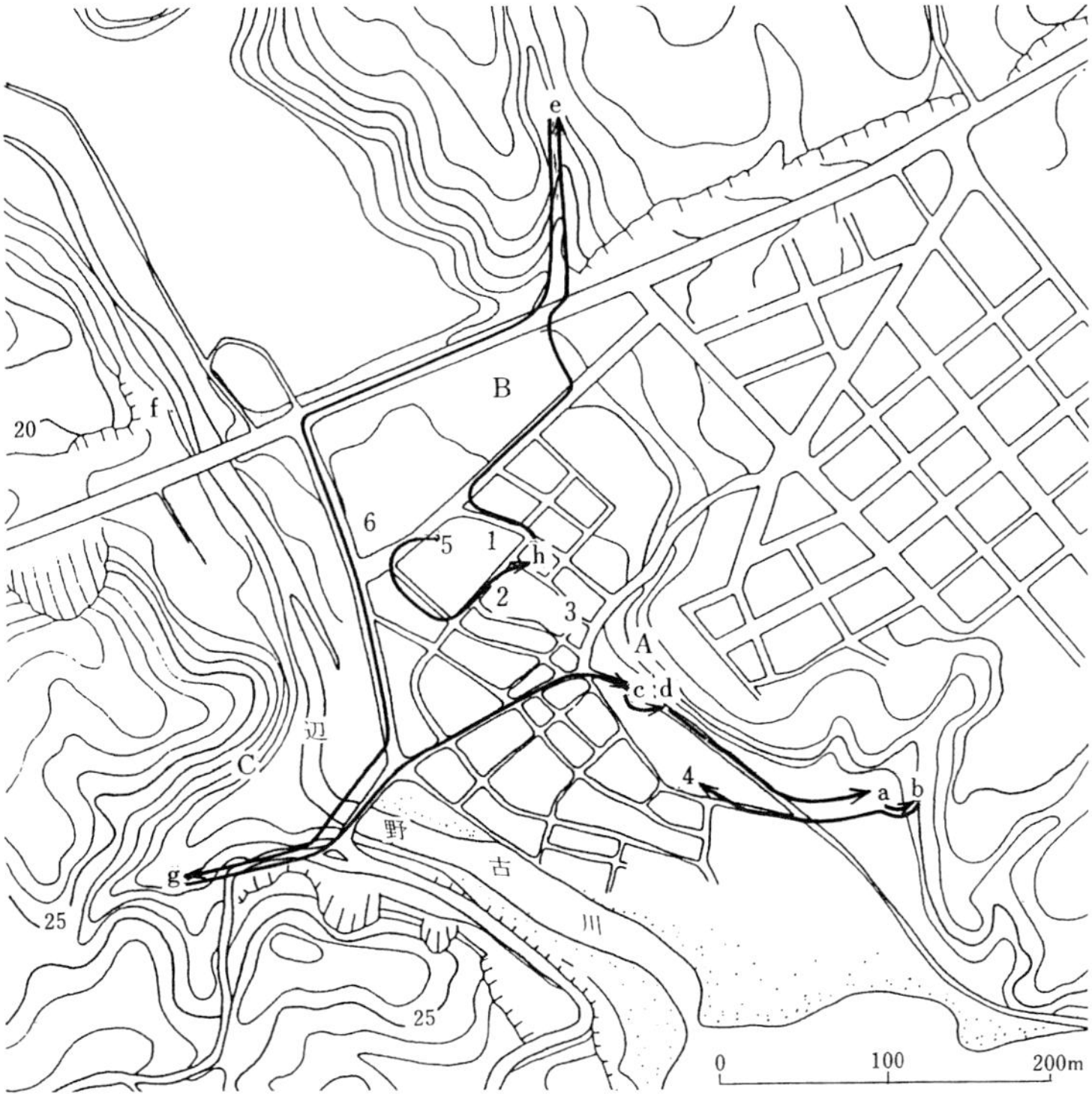

図1　1986年新暦のカーメー巡拝経路

a ウブガー, b アガリヌカー（サーガー, アガリムティヌカー), c ウタキの下（カミクサイ), d マツンギャミャー, e ヤマガー（イリムティヌカー), f ヤマシグムイ, g ナートゥガー, h カミガグムイ（カミガー), A クシヌウタキ, B ニーヌファヌウタキ, C メーヌウタキ, 1 トゥンチ, 2 アサギ, 3 ニガミヤ, 4 十七日モー, 5 公民館, 6 バスターミナル

湿地にあるので、シマの人々は全員がその前に並んで拝むことはできない。そのため、公民館を出るときから移動する際に打ち続ける大小二個の太鼓の音をたよりに、音が鳴りやむと拝所に女性神役らが着いて拝み始めると判断して、その場にしゃがんで泉川の方向に向かって手を合わせるのであった。ほとんど全員が公民館で酒を飲んでいるため、だんだん列から遅れ、巡拝の途中で帰ってしまう人もいた。最後に集まった十七日モーでは、アガリ（東）に向かって供え物を置き、女性神役がここだけでは線香に火をつけて拝んだ。その後で三味線と太鼓にあわせて歌い、踊って楽しみ三〇分ほどで解散した。

前項まで述べた中に出て来なかったクシカヨウヌカーは、このカーの前にある家の屋号がクシカヨウといい、かつて嘉陽家に婚入した女が病気になり、死に瀕した時に、見舞った兄に現在のカーの場所にあった滝の下を三尺掘って、その水を飲むと治るといい、そのとおりにしたところ治ったというわれがある。したがって、嘉陽門中の者だけが拝めばいいという人もおり、先代のニガミはここを拝むべきではないといって拝んではいなかった。しかし、先代のニガミが死亡し参加しなくなった一九八六年の新暦のカーメーでは、巡拝に参加していた年輩の区政員のかつてはここを拝んでいたという意見によって、ここを拝んだ。一九八五年まで拝んでいたヤマシグムイを拝まなくなり、そのかわりにクシカヨウヌカーを拝んだので、数は七ヵ所のままになったわけである。ヤマシグムイを省いたことについては、ニガミが死んだからといってクシカヨウヌカーを拝み、昔から拝んでいたヤマシグムイを拝まないのでは、よくないという人もいた。順路は公民館から出かけて、近いところから西回りに回っており、その完成と新年宴会がそこで開催されることと関連している。

以上のことから、カーメーの順路と祭祀対象は、女性神役（特にニガミ）あるいは行政員の意向、会場の移動によって決まる傾向があり、それらとの関連が強いといえる。ニガミの死を機にクシカヨウヌカーを拝むようになったことから、逆にニガミのそれまでの影響力がうかがえよう。ヤマシグムイを拝まないことに異議を唱えるときに「昔から拝んでいたのに」と言われることからは、第一項、第二項で記したように、戦後拝所になったに過ぎないものでもこれだけの時間の経過とともに「昔から」という位置付けになることは注意されよう。クシカヨウヌカーにはその言い伝えがシマレベルでは拝まなくともよいという根拠を与えているが、ここが第一項で示したようにかつてのマツンギャミャーであり、カーメーでは拝んでいた記憶と、ニガミが隣に新しく泉川（カミクサイ）を作ったことへの反感が混在している。

四　旧暦一月二日の行事（一九七五年〜一九九〇年）

一九七五年以降の新暦のカーメーにはニガミが参加し、他の女性神役や婦人たちは参加せず、旧暦の一月二日に行事を継続していた。その模様をニガミが死亡した後の、一九八八年（昭和六三）の観察と聞き取りによってまとめると、以下のとおりである。この時はS・K氏も筆者とともに行事が終了するまで同行している。

女性神役たちは、旧暦の一月二日には一〇時を過ぎるころからニガミヤに集まり始め、着くとまずニガミヒヌカンを拝んでいた。一〇時二〇分頃に公民館から区の書記（女性）が、米、酒、線香を持ってきたが、神役の中心となっているベテランの人（N・Sさん）がいらないといって帰そうとし、書記は神役から特に指示はなかったから区から持ってきたといい、少し不満げだった。書記は公民館で仕事をするようになって日が浅く、しかも若いので、カーメーには区から費用を出すものと思っていたようだった。結局、区から持ってきた米、酒、線香は返し、これとは別に購入することになった。その場に居合わせた神役のうち、最近就任した一人は事情を飲み込んでおらず、区から供え物は出されるものと思っていて、受け取ろうとしてベテランの神役に叱られていた。この時ニガミヤに居合わせた元区長（S・K氏）は、区のカーメーは新正月にすでに済んでおり、区からあらためて出すのはおかしいと筆者に言った。この元区長は一九七五年以降のカーメーの分裂後に区長になり、自らは新正月に実修し、旧正月のカーメーについて区の行事とは認知していなかった。

ニガミヒヌカンの前に、りんご五個、オレンジ三個、キーウィ三個、米九合というように、すべて奇数で供え物を整え、線香も買ってきて用意ができると、中心となって指揮していた神役は一旦家に戻って着替えてきた。最も年輩の神役（M・Mさん）は一〇時四〇分ころ到着し、そこにいた元区長に、「昔から今日がカーメーだが、村シンカ（区政員らをさす）は何故来ないか」、と難癖をつけた。この人はややダミ声で、眼鏡の奥からにらむようにして喋るので、ずいぶんと迫力がある。元区長のほうは、特に返答せず、もじもじするだけだった。供物の盆に九合ミファナ（米）、盃とビンス（銚子）を二個ずつ置き、これと果物の盛り合わせをニガミヒヌカンの前に置いた。一〇時四五分にその時に集まれる神役六人が集合し、まず、火のついた線香を立てて拝んでから、ニガミヒヌカンの三石の前にそれぞれ盛ってある塩を新しくし、赤い紙の上に白い半紙を三ヵ所に置いて、再び拝み始めた。盆の米を中央、右、左の半紙の上に置き、銚子から盃に酒を注ぎ、拝み続けた。線香は二ひら半（六本＋六本＋三本）を三組と、二ひらを一組立てている。N・Sさんによれば、二ひらはウッタイウコーといって日柄を述べて神に訴えかけるためのもので、二ひら半を三組立てるのは祈願の対象がミサマ（ヒヌカン）だからで、これをもって願うという。二分くらいで終了し、盆の供え物だけ風呂敷に包んで出掛ける準備をした。ニガミが健在だったころはニガミを中心に行っていたが、ニガミの死亡後は、女性神役のなかで経験の豊富な二人（元区長に難癖をつけた最も年配のM・Mさんと区からの供え物を返したN・Sさん）が中心になっている。

一一時にニガミヤを出発し、一一時〇八分にカミガーで拝んだ。N・Sさんが指示をして若い神役が供え物の盆の盃に注いだりし、別の若い神役が石の香炉の上に白い半紙に火をつけない線香をのせたものを三組置いた。拝みながらこれに米と酒をこぼすのは、他の泉川でも同様である。次に国道を渡ったヤマガーに行き、一一時二四分ころ拝み始めた。ここには石の香炉があり、その上に線香を置いていた。この次はどこを拝むかについて、いつもここで議論になり、この時にはナートゥガーに向かった。この辺からO・Mさんが小太鼓をたたき、乗用車に乗って移動する。一一時五〇分にナートゥガーで拝むが、M・Mさんだけは足が悪いので入っていかれず、残り五人で拝んだ。一二時〇五分ころに、クシヌウタキのすぐ近くにあるカミガー、一二時一八分にウブガー、一二時三〇分にアガリヌカーで拝んで、一二時四五分に十七日モーに行った。巡拝中、大太鼓は打たず、供え物はシマの婦人達が持ち寄ったものでサンナンモーが準備する点が、新暦の場合と異なるが、この時にはサンナンモーがキリスト教に入信していたので、役に就くことを拒み、一年間サンナンモー不在のまま経過していた。そのため、供え物は彼女が持って女性神役につきしたがう筈だが、神役自ら持って移動していた。順路の最後の十七日モーでは、そこの中央に付近の石を集めて火のついた線香を立てアガリに向かって拝んだ後、午後一時すぎにニガミヤに戻り、ヒヌカンに線香を立てて拝み、しばらくくつろいで解散した。

以上に述べた、一九七五年以降の新暦と旧暦で行われる一月二日の行事の性格を観察可能な部分についてまとめると、新暦では供え物が区費から出され、書記が準備して携行し、公民館で行われる新年宴会に引き続いてカーメーとなり、区の行政員とニガミ（ニガミの死後は女性神役）が主導し、主に世帯主を中心とした男性が参加する。旧暦では供え物は区費からはまかなわれず、サンナンモーの婦人が準備して携行し、女性神役が主導する。前項の戦前の復元と、戦後の変化をまとめたところで、一月二日の行事はシマレベルの公的色彩の濃い行事であったと述べたが、それと同じ観点からすれば、新暦一月二日の方がそうした色合いが濃くなり、旧暦の方は相対的に私的な傾向を帯びていると言えるかもしれない。しかし、神役の観点に立てば、新暦の方は便宜的なもので私的であり、旧暦の方こそ公的というにたるもので、区長らもこれに参加すべきとしている。さらに、区の職員であっても特に自覚がなければ区から費用を出そうとし、神役であってもそれを受け取ろうとする。また、ナナ

図2　新旧暦のカーメーの参加者とニガミヒヌカン

左上＝旧暦のカーメー（カミガグムイ）．右上＝新暦のカーメー（カミガグムイ）．左下＝旧暦のカーメー（十七日モー）．右下＝新暦のカーメー（十七日モー）．中央下＝ニガミヒヌカンへの供物．

ヌカーと通称されるようにカーメーの話を聞く時には、祭祀対象の泉川は七ヵ所という数字がごく自然に出てくるのであるが、ここでは六ヵ所ですませており、話が整序されているのとは裏腹に、実修にあたってのこだわりのなさが目を引く。

五　現　状

一九九一年（平成三）からは、区政員会の決定で新暦のカーメーは取りやめて、旧暦のみに行うよう変更された。新暦の一月二日はどの家庭でも来客を迎えるために非常に忙しく、公民館の新年宴会には参加しても、引き続いてカーメーに参加する人は年々減少しており、一回にまとめたほうがよいという理由からであった。新正月がそれだけ定着したのであり、カーメーの新正月からの分離は、一九七五年の旧正月からの分離と同様に、生活合理化の観点からなされたといえる。この変更にあたっても、神役の意向は全く考慮されていない。

六　ま　と　め

辺野古のカーメーを大正期末から振り返っただけで上に述べたような変化を見せている。一九七五年に新暦に移行する際には、女性神役の意向は全く考慮されず、区政員会が決定したのであり、旧暦にはそれまでどおりのカーメーを女性神役が継続することになった。現在、区政員の一人に聞くと、当時旧暦で行われていたカーメーは神役たちの行っていた「神行事」であって、区費からの出費も一切行わず、区の行事とは無関係のものであったと筆者に答えている。第四項で述べたように、旧暦のカーメーに立ち会った元区長も筆者にそれと同じことを告げていた。第三項で述べた新暦のカーメーが行われた同じ年（一九八六）に区が主催した正月行事は、「新春走り初め大会」「タコ揚げ大会」「新年宴会」「生年合同祝い」と「カーメー祈願」の五つであり、前二者は沖縄の伝統には見られないヤマト（日本）的な色合いが濃いものである。新年宴会は十七日モーでの新年の集まりの流れを引くものであるが、そこで「年の始め」を斉唱するのは、やはりヤマト風といえるであろう。ここにヤマトショウグァチに移行させた男性を中心とする区政員の考え方、その決定の傾向がうかがえよう。

一方、女性神役に当時のことを聞くと、新暦のカーメーではまだ年が明けておらず、願い事をしても通らない。区の要請をうけて区で用意した供物を使って泉川の巡拝は行ったが、形だけそうしたにすぎないという。N・Sさんは新暦のカーメーの各泉川での唱え言は、「今日は本当のカーメーではありません。丑年の一一月のこの日、大和世は正月明けて二日にあたり、区長はじめ有志の方々が寅年にあたり拝みに来ているので参りました。ナナヌカミンチュ（女性神役）には何の不自由もないようにしてください。沖縄は年が明けていないので、（旧暦の）一月二日には女たちが一緒に拝みに来ますから、男たちの願いを聞き届けて下さい」ということをまず述べてから、水の恩を謝し、シマの繁栄と平安を祈る内容だったという。第四項で旧暦のカーメーに同席していた元区長に、神役の最古参であるM・Mさんが難癖をつけ、N・Sさんが公民館からの供物を突き返したのは、こうした気持ちが背後にあったというべきであろう。さらに、旧暦の毎月一日と一五日には、各家庭の年長の夫人はヒヌカンと仏壇を祭り、ヒヌカンは年末に昇天して年初に戻って来るという話が聞かれる。そのため正月だけを新暦で行ってしまうと、一年のリズムが狂うわけで、家庭レベルで旧暦にあったリズムを刻んでいることも、女性の感覚では重要なのである。

ここに行事が分裂したことから、区政員（男性）と神役（女性）の考え方、あるいは感じ方の違いが明瞭になった。これが両者の立場、役割によるものであるならば、それが存続する限り機会あるごとに顕在化するはずであるし、過去にもそれぞれ形を変えながらもそうした状態が継続してきたということになる。次に、区政員と神役の過去の様相を検討することにしたい。

第三節　役割の社会文化的背景

一　政治組織——区長および区政員——

現在は辺野古は名護市の一つの行政区を形成しており、区長、会計、書記が公民館と同じ建物にある区事務所につめて実務を担当し、選挙で選ばれる区政員が区の行政に参与している。第三章の「シマの大事件」のところで述べた郡道の建設を決めたのは当時の区政員であり、彼らは明治期からの資産家で区の行政の中核となっていた。ここでは区長と区政員の性格について、王府時代以来、明治末の土地整理まで存続した旧慣諸制度の歴史にさかのぼって見ていくことにしたい。旧慣諸制度は行政組織を中心にした地方制度、地割制度に代表される土地制度、それとも関連する租税制度の三つの側面からとらえられるが、次項の神役組織とのかかわりで、それらの制度上の変化と具体的に個々の村における受け止めかたを整理しておきたい。ただし、辺野古では明治期の様相を示す地方文書はほとんどなく、区事務所におけるかつての文書の保管状況も分かっていない。もし残っていたとすれば、どの程度のものを目にすることができたか、ということも分からないのである。久志では戦争中も徴兵を免れた人が文書箱を持って山中を避難していたといわれ、今日かなりの文書が残されているが、辺野古では保管されていたとしても戦前のものは今次大戦で焼失したと思われる。このため辺野古に特定した当時の状況を把握するのは困難で、法制史あるいは周辺諸村落の記録を参照するに止まる。

明治初年の調査によれば、かつての首里王府を構成する支配層である「地頭」は三六二であり、彼らは首里の邸宅に住んで所領からあがる収穫高の三分の一を直接農民から収納していたとされ、農民の生産物のうち地頭と王府と農民自身でだいたい三分していたとされる（金城正篤　一九七〇　九九）。地頭に代わって実際の農村の地方支配は「地頭代」以下の地方役人層に委ねられており、久志間切においても地元から三〜四年任期で王府から任命された地頭代が瀬嵩にあった間切番所におり、王府の指揮監督の下で行政全般のほか上納、地割制に基づく耕地の分配、林野の保護などを主管していた。各村（現在の区）には王府から「掟」が四年任期で任命されて赴任し、オエカ地という役職に対する耕地を与えられていた。掟の下に村民の推薦により地頭代が任命する「頭」があり行政の補助に当たり役俸五俵を得ていた。さらに番所の惣耕作当に従属して村の農事の指導に当たる「耕作当」、惣山当に従属して村の山林経営と保護に当たった「山当」が地頭代によって任命されていた。耕作当と山当に任期はなく、役俸は不明である。地頭代については記録が不備で不明であるが、掟は辺野古については一八九七年（明治三〇）に掟が村頭に改称されるまでの最後の四代の氏名が確認でき、久志については三代が確認できる（玉城　一九六七　一七〜二〇　一七八　一八四）。

久志の掟は三代三名のうち他の村から二名が任命されていることから、必ずしも同じ村からでなく間切内の在地農民の有力者が任命されたものと思われる。辺野古では四名のうち一名は久志の出身者と思われるが、三名は当村の出身者で、第三章で述べた大正期の郡道請け負い工事頃に区長あるいは村長を勤める人々の先代あるいは先々代の名が見られ、この頃すでに区の運営の中核を占め、その地位を保持していくことが分かる。辺野古のウブガーの近辺にはウッチガニクという地名があり、現在は掟を上位世代で経験したことのない個人の所有地であるが、かつては掟に任命された者に与えられていたオエカ地が地名として残されたものと考えられる。

地頭代以下の地方役人層といったときの、地方役人を狭義にとらえると間切番所に設置された役人で地頭代などのほか、各村に配置されていた掟が含まれるが、広義には村の耕作当、山当など、さらに間切や村の事務や給仕など働く「文子」（農村の一三、四歳の子弟が将来掟になることを目指して番所の給仕を勤めるもの）も含まれる。こうした地方役人の制度は明治政府の「旧慣」温存政策によって旧来の慣行のまま引き継がれていったが、民力不相応に数が多いことと、彼らの不正行為が問題になっていく。一八九三年（明治二六）には地方役人を第一級（地頭代その他）、第二級（惣耕作当、惣山当、掟など）、第三級（文子の類）、第四級（耕作当、山当など）に分けると、国頭郡の九間切、一三〇村、人口一四九七五人について、それぞれ九、二四四、二七一、七六〇、合計一二八四人を定数とすることになり、実に一二人弱に一人を数えることになる。このため一八九七年（明治三〇）の沖縄県間切島吏員規程が制定され、地方役人が大幅に人員整理され、名称も地頭代は間切長に、掟は村頭に改称され、いずれも知事が任命することになった。村には知事の許可を得て、郡長が必要な付属員を置くことになった（田港朝昭　一九七〇　一七九　二三一～二三三　四〇三）。久志では二代の村頭、辺野古では一代の村頭が任命されており、氏名が分かっているが、久志ではいずれも同村の出身者が指名されており（玉城　一九六七　一七八　一八四）、辺野古でも当村の出身者が就いている。

この時期には一八九八年（明治三一）の沖縄県土地整理法が、もう一つの「旧慣」の改定に関連して施行されている。その第二条には「村ノ百姓地、地頭地、オエカ地、ノロクモイ地、上納田、キナワ畑ニシテ其ノ村ニ於テ地割セル土地ハ地割ニ依リ其ノ配当ヲ受ケタル者又ハ其ノ権利ヲ承継シタル者ノ所有トス」とあり、「旧慣」の諸制度、特に地割制に基づいて、その時点において配分を受けていたものがその土地の所有権者と決められている。それまでは地割が村を単位に行われており、そのことは土地が村の所有であり、納税の主体が村であることを意味し、個々の農民が負担する租税は村で取り纏められていた。地割制の末期には割り替えの本来の目的であった貢租負担の再配分、平均化は崩れていたといわれるが、ここに納税の主体が村でなく個人へと明確にされることになった（田港　一九七〇　二四七〜二四九　三二七）。話者の記憶によって再現したところでは、辺野古においては土地整理法に関連して、一九〇〇年（明治三三）に五六戸が戸主として名寄帳に記されており、一九〇〇年生まれのH・S氏によれば、一八九九年七月までに生まれた人には、地割制最後の土地配当があって、土地整理法の施行によりそれぞれの所有地となった。しかし、個々の家の税負担はクミが責任をもつことになっていて、クミを統合するのが村（＝区）であることから、法制度上は個人に納税の主体が明確化されても、実際にはそれまでの納税のありかた、さらには個々人の受け止め方が、劇的に変わったとは言えない。

現在の「区長」の名称は一九〇八年（明治四一）の沖縄島嶼町村制によって生まれたものである。この時それまでの間切を町村に、村を字に改称し、間切役場を町村役場に、間切長を町村長に、村頭を区長に改称したことに伴うものである（田港　一九七〇　三八〇）。当時の区長について条文を参照すると、次のように記されている。

島司郡長ハ府県知事ノ許可ヲ得テ町村ノ処務便宜ノ為区ヲ画シ区長一名ヲ置クコトヲ得（第九条）

区長及委員ハ名誉職トシ其ノ町村ニ於テ被選挙権ヲ有スル者ノ中ニ就キ島司郡長之ヲ任免ス（同）

区長ハ町村長ノ令ヲ承ケ町村長ノ事務ニシテ区内ニ関スルモノヲ補助執行ス（第二〇条）（田港　一九七〇　四〇三）

ここで明らかなように区長は郡長（一八九六年に沖縄本島は首里、那覇のほかは国頭、中頭、島尻の三郡に分けられ郡長が配置された）によって任命され、名誉職で町村の区に関する事務の補助をすることになっている。先の沖縄県土地整理法と合わせて考えると、かつての村を単位に徴税する「旧慣」税制の下では行政単位として重要な地位にあった村（＝区）が、「町村ノ処務便宜」のためというように重要度が低下し、付属員の規定もなくなり、区長は無給の名誉職にと変化し、法制上の地位はきわめて弱いものになっている（田港　一九七〇　四〇一〜四）。

このように法的な位置付けが弱まったことが即、旧来の村＝区の政治・経済・文化的なまとまりの崩壊を意味するものではなく、次に述べるように現実の区の行政の大勢は変わらず、区長には相変わらず有力者が就任しかなりの影響力を行使し続けるが、ここまでの記述のように少なくとも琉球王府を頂点とした税制、土地制度、地方制度が大きな変革を受けずにこの時期までほぼ継続してきたことも、現在の民俗を考察する際に考慮すべきことと思われる。

辺野古の一九〇八年（明治四一）以降の区長は久志村長に就任するものも見られる有力者で、郡道の請け負い工事も村長が辺野古からでている時期に始まっており、第三章で述べた生活貧窮者から家屋敷を買い取ったり、共有地を譲り受けたM家の当主は一九二四年（大正一三）と一九二六年（昭和元）に区長に就いている。大正期に氏名が分かるのは四名の区長で、これと昭和期の初めの区長就任者が有志会（後の区政員会に相当）の成員であったと推測でき、(9)これらのごく限られた有志会の成員がシマの行政を左右していた。彼らは国頭高等科を卒業したインテリで、当時全県的に禁止されていたモーアシビも徹底して取り締まったという。郡道の請け負い工事は、現在では立派な車道が東西の海岸を結ぶ事業であったという美しい思い出として話されるが、当時は有無を言わせず工事に動員した強制徴発ぶりが怨嗟の的になったようである。

また、村民税の各戸割徴収分については、事実は別として有志会の成員は割り当てにあたってその親族を優遇したと話す人もある。村を単位に徴税する「旧慣」税制の下で行政単位として重要な地位にあった村（＝区）は、納税の責任単位であったクミが同様の機能を果たすものとして存続し、区は相変わらず行政単位としての重要性を失わなかった。H・S氏によると、イリ、イリナカ、アガリ、アガリナカの四つのクミにはそれぞれクミガシラ（組頭）がおり、滞納者には金銭を貸し付けたり斡旋して、クミの全体責任で納税していた。奥野彦六郎が報告している村内法（奥野　一九七七）には、規則に従わなかった者に対して札を渡し罰金を課しているが、この札による規制は「久志間切村内法」が沖縄県知事に報告された一八八六年（明治一九）以後も機能し続けていた。H・S氏は、毎年四月か五月ころに過去一年間に札を渡されたものが十七日モーでシマの人々の前で戒められたのを、実際に目にしている。これにより罪が晴れるということになったが、さらしものにされるのではなはだ不名誉なことだったそうである。このように地方制度の改革によって法的には存立基盤を弱体化されたとはいえ、現実には税制面でも規律維持の面でも区の位置付けは変わらず、有志会が意志決定する運営のあり方も変わっていなかった。

有志会の神事に対する関与については明瞭ではないが、九月九日にクシヌウタキにシマの人々が集まり、ウムイを神役が歌ううちに神が降りて、神が乗った馬の足音が聞こえるミカニという行事が戦前まであり、これが大正期には一時ニーヌファヌウタキで行われていたといわれる。これは有志会の関与によってそれ以前のクシヌウタキから変更したものと考えられ、前節で述べたように、これも戦後のカーメーの新暦への移行と旧暦への再移行と同じく、生活の合理化の観点からなされたようである。

神役に対しては、シマレベルの年中行事以外に、戦後公民館を建築するときにはティンダティー（地鎮祭）に白衣装を着けて祭祀を行い、[10]村墓の一部を整地する際には事前に墓を壊す許しを乞う儀式を行うよう区から依頼した。[11]こうした場合に神役が儀式を行うのは当然のことと区政員側では考えている。

二　神役組織

辺野古は久志にいるノロの祭祀管轄区域にあり、一部の年中行事はノロの主宰の下に行われる。久志、辺野古が久志ノロの管轄集落であることは、一七一三年に編纂された『琉球国由来記』に記載されており、それ以降管轄区域に変化はない。はじめに明治期以後のノロをはじめとする神役の位置付けと人々の意識の変化を検討したい。

ノロは琉球王府の辞令をもって任命され、就任する際には「首里上り」といい、所属の三平等大あむしられに伴われて聞得大君御殿などに参上して、代替わりの恩を謝するのであった。[12] 明治期になってもほぼ同様の形式で戸主、親戚、掟、地頭代の署名した承継願いを役所長が送り、知事の許可を得て役所から辞令書を交付していた。その後、一九〇三年（明治三六）の土地整理法と、一九一〇年（明治四三）の沖縄県秩禄処分法が施行されることによって公的な地位を失なうことになり、[13] 一九三九年（昭和一四）を最終償還とする国債証券を所有し、ノロクモイ地の名義人というかたちで経済的な保障を得ることになった（宮城　一九七九　二一五―二二〇　二二一）。

ノロが公的地位を喪失し、琉球王府も解体した大正・昭和期には、その代替わりのたびに行っていた「首里上り」は消失したとも考えられるが、実際にはいくつか行われていたことが記録に残されている。折口信夫の一九二三年（大正一二）の第二回沖縄調査の覚書「沖縄採訪記」には、天龍寺趾の三平等殿内を一つにまとめた三殿内に行ったことを記したところがあり、本島北部の今帰仁辺りのノロが二年前に交代したことを、そこの（ノロ殿内あるいは村の）男性が代わりに通知に来ていたのに出くわしている。その時あむしられは病気のため、代わりに某のあむしという上品な老婆が応対していたという（折口　一九七六〔一九二三〕　一一七）。さらに、宮城栄昌は昭和七年に就任した国頭村奥間ノロについて報告しており、新たに就任したノロは首里に行って所轄の赤田首里殿内などを拝んで、前のノロの解御願と当人の新ノロとしての立御願をした。村に戻ると祭祀管轄区域内（五つの字が含まれる）の神人、村落民が集まって盛大な祝いを行い、それらの経費は五つの字で戸割りにして負担した。これらを受けて宮城は「昭和の時代においても、ノロや村落民の心中には、国王や大あむしられが生きていたのである」と述べている（宮城　一九七九　二二一―二三）。奄美では島津氏の支配下に入った一六〇九年（慶長一四）以後も琉球王府によるノロの任命が続き、これが寛永期に禁止されたが、一生に一度だけは首里に行って聞得大君に会うことが享保期までは許されていた。柳田国男は一生に一度だけ行くことを禁じられた後にも、密かに沖縄に渡るものが絶えなかったと推測し、地方のノロの首里への断ち切りがたい心情を述べている（柳田　一九六八〔一九二五〕　二五二）。

これに対し、W・P・リーブラは、一八九〇年代に最後のウフスヌメー（琉球王国の最高女性司祭チフジンの下の位で、首里三平等の殿内を主宰する祭司。宮城は「大あむしられ」としている）が死亡し、しばらく三つの殿内は空席のままであったが、やがてひとつの社に統合されて（これが折口のいう「三殿内」である）、ある未亡人が祈りをあげるようになった。このようにして村々のヌルとウフスヌメーとの定期的な接触はなくなり、ウフスヌメーが死んだ後はヌルとチフジンの間の唯一の連絡もなくなって、両者とも孤立していったと述べている（リーブラ　一九七四〔一九六六〕　一五一　一六〇～二）。さらに、義務教育の普及により沖縄的なものにはことごとく反対し、日本的なものを賛美する風潮が出てきて、自然にヌルも衰え、日本神道を受け入れるべきであるというようになっていったとし、儀式の日時ややり方も地方毎に不揃いになっていったという（リーブラ　一九七四〔一九六六〕　一六一）。確かに、先の宮城が紹介した昭和七年の国頭村の事例でも、首里に行き所轄の殿内などで交替報告の御願をしているが、そこに応対する側の記載がないことが大あむしられの不在を意味するようであるし、御願のあと園比屋武御嶽などとともに沖縄神社を拝んでいる点に関しては日本神道の受容とも受け取れ、リーブラの指摘にうなずける面がある。

宮城の報告した国頭村奥間のノロには、一九八九年二月に津田博幸が再び昭和七年の就任儀礼の様子を聞いており、そこでノロは自己の体験を「首里に行ったのは一度で、神人の老女に会い、持参の御馳走を供えて火の神を拝んだ。（中略）三殿内の神人が一緒に願を立ててくれた」と述べている（津田　一九九〇　七二～四）。ほぼ同じ時期に就任の挨拶にいった大宜味村田湊のノロに一九八三年八月に聞いたこととして、ノロ就任の際首里の三殿内を拝み、その後「三年間は毎年報告に行き、（中略）ミトゥンドヌチと言って、首里城に登る右側にあり、女の神人と女中衆がいた」という（同　七三）[14]。すでにその当時ウフスヌメー（大あむしられ）が存在しなかったことはリーブラが述べており、体験を語ったなかで両者に共通して出てくる「三殿内」の神人についてはさらに調べなければならない。史実は他のあらゆる手段によって明らかにされなければならないが、ここで重要なのは、二人のノロが過去の事柄をどのように評価しているか、ということであり、一九八三年あるいは一九八九年に田湊と奥間のノロが、かつて自身のおこなった就任儀礼を「首里上り」と評価している、あるいは少なくともそれになぞらえていることに注目すべきであろう[15]。

筆者は久志のノロであった故大城マツさん（明治二六年生まれ）にうかがったところ[16]、一三歳でノロに就任したときには辺野古からも祝いに来て、ノロドゥンチの前の庭で祝儀をしたそうである。このあたりは宮城の報告した奥間ノロの就任のとき、管轄区域内の人々が集まって盛大に祝ったことと対応しそうである。また久志の人に聞いてみると、ノロの子息が名護まで定期的に行って、国債証券の換金受け取りをしていたというから、秩禄処分法による国債証券の権利を保持していたようである。ただ、就任の報告に首里までいっていたか否かについては聞き漏らした。すでに当時を知る人もいなくなった。

辺野古では集落レベルの祭祀を司る男性および女性の神役をカミンチュといい、このうち女性神役をナナヌカミという人もいる。ナナヌカミのうち一人をニガミ、他をアサギガミまたはトゥヌガミという。五月と六月のウマチー（稲の初穂儀礼と収穫儀礼）には久志のノロが辺野古に来て、ニガミ以下の神役を従えて祭祀を行っていた。ニガミとは何か、とH・S氏にたずねると、ニガミは字ごとにいて、かつてずっと上の人（首里王府の役人あるいは王族）が回って来て泊まる際に、実際には悪い話はないが、シマの女性に干渉したり何かとするからこの人を立てておこうということで決めておいたという。類似した話は他の人からも聞けるが、ノロとの儀礼的関係と、巡視する役人または王族の応対役とする話によって王府の機構の中に位置付けられる。

カミンチュを出すべき門中は決まっており、男系をたどって継承される。ニガミはマツニ門中から出るのが建前になっており、戦前に他の門中から出た先々代が就任後まもなく死去したのは、その禁を犯したからだという人もいる。先代のニガミは一九四三年（昭和一八）に就任して一九八五年一二月に死亡し、現在は空席で後継者は決まっていない。ナナヌカミはその生存中には後継者は決まっていないのが普通で、死亡後跡継ぎを出すべき門中でターディーという体の衰弱した状態になった女性が候補者とみなされ、ニガミやナナヌカミの何人かが連れ添って複数のユタのもとを回って後継者と判定する。一例だけ、現ナナヌカミのなかに、先代が生存中に当人が後継者となることを予告していたという人（N・Sさん）がいるが、先代が死亡してかなり年月がたってから後継者が決まることもあり、就任後誰の後継者になっているのかしだいに判然としなくなる場合がある。神役に決まると前任者のカミサージ（白い鉢巻き様の布）が伝達され、五月ウマチーの時に就任儀礼を済ませた後、アサギの前任者の位置に座る。就任後は、神役としての種々の役目を果たそうとする熱意は個々人によって相当な差があり、一方では依頼されてマブイグミや屋敷拝みといった家庭レベルの儀礼も行う人がおり、その対極にはウマチーに衣装だけ置いたり、キリスト教を信仰するため神役を拒否する者がいる。就任の事情を個々に聞いてみると、周囲の勧めによりともかく巫病とみなされた体の不調を良くするためというケースもあり、そこに召命であることからくる主体性の欠如から熱意の差となって表れるのであろう。

先代ニガミは就任後ユタのところによく通い、カーメーの泉川が七ヵ所になったのはその影響であり、N・Sさんが初めてユタのもとに行ったのはニガミに連れられて行った時だったという。儀礼で盆に載せる供物が変わったのも、ユタの介在が予想できる。このようにユタの影響によって線香の数や供物の内容を変えることに最年長の神役であるM・Mさんは批判的で、ニガミヒヌカンに立てた線香の意味付けはN・Sさんを介したユタの教えであり、M・Mさんはすべて一二本でよく、昔からここではそのようにしか行わなかったという。神役の行事をリードする二人はユタに対する姿勢が異なるが、最近はM・MさんがN・Sさんにゆずっているようである。

先代のニガミは集落のほぼ中央にあるニガミヤに住んでいた。ここには村落レベルの行事で祭祀対象となるニガミヒヌカンがあり、辺野古区が管理し、先代ニガミの在任中に区の費用でコンクリート製の建物に改築した。ニガミが行事があるたびにここへ来て祭るべきものとされるが、身寄りがなかったためここに一人で暮らしていたのである。現在は常住するものはなく、行事の際に区の職員が鍵を開けている。このようにいはば公的施設に住み込み、個人で祭るヒヌカンまで設置していたニガミの立場が、カーメーの新暦への移行の際に他の神役が拒否したのに対し、区の依頼に応じたことの背景にはある。

男性神役は三人が健在で、行事の全体的な指揮にあたるアタイガミ、アサギで御酒をつぐニーブ（杓）を使うニーブガミ、ヌルの接待役というウチワガミがいる。いずれも世襲で原則として長男が継承する。第四章に述べたように、先代アタイガミが行事内容の継承にあたってその要になっていたと考えられる。

このほか、一般の女性が年令順にサンナンモーという役に就く。一年任期で一人ずつ当たり、毎年一月のヌルニントゥー（ヌルに対する年頭の挨拶）に新旧のサンナンモーがナナヌカミとともに久志のヌルドゥンチに行って、ヌルに交代を告げた。供え物の準備、運搬など、カミンチュの補助をする。サンナンモーに就くのは五〇歳代にさしかかるころであり、家庭ではすでに嫁を迎え姑の立場になって、主婦あるいは年長の夫人としてヒヌカンをまつる時期になり、ようやくこのころシマレベルの神事に積極的にかかわるようになる。第四章ではサンナンモーが神役や年配の夫人たちに叱られながら神事に携わる姿が描かれていたが、サンナンモーは神事に真摯に触れる辺野古の夫人が必ず通過すべき役目であった。年齢が若いと神事を直接体験することはほとんどなく、前節の第四項で区の書記が供物をニガミヤに届けたのはこのためでもある。

三　まとめ

区の行政は明治期から大正期にかけて形成された有志会の成員により方向づけられていた。法制上の位置付けは変わっており、古老の話からすれば旧慣諸制度が一九〇〇年代はじめにかけて改定されて行ったが、その後も引き続きそれらの影響が濃厚であったと考えられる。区政員側から見た神役は、シマのための祭祀に区政員らとともに参加してシマの平安に寄与する役割をもつのであり、そのように期待されているのである。さらに、神役の行事は合理化の観点から変わるべきものであった。一方、神役の側から見ると、ニガミの立場は微妙で、本来居住すべきでないニガミヤに住み、個人のすまい同然に使っていたことから、区の要請には応じる方向に向かう。他の神役はそうしたしがらみがないことから、前節第四項のようなニガミとは別個の行為がとれるのである。神役は全員が一様に行事に対処しているのではなく、なかでもM・MさんとN・Sさんがリードしており、他の人は行為のうえでも考え方についてもそれに従うだけという印象が強い。したがって、区政員の側からは神役の全体としてその行為が期待されているが、神役の側では一部の見解が強く、それに他が従うことによって全体の統一がとれることになる。ニガミとN・Sさんを後押ししているのはシマ外のユタであり、二人はユタ買いにしばしば行き、二人を介して他の神役に及んでいる。しかし、古参のM・Mさんはユタの教えをうけた行事内容の変更には批判的で、若い人にはついていけないと、最近では匙をなげた状態である。

第四節　カーメーの体験

一　泉川の位置といわれ

カーメーで祭祀対象となる拝泉川は数ヵ所あり、それぞれいわれがあり、用途も決まっていた。ところが、特にカーの数と回る順序に関しては話者によって、あるいは同じ話者でも別の機会に聞いてみると内容が異なることもあり、一概に述べられない。当然、拝むべきかどうかの判断はカーの由来説明と関連してくる。ここではまず故比嘉久雄氏の話した内容をまとめる。

①故比嘉久雄氏の話

一九七三年八月二四日の調査ノートには、カーメーはシマとしての年の最初の祭りで、旧暦一月二日の朝集まってニガミが拝んでから、今（調査時現在）は四ヵ所（元は四～六ヵ所）の水の恩があるというカーを拝み、十七日モーという広場に行って、丸く座を作って酒を飲む、とある。しかし、翌一九七四年三月八日の調査ノートでは拝泉川の数は七ヵ所になっており、ニガミら女性神役をナナノカミということもカーメーを述べるなかではじめてふれている。これ以後の調査では個々のカーの説明が加わり順序に異同があったが、拝む場所と箇所は変わらなかった。(17) 筆者は調査時現在のカーメーの状況を質問しており、ここではその七ヵ所についてそれぞれの位置といわれを、氏が話した拝む順序（1～7）によって記し、〔　〕内に現状を補った。なお一九七四年四月一二日には、現在は基地内に入っているスクナガーにもかつてはカーメーの際に行っていたと聞いた。

1　カミガグムイ（カミガー）　村落レベルの祭祀場であるアサギのすぐ北側にある湧水で、女性神役が五月と六月のウマチーの時に、清めのためにまず手を洗い、六月ウマチーでは女性神役のフナウムイが終わると、ウムイの所作に加わっていた若者の一人を縄で縛ってここに投げ込む。戦前までは溜池のようなかなり広いもので、これより北側には苗代田があり家を作れないとされていた。基地ができたときに埋め立てて狭くなった。〔現在はさらに周囲を埋め立ててコンクリートブロックで囲ってあり、その前に石の香炉を置いている〕

2　マツンギャミャー　クシヌウタキの前にあり、現在の集落ができた当初からの湧き水で、飲料に用いた。七月の盆踊りにはここの水でお湯を沸かした。〔コンクリート製の方形の拝所があり、香炉があるが、水は使えない状態である〕

3　ウブガー　集落の東のはずれにある川で、戦後間もないころまでは正月元旦には各家庭の男児が暗いうちにここに行き、東に向かって水を汲んできた。(18)久雄氏自身は一四、五歳くらいまで汲んできていたが、それ以後は年齢が高くなったので行かなくなった。日の出とともに家庭の年長の夫人は、このウブミズをビンスミファナ（瓶、花米）とともに盆に載せてヒヌカンに供えて拝み、次に仏壇でも拝んでから、一番座で体が丈夫であるようにあるいは若返るとして飲んだり、家族めいめいの額に三回ずつなすりつけたり、顔を洗っていた。さらに子供の誕生の際には、産婦の母親がここに来て東に向って子供の出生を告げながらウブミズを汲み、持ち帰ってヒヌカンと仏壇で拝み、魔よけとして生児の額になすりつけたり、これを沸かして産湯に用いていた。葬儀のアミソージ（湯灌）にも使用し、汲むときはニーブ（柄杓）は逆手にし、使用後のターグ（桶）は使えぬように底を抜いておいた。飲用などこのほかの用途には用いない。〔現在は「上部落」からの排水が流入して汚れているため、水そのものを使用することはなく、土手に香炉を設けコンクリート製の祠で囲んで、行事での使用に対応している。近年、香炉の手前に「うぶ川」と書いた石塔が建てられている〕

4　アガリヌカー（アガリムティヌカー）　主に集落の東側の人々が飲料水とした川である。ウブガーと同じ水系にあり、拝所は近接している。戦後は上流にできた米軍基地と造成地の排水が混入して飲料水には使えなくなっている。〔洗剤の泡が大きな塊になっていることもあり、確かに一見して飲用にはならないことが分かる。川の流れの脇に石の香炉がある〕

5　ヤマガー（イリムティヌカー）　どのような日照りが続いてもかれず、飲料水として使った川で、主に集落の西側の人々が用いた。〔戦後開通した国道三二九号線（旧一三号線）を越えて行かなければならなくなっているが、上流の米軍演習場から流れる水はそれほど汚濁していない。こんもりとした林の渓流に沿ってようやく一人が通れるくらいの道を登ると、石の香炉がある〕

6　ヤマシグムイ　かつて猪を解体するのに使った沼沢池である。〔これも国道三二九号線を越えたところにある〕

7　ナートゥガー　辺野古が集落移動する前の親里原にいたころに、人々が使ったといわれる川で、親里原はここの背後の丘の上といわれる。〔メーヌウタキの横の林を入って川を逆上っていった河原に香を置く。香炉はない。ここは足場が悪いため年配の神役は入って行かず、外で拝んでいる〕

これらを拝んで回ってから十七日モーという広場に集まり、かつてはシマの人々がそこにあふれるくらいだったという。これが一九七四年三月八日の氏の話で、拝泉川の数、拝む順序とその由来についてである。一九七四年四月一二日の話ではこのうち回る順序に異同があって、カミガグムイ、ヤマガー、ヤマシグムイ、ナートゥガー、マツンギャミャー、ウブガー、アガリヌカーの順となっている。ここにわずか一カ月余りの間に二通りの回り方が示されたことになる。

次に神役としてカーメーを実修していたN・Sさんに、故比嘉久雄氏とほぼ同じ時期に聞いた話を記したい。

② N・Sさんの話[19]

一九七四年七月二五日に、その年の一月二日に行ったカーメーについて聞いたところ、当日はまずニガミヤに女性神役が集まり、火の神を拝んでから、ヤマガー、ヤマシグムイ、ナートゥガー、カミガグムイ、ウタキの下（カミクサイ）、ウブガー、アガリヌカーを拝んで、十七日モーに行ったという。七ヵ所という数は故比嘉久雄氏の話と同じだが、それと比較すると、順序が異なり、さらに「ウタキの下（カミクサイ）」が故比嘉久雄氏の述べたマツンギャミャーに隣接する別のカーである点で異なる。これは当時先代のニガミが健在でN・Sさんらとともに行事をある程度主導していたこと、この人々がシマ外のユタの見解を考慮し神役の行為に反映させようとしたこと、拝泉川の選定についてはシマの人々に異論があって統一されていなかったことなど後述するように、この話の背景はいろいろな関連をもっている。

一九七五年三月二〇日に聞いた時には、その年からは新たに区が中心になって新暦一月二日にもカーメーを行い、ウブガー、アガリヌカー、ヤマガーだけを拝んだ。旧暦の一月二日には婦人たちだけでカーメーを行って、七ヵ所のカーを拝んでおり、その費用は寄付によってまかなったと聞かされた。故比嘉久雄氏の話と比べると、各カーで使う香の数と唱え言の内容については実修しているだけに詳しい[20]。次いで一九八五年一二月二九日に聞いた時には、その年も行われた新暦一月二日のカーメーには神役のなかではニガミ（一九八五年一二月四日死亡）が一人参加し、他の神役は参加しなかった。N・Sさんは新暦のカーメーにはそれまでに一回参加しただけということ。旧暦一月二日には七ヵ所のカーを拝んでまわったという。

一九八六年一月二日の新暦のカーメーではカミガグムイ、ヤマガー、ナートゥガー、ウタキの下、クシカヨウヌカー、ウブガー、アガリヌカーを拝んでいる。この時はそれまで参加していたニガミが死亡していたために、女性神役として依頼されて参加したのであるが、新暦のカーメーが始まったばかりの一九七五年三月二〇日にうかがった時には三ヵ所といわれたカーの数は七ヵ所となっており、これを旧暦のカーメーを聞いた一九七四年七月二五日の話と比較すると、順序が若干異なるのと、ヤマシグムイを拝まず、その代わりにクシカヨウヌカーを拝んでいる。対象の入れ替えがあってもカーの総数を七ヵ所とすることと、入れ替えになったクシカヨウヌカーの意味付けがここでの要点となる。

一九八六年一月二日にN・Sさんから聞いた話では、故比嘉久雄氏のいうマツンギャミャーのかわりに拝まれたウタキの下はその背後にあるクシヌウタキと関係があり、「ウタキのカミと一緒」のカーである。カミと関係することからカミクサイといい、クシヌウタキに対応するメーヌウタキではナートゥガーがカミクサイのカーということになるともいわれ、御嶽の方を強調してタキグサイともいうとのことであった。この時拝んだクシカヨウヌカーは、ニガミは拝むべきでないといってそれまでは拝んでいなかった。一九九一年一一月二九日に聞いたところでは、クシヌウタキの前のカーの隣にあるのはマツンギャミャーといい、その年のカーメーではかつてこも拝んでいたという同行者の意見によって拝んだが、嘉陽の一門の人が仕立てたという話もあるので、N・Sさんとしてはここを拝むことには懐疑的な口ぶりだった。ユタのところに行ったときにナナカーといって七ヵ所のカーを拝むべきだと言われるが、どこがそれに相当するのか分からず、どこかに埋もれているカーもあって、きちんと拝まないと繁盛しないといわれ、背後の山のウンゾーグラというところの昔神役たちが手足を洗っていたといわれるカーを個人的に拝んでいる。カーについて判示をだすのはカミバン（神事に関する依頼を担当する）のユタで、名護と読谷に行っている。しかし、有志会や字の人達は分からないことはやらなくていいという態度をとり、理解がない。ニガミがやはりユタにいわれて戦後、基地の近くにあるコガネヌハナの入り口のアセラピジャ（ここで昔、唐からの船が出入りしていたとユタはいう）のカーをカーメーで拝んだことがあり、その時すでに神役になっていたN・Sさんも参加していたが、二回拝んだだけで反対されて中止したこともある。故比嘉久雄氏が、カーは七ヵ所といっていたことについては、ユタのところには行かなかったが、昔からの人の言い伝えを覚えていたのではないかとのことだった。やはり一九九一年一一月二九日に、戦前の状況をたずねたところ、ヤマガー、アガリヌカー、ウブガーの三ヵ所を拝んでいたという[21]。

次に話者の紹介のところで故比嘉久雄氏とN・Sさんに比すれば、行事に対して熱心でなかったとされるH・S氏の話を記すことにしたい。

③H・S氏の話[22]

一九九一年一一月二八日に聞いた話では、戦前にカーメーで拝んでいたのは、ヤマガー、マツンギャミャー、サーガー（アガリヌカーの別称）の三ヵ所であって、大東島に出稼ぎに出る前はカーメーではこの順序で神役やシマの人々と一緒に回っていた。ウブガーは正月元旦に水を汲んできて家の火の神に供えて拝むのであって、ここを拝むことはなかった。三ヵ所のカーはいずれも実際に飲み水として利用していたところであった。現在、クシヌウタキの下にカーが作られているが、大正初期にはその近くに個人の家があって手足を洗う程度の流水があるだけでカーはなかった。しかも、氏の幼少期（明治末から大正初期）にはウタキはニーヌファヌウタキだけしかなく、クシヌウタキとメーヌウタキはその後祭るようになった。拝む泉川の数が増えたのは先頃なくなったニガミの代になってからである。神人はユタを頼んで、カーの場所を探そうとするが、ユタは金儲けだからやっているのであって、カーメーの対象としてはクシヌウタキの下にはカーはなく、マツンギャミャーだけしかなかった。そのように神人には言うのだが、聞かずに拝んでいる。海岸付近にあるスクナガーはシマの人は拝まず、他のシマの人が拝みにくる。

N・Sさんの話と比べると、戦前は三ヵ所という数は共通であるが、H・S氏ではウブガーを欠いてその代りにマツンギャミャーが入っている。故比嘉久雄氏がカーメーでも拝んでいたというスクナガーは、他のシマの人が来て拝む所とされ、そこには門中レベルで行うカーメーであることが示唆されている。

④S・K氏の話

一九九一年一一月二七日に聞いた話では、カーメーは水に対する感謝の祭りだとしか考えておらず、飲用にしていなかったところまで拝む理由が分からないという。最近ではカーメーには七〜八ヵ所拝むようになっていて、巡拝する順序どおりに述べると、サーガー、ウブガー、クシカヨウヌカー、（クシヌウタキの）公園の外に新しく作ったカー、カミガグムイ（カミガー）、ヤマガー、ヤマシグムイ、ナートゥガーである。クシカヨウヌカーは氏の亡くなった祖母の話では、嘉陽門中のカーではなく、もともとそこにあって飲み水として使っていたカーを嘉陽門中の人が難産であった時に、モノシリの言にしたがって流水口を掃除したところ無事に出産できたので、それ以来嘉陽門中の人々に信仰されるようになって、その名もそれを示すようになったという。クシヌウタキの公園の外のカー（N・Sさんがカミクサイとしているもの）は、亡くなったニガミが新しく作ったものである。カミガグムイ（カミガー）は飲料水ではなく、手足を洗うところで、苗代田の下にあって水がたまるところだった。ヤマシグムイは猪を解体するところであって、飲料水ではなく、祭祀とは関係がないはずである。ナートゥガーも祭祀とは関係がないはずであるが、火の神の石を取ってくるところだから、拝まれていたかもしれないし、トゥンチ門中のように門中カーメーで拝む場合もある。ウブガーはジョウノヤからシマ外に分出した人々が、七年ごとにジョウノヤに集まる機会に一緒に拝んでいる。

戦後、カーが新しく作られたり、七ヵ所に整えようとしている背後にユタやムヌシリの介入があるとし、拝むのは飲用に用いたものだけでよいとし、クシカヨウヌカーはもともと個人的なものではなく、クシヌウタキのカーはもともとシマの人々の使用したものというよりも個人的のものであったとする。

二　筆者のまとめ

筆者は一九七五年一二月に卒業論文をまとめたが、そこでは村落レベルの火の神祭祀との関連でカーメーを扱った。一九七五年には久志、辺野古に五ヵ月半滞在していたにもかかわらず、調査は火の神に重点をおいたためカーメーに関する資料はほとんど得ていない。ここで筆者のカーメーについての提示を卒業論文からそのまま抜き出して示したい。いはば当時、話者としての筆者が、第三者にそのように話したものに相当する。

シマの人々は昼近くになったころ、十七日モーに集まって嶽ウガミをすませて来る神役を待った。到着後、ニガミを先頭にして七ヵ所のカーを拝んで回り、他の神役はニガミの後につき特に祭祀の上で役割演じることはなかった。地図Ⅱの番号の順と同じく、ウブガー、アガリヌカー、マツンギャミャー、カミガグムイ、ヤマガー、ヤマシグムイ、ナートゥガーの順に拝んで回った。各カーでは香に火をつけずに置いた。供物は嶽ウガミのものをそのまま使用し、サンナンモーあるいは子供を生まない女が持った。どんなに子供を生まない女でもカーメーで、カーの水を飲ませれば生むことができるといわれ、シマの人々はその夫をアダヌギ（アダン）を二本わたしたウマにのせて十七日モーを七回まわらせていた。カーメーには寄留者を含めてシマのすべての人々が参加でき、七ヵ所のカーを回った後、十七日モーに戻ってきて朝のうちに集めた酒を飲んで歌踊りに興じた。

現在は、供物は区の予算によりまかなわれ一般の区民はほとんど参加せず、神役と区長ら区政員が行っている。昭和五〇年は区長らが新暦一月二日にカーメーを行い、神役はそれに反発して旧暦で、供物は区民の寄付によって行われた。

このなかでは故比嘉久雄氏が一九七三年八月二四日に話した、四ヵ所（元は四〜六ヵ所）のカーを拝むという部分は含まれておらず、翌年以降の調査で聞いた七ヵ所を採用している。これはおそらく、子供が生まれない場合にその夫をアダヌギ（アダン）のウマにのせて十七日モーを七回まわした、という記述とともに、七という数字に注意を引かれたのである。故比嘉久雄氏は女性神役をナナノカミということもカーメーを述べるなかでふれていることも、同様に筆者の注意を引いた。筆者は一九七四年三月八日に氏が「辺野古には七つのカーがあります」と言われたときに鳥肌が立ったのを、その時の氏の口調とともにはっきり覚えている。聖数七については多くの研究者が論及しているが、その当時はそれらを検討しておらず、むしろ筆者の情念に訴えかけるものだったのであろう。複数の話が並行してあるなかから、そうして一つだけが選択され記述されたのである。饒平名健爾は研究者の人情やあらまほしさから論述がなされる可能性を指摘している（饒平名　一九七四　七二九）[23]が、当時の筆者は儀礼を執行する神役がナナノカミで、アダヌギのウマにのせて七回まわすことに加え、さらにカーが七ヵ所であるというように、整序されたものでありたかったのであり、そのようなものとして描きたかったのである。

次に、上述のすべての資料を用い、当時抱いていた筆者のあらまほしさを排除し、傍証として文書記録も使って、「事実」を述べることに注意をはらい、カーメーの拝所に限って以下のようにまとめてみた。

辺野古のシマレベルで行われるカーメーは、主に飲料水として使用した水の恩に対する感謝のため、正月二日に女性神役を中心としてシマの人々が特定の泉川を巡拝する行事である。戦前はヤマガー、マツンギャミャー、サーガーの三ヵ所を拝んでいたが、戦後ニガミと女性神役の一部がこのほかに拝むべきカーを増やしたようで、現在は上記に加えてウブガー、カミガグムイ、カミクサイ、ヤマシグムイ、ナートゥガーが拝まれている。現在クシカヨウヌカーと呼ばれるカーはかつてのマッンギャミャーと思われる。宮城真治が昭和二年九月二四日に辺野古に旅行したときのノート[24]には「マチンガミャー」が記されクシカヨウヌカーは見られないが、嘉陽門中とのかかわりを示す言い伝えとともに徐々にクシカヨウヌカーという名称がより使用されるようになったと思われる。

このまとめでは、話者の話した内容の差異を、時間軸に沿った変化に解消した。これは第一章で述べたような、「全体」あるいは「秩序ある生活」を描き出そうとする資料の処理あるいは操作を行った場合に、ここでは時間軸に広げた「全体」となるだけであって、やはり調査においては区別されていた一人一人の体験は組み合わされて、結局「全体」のなかに埋もれていく結果になることを示している。宮本常一や同じ指向をもった研究者が明らかにしようとした「全体」あるいは「秩序ある生活」というのは、そこに生まれた個人が成長するとともに投げ込まれる環境であり、個人がその中である部分を生きていく総体である、と考えれば、それとも違った「全体」を示したわけである。

注

（1）　中村一男執筆の『沖縄大百科事典』のカーメーの項目による（沖縄大百科事典刊行事務局　一九八三　六四三）。中本正智（一九八一　二四八）は、古くはカワが流れる川を、ヰカワが堀井戸を表して明確な区別があったが、一五世紀頃から意味が推移して、流れる川をカワラ、ヰカワをカワと称するようになった。それは琉球の井戸の本来の姿は流れる川をせき止めて作り、流れる川であると同時に井戸でもある、川と井戸の合いの子のようなものであったため川を指していたカーが「井戸」を指すようになっていった、と井戸の形態と名称の関係を述べている。中本の辺野古における話者はトゥンチの故比嘉マスさんで、川をカーラ［kaːra］とカワラ系の語で示している（中本　一九八一　二四九）。宮城真治は、「かわ」の項を解説する中で「井や川は共にこれをかぁと称し、山原でははぁという。走るを本義とし、水の流れることに基づく語のように思われる。浅く掘った井をあながといい、石を積んだ井をちんがといい、樋から水が流れ落ちる井をひぃぢゃというのである」（宮城 一九八七 一〇〇）と述べ、後半では井戸や流れ川に設備を設けた場合の名称上の区別を示しているが、前半はカワ系の語で井戸や川を示すとしている。宮城の出身地である羽地はカワ系のハー［haː］で川を指すというように、辺野古を含む本島中南部と方言分布が異なる（中本 一九八一 二四九）が、井戸と川を「川の流れに基づく」として区別されていないことも注意される。なお、本文中に述べるカーメーの概要は市町村史や字誌の記述からまとめたものである。

（2） ハルヤーに関して、仲松弥秀は「屋取村〔ハルヤー〕には御嶽もなければグスクもなく、拝泉もない。したがって村としての祭祀もない」と述べている（仲松 一九九〇 四二）。

（3） マキョの名称を取り上げる際の出典は、オモロ歌謡あるいは『琉球国旧記』『琉球国由来記』に求められ、マキョはコダと同義語であり（稲村 一九六八 一～二）、宮城栄昌はその性格について以下のように述べている。マキョは発生時点では一血縁団体によって形成され（宮城 一九七九 三五）、一マキョ一根神を基本とし（同 七二）、草分けの家から出たものの世襲である根人と根神による祭政一致的支配体制を通じて発展した（同 一七四）。やがてマキョが政治的に発展して村落連合ができ、按司がその政治的支配者となり、そのオナリ神がノロとして宗教的支配者となり（同 一二九）、第二尚氏王統時代に王府の辞令を以て任命された（同 一七五）。

（4） こうした御嶽、草分けの家、泉川の位置関係を示すものとして具体例が挙げられているのは、国頭村浜、謝敷、佐手、辺野喜、宇嘉（宮城 一九六七 六九～七一）、辺戸名、辺土、安波（同 三七）だけである。

（5） こうした宮城の発想の根底には、集落で御嶽祭祀の中心的役割を果たすのが、根屋・元屋・大屋・根人屋・根神屋などと称する草分けの家であり、「根人《にっちゅう》は草分けの家の「エケリ＝兄弟」であった者がマキョの政治的支配者と化した者であり、根神《にがみ》はそのエケリの「オナリ＝姉妹」であった者が宗教的支配者と化した者である」（宮城 一九七九 六一～二）という考えかたがあり、明治以後の変化のなかにあっても、「村落の成立用件として発生した根神は依然として村落共同体の結合的紐帯としての役割を果たした。したがって根神屋（あるいは根人屋）は草分けの家の系統に属し、根神の世襲性は否定されるべきものではなかった」（同 六七）と述べる。

（6） マブイグミはマブイ（「人間の体内に宿って生命を維持している魂」〔高橋恵子 一九八八 五三〕）が驚いたり事故にあったりして、抜けてしまったときに魂を元に戻すために行う儀礼で、筆者は一九七四年七月一九日に、N・Sさんが交通事故にあった男性にマブイグミを行うのを見て、二日後にそれについて聞いた。そのやり方は高橋恵子の報告

（高橋　一九八八　二四四〜六）と異なる部分がある。

（7）かつてクシヌウタキの裾の辺りに松の大木があったことから、その付近をマツンギャミャーといい、泉川の名称にも転用されたようである。正確を期すならばマツンギャミャー川とすべきかもしれない。

（8）合同祝いでは四九歳、六一歳、七三歳、八五歳になった人を公民館に招いて生年を祝い、女性で盛んであった一三歳の祝いは廃止し、八八歳、九七歳の祝いは個々に行うことになった。現在はこの方式が定着しているが、一三歳の祝いは女性が実家でできる最後の祝いであることから、一人娘をもつ親が願い出て許しを得て行ったとか、他のシマから寄留している人は親戚に対して申し訳が立たないと、シマから出て宴を張ったという話も聞かれる。

（9）シマの重要な意志決定を行った有志会については、その成員名簿の類も残っておらず、大正期の共有地の譲渡証文に辺野古人民中総代として名を連ねる人々と、区長や村長の経験者名を勘案して推測するしかできない。有志会が制度的に、その選出方法、定数、役割が定められていたかどうかも明らかではない。那覇地方裁判所に在任中、大正一五年から昭和三年にかけて村内法の調査をした奥野彦六郎は、名護では「昔時役柄あるものの外では学問あるものや年長者（男）が勢力を有していたようで、女にはない」、東（久志の北方）では「掟又は字の総代及び金持ちが勢力を有した」とする一方、島尻の知念で「ノロクモイは祭りの関係事項外に村のギンミに携わったことがある」と述べ、周辺では辺野古の実態に近いものの、南部では神役の最高位のものが村政に関与していたことも示唆している（奥野　一九七七　八六〜七）。記述が短くこれをもって地域的偏差と見ることはできないが、個々の地域におけるバリエーションの可能性として考慮しなければならないであろう。

（10）戦前から一時兵役と徴用の期間を除いて、辺野古で大工をしていたT・G氏より一九八二年八月二〇日に聞いた話では、戦前にも新しく屋敷を求めたときのティンダティには神役が白衣装を着て竹四本を立てた祭場を七回まわり、棟梁が安全を祈って米を屋敷のまわりに撒いたという。そこで神役は悪霊を追い払う儀礼をしていた、というのが同氏の説明である。

（11）一九八七年にシマの東方にある村墓をこわして倉庫を造るときに、N・S、M・Mの二人の神役と区長、書記、会計が同席して、簡単な儀礼を行った。

（12）聞得大君の就任儀礼については一八四〇年の『聞得大君加那志様御新下日記』に、伊平屋大阿母や久米島君南風については『女官御双紙』（一七〇九年）にある（宮城　一九七九　二一二）が、その他の神女の「首里上り」の資料は

「中山家文書」の記載が紹介してあるだけである。

(13) 入墨の禁止令も一八九九年（明治三二）に出ており（奄美では一八七一年にすでに禁止）、本来成女儀礼として行われ、あるいは既婚のしるしであり、これがないと後生に行けないとも考えられていた入墨（小原　一九六二　七二　名嘉真　一九八五　五）が刑法で禁じられた。政治制度の改革とともに、伝統的な習俗の改変も本土のそれから約三〇年遅れて実施されていったのである。

(14) 宮城はノロの「首里上り」の具体例として「中山家文書」から嘉慶一九年（一八一四）の西原間切ノロの事例を紹介している。それによると西原間切ノロを管轄する儀保殿内では火の神を拝み、殿内の座敷から御城を遙拝して、大主部、掟あむしられと佐事あむしられにお礼の品を差し出して、御馳走になった（宮城　一九七九　二三二）。これから類推すれば、国頭間切や大宜味間切ではそこを管轄する首里殿内に、久志間切では真壁殿内に赴いて同様の就任儀礼を行ったと考えられる。大あむしられは「士族ノ女之ヲ勤ム」（宮城　一九七九　二一九）とあり、その御殿には雑役に奉仕する女奉公人も多数いたと考えられる（宮城　一九七九　四二五）が、俸米四石が給せられた（『球陽』一七四三年の項）（宮城　一九七九　四二三）ことが分かる程度で史料の制約から実態はそれほど明らかにはなっていない。

(15) 宮城が『勝連村誌』を引用して紹介した、一九一七年（大正六）九月の平安名ノロの就任の場合は、勝連村ノロを管轄する儀保大あむしられ殿内に行って、新ノロが代替わりの報告と挨拶を述べ、曲玉や瓶道具などを神前に供えて拝礼し、大あむしられとともに馳走になり、辞去するときには大あむしられから手拭などの包みが贈られた（宮城　一九七九　二二三、福田恒禎編　一九六六　一九六〜七）となっている。リーブラは大要を述べただけであるから、大あむしられのその後の経緯についての記述の不完全さを責められないが、『勝連村誌』が事実を記載しているならば、リーブラ（最後の大あむしられは一八九〇年代に死亡し、跡継ぎはいなかったと述べている）との食い違いが問題になろう。しかし、『勝連村誌』がその編纂当時（一九六六年）の伝承を記したとすれば、大あむしられが存在していたかどうかという史実は別として、編纂当時に一九一七年に行われた就任儀礼がそのようなものとして認識されていたと読み取ることができよう。

(16) 一九七五年六月七日に聞いたものだが、当時はこの点に関する問題意識が希薄だったので、これ以上のことは聞けなかった。

(17) カーメーについてはその後一九七四年三月一一日、四月一二日、七月二二日にも聞いているが、回る順序以外は説明が詳細になっていくだけで内容に食い違いはなかった。本文中の1〜7の個々の拝泉川についての説明では、この時以外に他の事柄との関連で氏から聞いたものも含めて記した。

(18) 故比嘉久雄氏は汲むときの唱言はなかったというが、H・S氏によれば水を汲むときには「ナンジャムルシ、コガニムルシ、イレティタムレ」と唱えた(一九七四年三月九日に聞いた)。

(19) N・Sさんからカーメーについては一九七四年七月二五日、一九七五年三月二〇日、一九八五年一二月二九日、一九八六年一月二日、一九八八年二月一九日、一九九一年一一月二九日に聞いた。

(20) 故比嘉久雄氏によれば、サンナンモーまたは結婚しても子供の出来ない人がミキ(泡盛)とミファナ(米)九合を盆にのせた供物を持っていき、カーではニガミが線香二ひら(一二本)ずつを三ヵ所に火をつけずに置き、酒と米を三回香炉にこぼし「祖先が飲んだ恩として我々、子や孫が拝みます」と唱えるという(一九七四年三月八日、一一日に聞いた)。

(21) 話を聞いているときに同席していたN・Sさんの夫が、すかさずウブガーにはカーメーでは拝まず、正月元旦の水を汲みに行くところだと言うと、やや気色ばんでいたので、ウブガーに関しては実際には拝んではいなかったとするほうがよいかもしれない。ただ、このことからN・Sさんがウブガーはカーメーで拝むべきもの、と考えていたととらえられる。

(22) H・S氏からカーメーについては一九七四年三月九日、四月九日にもっぱら門中カーメーと十七日モーでの行事内容について聞き、一九九一年一一月二八日にカーの由来などを聞いた。

(23) そこでは仲原善忠の火の神に関する論考に「火の神はすでに亡び、四〇歳以下の人はほとんど、これを知らない、といってよい」(仲原 一九五九 一六五)とあるのを紹介しつつ、それが歴史的な位置付けを急ぐために論旨の前提としたのであって、「琉球を古里とする研究者の人情やあらまほしさからきたもの」(饒平名 一九七四 七二九)でないことを述べている。この部分を、可能性として、研究者の立論にそれらが関係するとの指摘であると読み取っておきたい。

(24) 羽地村(現名護市)出身の民俗研究者、宮城真治(一八八三〜一九五六)は昭和二年九月二三日(瀬嵩)、二四日(辺野古)、二五日(久志)に旅行し、『久志旅行記』と題するノートを遺している。宮城は多くの研究資料を遺し、その一部が整理、公刊されつつある(宮城 一九八七 一九八八)が、本ノートは未刊で一九八六年一月四日に市立名護博物館で閲覧した。

あとがき

本書は沖縄県名護市の一村落である辺野古の火と水にかかわる民俗をとりあげ、人々の信仰の様相を社会生活の諸側面と関連づけて記述するものである。ここで問題としたいことは民俗学の立場にたってどのように個々人の信仰生活を描き、全体としての把握に結びつけるかということである。調査するものが直接話を聞くのは個人からであり、話された内容は個人のもつ限定的な視野のもとにある。そこで明らかになった個人の観念と集団の規範との間、またかくあるべしとする理想と現実の様相との間にはかなりの距離がある。これを関連づけるための民俗学の理論はいまだに不十分である。本書では同質であるかにみえる地域社会の民俗においても、個々の人々にあってはかなりの変差をもっていることを前提とし、全体は変差の背景となる諸要素の関連づけによって明らかにされ、これを生起し得る可能性の中から論理的に、あるいは歴史の深みのなかで論じたい。火の神の信仰は筆者の卒業論文以来のテーマであるが、関心はそれ自体の神学的な意味や歴史的変遷の探求にあるのではなく、これを素材とした民俗事象の把握の仕方にあった。一九七三年にはじめて辺野古を訪れ、その後いくつか発表して来た報告と論文を基礎として本書を構成した。

筆者の民俗学関係の調査報告として最初に活字になった「東京都御蔵島の社会生活」（『御蔵島民俗資料緊急調査報告』東京都教育委員会、一九七五年）以来、「個」と「全体」のかかわりについては持続してもち続けていた疑問の一つであった。次のステップを踏み出す前に、今までの調査をまとめておく必要があり、これまでに発表した辺野古に関する報告と論文から地域の概観などの重複を一ヵ所にまとめ、誤植を訂正して以下のように構成した。

第一章第一節一　「カーメー儀礼の一考察（上）」（『歴史・人類』二〇号、筑波大学、一九九二年）より一部抜粋して加筆

第一節二以降　新稿

第二章第一節一～三・五　新稿

四　「カーメー儀礼の一考察（上）」（前出）より一部抜粋して加筆

第二節一・二・四　新稿

三　「出自と屋敷配置」（『群居』一〇号、群居刊行委員会、一九八五年）より一部抜粋して加筆

第三章第一節　「沖縄の火の神の由来をめぐって」（『歴史公論』一一巻一〇号、雄山閣出版、一九八五年）より一部抜粋して加筆

第二節　新稿

第四章第一節一　「火神の移灰」（『日本民俗学』一三二号、一九八一年）「生まれてくる子のフォークロア―奄美・沖縄―」（『赤ちゃんとママ』三月号、赤ちゃんとママ社、一九八四年）より一部抜粋

二～四　新稿

第二・三節　「火神の移灰」（前出）より一部抜粋して加筆

第四節　「ユタの判示と伝統的信条」（『南西諸島における民間巫者（ユタ・カンカカリヤー等）の機能的類型と民俗変容の調査研究』昭和五七年度科学研究費補助金（総合A）研究成果報告書、一九八三年）より一部抜粋して加筆

第五章　新稿

第六章　「カーメー儀礼の一考察（上）」（前出）より一部抜粋して加筆

初出から明らかなように今から一〇年以上前の発表を含めているため、研究史と関連づけ、論旨を一貫させるのは非常に難しかった。しかも調査の資料はそれよりもさらに前のものがあり、当時の調査ノートを点検しなおしながら調整したが、初出の形を生かしたいという気持ちも強く、しばらくは葛藤の日々を送ってしまった。本文中にも少しふれたが、現地で完成しようとしている字誌と「対決」するために、こうした形にまとめておくことにしたい。

廃学を控えた東京教育大学では教室での講義と野外に出ていくことの双方がほどよく調和していて、半年顔を出さなくても直江廣治先生はじめ教官と院生はそれを見守ってくれる雰囲気があった。今にして思えば同級の諸兄には迷惑をかけてしまった。以来、教室での講義に向かない性向が身について、大学院生活を送った開学まもなく図書館や教官の研究室もできていなかった筑波大学にはあまり居着かず、沖縄とさらにその後の台湾の調査へとすすめていった。随時まとめて発表する癖が身についていなかった因果は巡り、おおいに苦しむことになったのである。本書はひとえに宮田登先生のおすすめによって刊行できたものである。

一九九三年十一月

古家信平

参考文献

会田　恵美　一九八四「衣食住」『佐仁の民俗』龍田民俗学会
安達　義弘　一九八八「琉球王府の中央集権体制と火神信仰」『沖縄の宗教と民俗』第一書房
新崎　進　一九八八「位牌継承禁忌とユタ―シジタダシに関する覚え書―」『沖縄の宗教と民俗』第一書房
生田　滋　一九九二「琉球中山王国と海上貿易」『琉球弧の世界』小学館
石垣みき子　一九八三「沖縄本島中部具志川市O部落におけるユタと人々」『南西諸島における民間巫者（ユタ・カンカカリヤー等）の機能的類型と民俗変容の調査研究』（昭和五七年度科学研究費補助金研究成果報告書）
石川　友紀　一九七四「〈移民編〉総説」『沖縄県史』七巻　沖縄県
伊藤　幹治　一九六五「八重山・西表島の親族関係と祭団の構造と変化」『沖縄の社会と宗教』平凡社
〃　一九七三「神話・儀礼の諸相からみた世界観」『沖縄の民族学的研究―民俗社会と世界像―』民族学振興会
伊藤幹治・米山俊直　一九七六『柳田国男の世界』日本放送出版協会
稲村　賢敷　一九六八『沖縄の古代部落マキョの研究』琉球文教図書
井之口章次　一九八一「『民俗学辞典』の執筆者一覧（上）」『民間伝承』三二一号
伊波　普猷　一九一一『古琉球』
〃　一九七四（一九三六）「火の神考」『伊波普猷全集』第五巻　平凡社
〃　一九七四（一九三六）「あまみや考」『伊波普猷全集』第五巻　平凡社
岩崎真幸・鈴木通大・松田精一郎・山本質素　一九七七「〈民俗誌〉の系譜」『日本民俗学』一一三号
上江洲　均　一九八六『伊平屋島民俗散歩』ひるぎ社
上野　和男　一九九〇「方法論の三角形―ウェーバー・デュルケム・柳田国男―」『国立歴史民俗博物館研究報告』第二七集
上原エリ子　一九八六「位牌継承をめぐる禁忌と回避―那覇市小禄の事例分析から」『沖縄民俗研究』第六号
〃　一九八八「民間巫者と門中化との関係をめぐる一考察―位牌祭祀上の禁忌の問題を中心に―」『沖縄の宗教と民

俗』第一書房
上原　兼善　一九九二「琉球王朝の歴史—第一・第二尚氏の成立と展開—」『琉球弧の世界』小学館
梅木　哲人　一九八九「近世農村の成立」『新琉球史』近世編（上）　琉球新報社
大胡　欽一　一九六六「北部沖縄の祖霊観と祭祀」『政経論叢』第三五巻一号
〃　一九七三「祖霊観と親族慣行」『沖縄の民族学的研究』民族学振興会
大藤　時彦　一九六五「日本民俗学における沖縄研究史—とくに柳田国男の位置づけと展望—」『沖縄の社会と宗教』平凡社
大橋　英寿　一九七九「沖縄における shaman 〈ユタ〉の生態と機能—ハンジ場面観察による client の事例研究—」『東北大学文学部研究年報』二八号
小川　学夫　一九七〇「信仰と生活」『徳之島町誌』徳之島町（鹿児島県）
小川　徹　一九七一「産川の継承—北部沖縄の事例から—」『日本民俗学』七八号
沖縄大百科事典刊行事務局　一九八三『沖縄大百科事典』沖縄タイムス社
沖縄国際大学Ⅰ部民俗クラブ　一九八〇『村落』第五号　名護市久志部落調査報告
奥野彦六郎　一九二六「火の神の像」『南島研究』一巻一号
〃　一九七七『南島村内法』至言社
小田　亮　一九八七「沖縄の『門中化』と知識の不均衡配分—沖縄本島北部・塩屋の事例考察」『民族学研究』五一巻四号
小野　重朗　一九七〇「墓制・民間の神々」『奄美の島　かけろまの民俗』第一法規出版
小原　一夫　一九六二『南嶋入墨考』筑摩書房
折口　信夫　一九七五（一九二三）「琉球の宗教」『折口信夫全集』第二巻
〃　一九七五（一九二九）「若水の話」『折口信夫全集』第二巻
〃　一九七六（一九四七）「女の香呂」『折口信夫全集』第一六巻
〃　一九七六「沖縄採訪手帖」『折口信夫全集』第一六巻
〃　一九七六「沖縄採訪記」『折口信夫全集』第一六巻
川平　成雄　一九八七「昭和恐慌下の沖縄県農業」『琉球・沖縄—その歴史と日本史像—』雄山閣出版
川野　和昭　一九七七「葬制」『瀬戸内町誌（民俗編）』瀬戸内町（鹿児島県）

河村　只雄　一九四二『続南方文化の探求』創元社
北見　俊夫　一九七三『日本海上交通史の研究』鳴鳳社
金城　正篤　一九七〇「明治維新と沖縄」『沖縄県史』第二巻　琉球政府
窪　徳忠　一九七一『沖縄の習俗と信仰』東京大学東洋文化研究所
桑江克英訳註　一九七一『球陽』三一書房
甲元　眞之　一九九〇「ゴムの方法論」『国立歴史民俗博物館研究報告』第二七集
国立歴史民俗博物館　一九九〇『国立歴史民俗博物館研究報告』第二七集　共同研究「日本民俗学方法論の研究」
〃　一九九一『国立歴史民俗博物館研究報告』第三四集　共同研究「民俗誌の記述についての基礎的研究」中間報告
佐喜真興英　一九二二『南島説話』郷土研究社
〃　一九二六『女人政治考』岡書院
桜井徳太郎　一九七三『沖縄のシャマニズム』
〃　一九九二「『風俗と民俗』―風俗の名の復権をめざして―」『風俗』三一（一）
桜田　勝徳　一九六六「鹿児島県大島郡十島村宝島」『離島生活の研究』集英社
〃　一九八二『桜田勝徳著作集』第七巻　名著出版
島袋　権勇　一九九〇「美謝川集落について」『名護碑文記』（増訂版）名護市教育委員会
島袋　正敏　一九八九『沖縄の豚と山羊　生活の中から』ひるぎ社
新城　真恵　一九八五『おきなわ・大宜味村　謝名城の民俗』若夏社
高橋　恵子　一九八八『沖縄の御願―神グチ・民間信仰語をかがる―』ひるぎ社
竹田　旦　一九七六a「先祖祭祀―とくに位牌祭祀について―」『沖縄　自然・文化・社会』弘文堂
〃　一九七六b「民俗学研究の方法」『日本民俗学講座』第五巻　朝倉書店
田里　修　一九八七『間切公事帳の世界』沖縄市教育委員会
〃　一九八八「間切公事帳にみる祭祀・儀礼」『沖縄の宗教と民俗』第一書房
〃　一九九〇「間切と公事」『新琉球史』近世編（下）琉球新報社

田里友哲 一九六四 「沖縄における屋取集落の研究―第二報―」『琉球大学文理学部紀要（社会）』第八巻
〃 一九八〇 「沖縄における開拓集落の研究」『琉球大学法文学部紀要 史学・地理学編』二三号
田畑千秋 一九九二 『奄美の暮しと儀礼』第一書房
玉城定喜 一九六七 『久志村誌』久志村役場
田港朝昭 一九七〇 「自治の展開」『沖縄県史』第二巻 琉球政府
筑波大学歴史・人類学系民俗学研究室 一九九二 『「民俗誌」論・試行と展望―高桑ゼミ民俗論集Ⅰ―』
津田博幸 一九九〇 「地方巫女と琉球王権」『新沖縄文学』八三号 沖縄タイムス社
津波高志 一九八二 『沖縄国頭の村落』（上） 新星図書出版
〃 一九九〇 『沖縄社会民俗学ノート』第一書房
徳富重成 一九七四 「生活と信仰」『上面縄地区調査報告書』第一集 徳之島郷土研究会
豊見山和行 一九八八 「近世琉球の外交と社会―冊封関係との関連から―」『歴史学研究』五八六
〃 一九八九 「冊封の様相」『新琉球史』近世編（上） 琉球新報社
鳥越憲三郎 一九六五 『琉球宗教史の研究』角川書店
直江廣治 一九七一 「聖地信仰」『南島の民俗（第一次報告）』東京教育大学
中園成生 一九八四 「カマド神」『佐仁の民俗』龍田民俗学会
仲原善忠 一九五九a 「固有信仰のおとろえ」『日本民俗学大系』第一二巻 平凡社
〃 一九五九b 「太陽崇拝と火の神」『日本民俗学大系』第一二巻 平凡社
名嘉真宜勝 一九八五 『南島入墨習俗の研究』トヨタ財団助成報告書
仲松弥秀 一九六八 『神と村―沖縄の村落―』琉球大学沖縄文化研究所
〃 一九七七 『古層の村』沖縄タイムス社
〃 一九九〇 『神と村』梟社
長嶺操 一九九二 『沖縄の水の文化史』ボーダーインク
中村誠司 一九八七 「沖縄における地域史づくりの現状と課題」『琉球・沖縄―その歴史と日本史像―』雄山閣出版
中本正智 一九八一 『図説琉球語辞典』金鶏社

中本　正智　一九八七　「食名語彙からみた食文化の変遷―二食制から三食制へ―」『琉球・沖縄―その歴史と日本史像―』雄山閣出版
名護市史編さん委員会　一九八一　『名護市史・資料編・一　近代歴史統計資料集』名護市役所
〃　一九八五　『名護市史・資料編・三　戦前新聞集成・二』名護市役所
西村　亨　一九九〇　「折口学の成立と南島採訪」『南島研究と折口学』桜楓社
日本民俗学会編　一九六六　『離島生活の研究』集英社
比嘉　ムト　一九八九　『ふるさと辺野古を語る』私家版
〃　一九九一　『国神屋の祖先と辺野古の行事』沖縄政経調査会
東恩納寛惇　一九六六　『琉球の歴史』至文堂
東恩納寛惇・伊波普猷・横山重編　一九七二（一九四〇）『琉球資料叢書』第一巻『琉球国由来記』東京美術
福田晃・岩瀬博・遠藤庄治編　一九八〇　『沖縄の昔話』日本放送出版会
福田アジオ　一九七五　「民俗学の資料操作法」『現代日本民俗学』Ⅱ　三一書房
〃　一九八四（一九六七）「村落史研究と民俗学」『日本民俗学方法序説』弘文堂
〃　一九八四（一九七四）「柳田国男の方法と地方史」『日本民俗学方法序説』弘文堂
〃　一九九一　『柳田国男の民俗学』吉川弘文館
福田恒禎編　一九六六　『勝連村誌』勝連村役場
真栄平房昭　一九八八　「琉球国王の冊封儀礼について」『沖縄の宗教と民俗』第一書房
松本浩一・古家信平　一九九〇　「民俗資料データベース化の試み―年中行事資料を中心として―」『情報処理学会報告』九〇―七二
馬淵　東一　一九七四（一九四一）「山地高砂族の地理的知識と社会・政治組織」『馬淵東一著作集』第一巻　社会思想社
〃　一九七四（一九六四）「爬竜船について」『馬淵東一著作集』第三巻　社会思想社
〃　一九七四（一九六五）「波照間島その他の氏子組織」『馬淵東一著作集』第一巻　社会思想社
〃　一九七四（一九六八）「琉球世界観の再構成を目指して」『馬淵東一著作集』第三巻　社会思想社
水品　佳哉　一九八一　「芦検における伝統宗教」『民俗文化』五　跡見学園女子大学民俗文化研究調査会

宮城　栄昌　一九六七　『沖縄女性史』沖縄タイムス社
〃　一九七九　『沖縄のノロの研究』吉川弘文館
宮城　真治　一九五六　「山原の村」『琉球』第四号（宮城真治氏追悼号）　琉球史料研究会
〃　一九八七　『山原―その村と家と人と』名護市役所
〃　一九八八　『沖縄地名考』名護市役所
宮里健一郎　一九九〇　「久志之若按司之墓の墓碑」『名護碑文記』（増訂版）　名護市教育委員会
宮本　常一　一九四〇ａ　「資料のとり方」『民間伝承』五巻九号
〃　一九四〇ｂ　「資料の確実性ということ」『民間伝承』六巻二号
〃　一九五五　『民俗学への道』岩崎書店
〃　一九六五　「民衆の歴史を求めて」『日本の民俗　一一　民俗学のすすめ』河出書房
〃　一九七〇（一九四二）「民間暦」『宮本常一著作集』第九巻　未来社
〃　一九七三（一九四二）『吉野西奥民俗採訪録』『日本常民生活資料叢書』一九巻　三一書房
〃　一九七四　「宝島民俗誌」『宮本常一著作集』第一七巻　未来社
〃　一九七九　『柳田国男の旅』『評伝柳田国男』日本書籍
民俗学研究所編　一九五一　『民俗学辞典』東京堂出版
村武　精一　一九七五（一九七一）「沖縄本島名城の descent・家・ヤシキと村落空間」『神・共同体・豊穣』未来社
柳田　国男　一九三五　『郷土生活の研究法』刀江書院
〃　一九四〇　「採集批評」『大阪民俗談話会会報』第二号
〃　一九六八（一九二五）『海南小記』『定本柳田国男集』一
〃　一九六九（一九一〇）『時代ト農政』『定本柳田国男集』一六
〃　一九六九（一九四六）『先祖の話』『定本柳田国男集』一〇
〃　一九七〇（一九一五）「三家分流の古伝」『定本柳田国男集』二七
〃　一九七〇（一九四〇）「大家族と小家族」『定本柳田国男集』一五
山口麻太郎　一九三九　「民俗資料と村の性格」『民間伝承』四巻九号

山口麻太郎　一九七五（一九四九）「民間伝承の地域性について」『民間伝承』一三巻一〇号
吉成　直樹　一九八七「水と再生―八重山諸島におけるアカマタ・クロマタ・マユンガナシ儀礼の再検討―」『日本民俗学』一六九号
〃　一九八九「沖縄久高島祭祀の文化史的背景」『沖縄文化研究』第一五巻　法政大学沖縄文化研究所
米山俊直・田村善次郎・宮田登　一九七八『民衆の生活と文化』未来社
饒平名健爾　一九七四「民間信仰」『沖縄県史』第二二巻　沖縄県
リーブラ・W・P　一九七四（一九六六）『沖縄の宗教と社会構造』弘文堂
琉球大学民俗研究クラブ　一九六三a『沖縄民俗　第七号―直江広治先生民俗学開講記念号』
〃　一九六三b『沖縄民俗　第八号―伊是名・古宇利・平安座島調査報告』
〃　一九六六『沖縄民俗　第一二号―狩俣・熱田部落調査発表』
〃　一九六九『沖縄民俗　第一六号―祖納部落・兼城部落報告』
〃　一九七六『沖縄民俗　第二二号―宮古平良市島尻・西原村棚原報告』
琉球新報社編　一九八〇『トートーメー考　女が継いでなぜ悪い』琉球新報社
和歌森太郎　一九五一「民俗学の性格について」『民間伝承』一五巻八号
〃　一九五三『日本民俗学』弘文堂
〃　一九七〇『新版日本民俗学』清水弘文堂
〃　一九七四（一九四七）「日本民俗学の意義・課題・方法」『現代日本民俗学』Ⅰ　三一書房
〃　一九七五「民俗地図をめぐって」（シンポジウムの発言）『民俗学評論』第一三号
渡辺　欣雄　一九七一「沖縄北部一農村の社会組織と世界観―大宜味村字田港の事例―」『民族学研究』第三六巻二号
〃　一九九〇（一九八六）「民俗的知識の動態的研究　沖縄の象徴的世界再考」『民俗知識論の課題―沖縄の知識人類学―』凱風社
〃　一九九〇『民俗知識論の課題―沖縄の知識人類学』凱風社

〈日本歴史民俗叢書〉
火と水の民俗文化誌（オンデマンド版）

Digital Publishing

2017年10月1日　発行

著　者　古家信平《ふるいえしんぺい》
発行者　吉川道郎
発行所　株式会社 吉川弘文館
〒113-0033 東京都文京区本郷7丁目2番8号
TEL 03(3813)9151(代表)
URL http://www.yoshikawa-k.co.jp/

印刷・製本　株式会社 デジタルパブリッシングサービス
URL http://www.d-pub.co.jp/

古家信平（1952～）
ISBN978-4-642-77356-0

「日本歴史民俗叢書」刊行に当って

近年の日本史学と民俗学の動向は、それぞれのテーマが接触領域に展開する状況を一層拡大させるに至っている。民俗学が歴史科学の一翼をにない、豊かな歴史像を描くことに努力をつづけている一方、地域史や生活文化史をはじめ「日常性」を基点とする歴史学は、ごく普通の人々の生活意識や日々の営みなどを視野におさめながら、歴史を動かす原動力の発掘を行おうとしている。

日本の民俗学は、柳田国男や折口信夫らの唱導により、現代の私たちの日常生活に伝わってきた慣習や、儀礼あるいは口承文芸などの民間伝承を主要な資料に用いながら歴史を再構成してきた。また文化人類学や宗教学・考古学などの隣接諸科学の学際分野からも学ぶところが大きかった。

本叢書は、以上のような近年の歴史学・民俗学の流れと、隣接諸科学とのかかわりを踏まえ、主として民俗学側からのアプローチを活用した形でまとめられた新しい歴史像の諸成果を、一堂に集めて世に問おうとするものである。本叢書が、今後の歴史民俗学派の一つの潮流となることを、大いに期待していただきたいと念じている次第である。

吉川弘文館

著者略歴
一九五二年 熊本県生れ
一九七六年 東京教育大学文学部史学科卒業
現在 筑波大学歴史・人類学系講師

〔主要著書・論文〕
王爺醮祭の儀礼空間〈共著〉(『環中国海の民俗と文化』二、一九九一年、凱風社)
焼畑経営と社会生活―ダンナとムラ人―(『五木村学術調査 人文編』一九八七年)
体験の民俗(『長野県民俗の会会報』一三、一九九〇年)

火と水の民俗文化誌

平成六年三月一日 第一刷発行

著者 古《ふる》家《いえ》信《しん》平《ぺい》

発行者 吉川圭三

発行所 株式会社 吉川弘文館
郵便番号 一一三
東京都文京区本郷七丁目二番八号
電話〇三―三八一三―九一五一〈代〉
振替口座 東京〇―二四四番

印刷=平文社・製本=石毛製本

索　　引

1 人　　名

(1) 一　　般

ま　行

や　行

ら　行

わ　行

(2)　話　　者

2 地　名

岩手県

沖縄県

鹿児島県

その他

3　事　　項

あ　行

か　行

さ　行

た　行

な　行

は　行

ま　行

や　行

ら　行

4 書　名

あ 行

か 行

さ 行

た 行

な 行

ま 行

ら 行